LES FASTES

DE LA

MARINE FRANÇAISE

Paris.— Imprimé chez Bonaventure et Ducessois, 55, quai des Augustins.

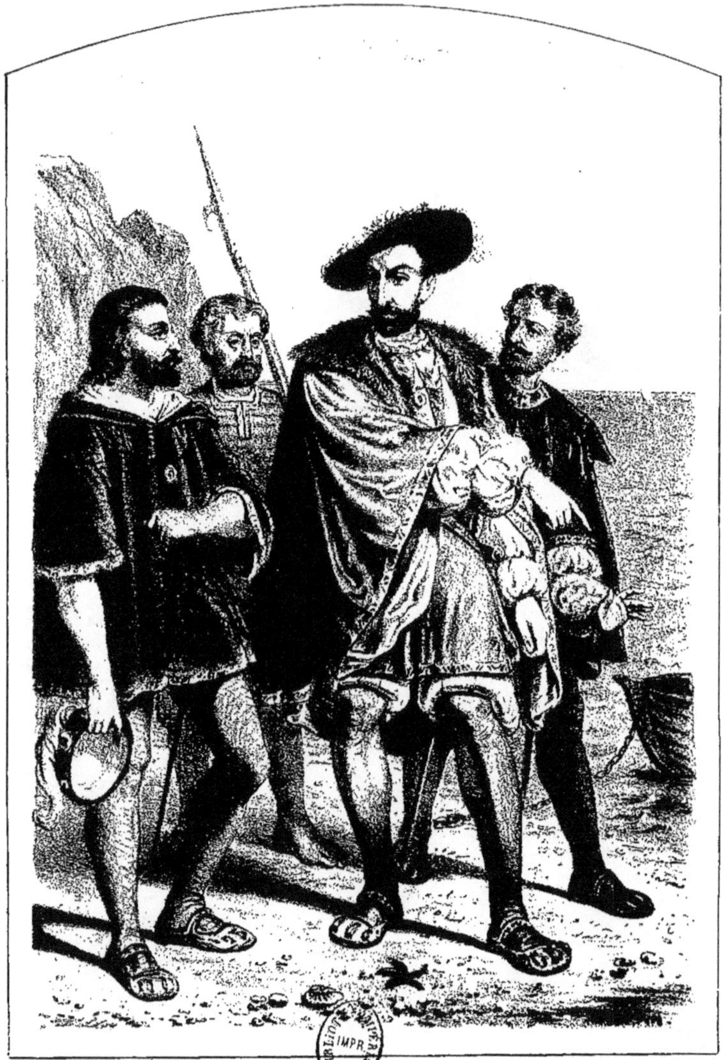

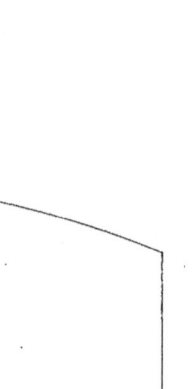

A. Coppin lith. Imp. Godard

François 1er demande qu'on lui montre le testament d'Adam qui deshérite la France du Nouveau-Monde.

LES FASTES
DE LA
MARINE FRANÇAISE

HISTOIRE MARITIME

BIOGRAPHIE DE NOS GRANDS HOMMES DE MER

Ouvrage instructif, moral et amusant
destiné à la jeunesse

PAR CHARLES DE RIBELLE

PARIS
AMABLE RIGAUD, LIBRAIRE-ÉDITEUR
RUE SAINTE-ANNE, 50.

1860

Tous droits réservés.

LES FASTES
DE LA
MARINE FRANÇAISE

HISTOIRE MARITIME

'HISTOIRE de la marine française est fort difficile à écrire; surtout si le cadre que l'on s'est tracé d'avance ne comporte pas de grands développements. Au reste, il est facile de comprendre toutes les difficultés qu'il y a à vaincre pour traiter convenablement un pareil sujet; si l'on réfléchit à la situation dans laquelle se trouva la France durant bien des siècles; aux empêchements qu'apportèrent le morcellement de l'autorité pendant le moyen âge, et les guerres intestines qui divisèrent si souvent les Français; puis au peu d'importance que longtemps l'on attacha à la perfection de tout ce qui tenait à la marine.

Pendant nombre d'années, en France, l'État ne posséda point de marine proprement dite. Chaque seigneur suzerain, chaque châtelain, ou chaque ville maritime jouissant de certaines franchises, eurent en propre une quantité de vaisseaux, dont ils disposèrent pour leur usage ou qu'ils louèrent et mirent au service de quiconque les payait. Il y avait même des particuliers qui parcouraient la mer, montés sur des vaisseaux à eux, et qui s'en allaient de droite ou de gauche attaquer quiconque leur déplaisait, ou se livrer au fructueux métier de corsaire, sans se soucier ni du gouvernement de la France, ni des alliances qu'il pouvait avoir.

Il n'y avait ni code ni lois maritimes. Il y avait bien certains usages respectés par les honnêtes gens, mais souvent méconnus par ceux qui ne comprenaient que le droit de la force, sans s'être jamais inquiétés de la force du droit.

Aussi, pendant un laps de temps assez long, sauf quelques souverains qui rassemblèrent des flottes, en forçant leurs vassaux du littoral de l'Océan ou de la Méditerranée à leur envoyer leurs navires, ou qui achetèrent les services des républiques italiennes, qui, seules pendant longtemps, possédèrent de nombreuses escadres, ne voit-on aucun des pouvoirs qui se succédèrent en France porter une attention particulière sur la marine.

Pendant bien des siècles, la France fut donc tributaire des marchands vénitiens ou génois, ou de quelques autres petits peuples commerçants, qui trafiquaient et régnaient sur la mer. Il est vrai que chez nous, pendant un grand nombre d'années, l'industrie et les arts ne produisirent guère que pour notre consommation, et, sauf quelques étoffes grossières ou quelques objets d'un luxe contestable, nos fabriques n'eurent rien à exporter outre-mer ; toutes les belles étoffes, les armes splendides et les meubles richement ornés, dont se servaient les grands et les riches, nous venaient au contraire de l'étranger.

Pourtant, à une certaine époque, les divers gouvernements qui succédèrent aux Romains dans la Gaule organisèrent certaines corporations sous le nom de hanse, qui fonctionnèrent sur nos rivières navigables ; mais les monopoles, les droits et les mille tracasseries que suscitèrent les fermiers ou les membres de ces corporations rendirent presque nuls les services que l'on aurait eu le droit d'en attendre.

Plus tard, les quelques villes maritimes de notre littoral qui se livrèrent au négoce et à la navigation montrèrent souvent, par les fortunes considérables de leurs armateurs, combien il eût été facile d'organiser une marine. Cependant ces enseignements étaient perdus par le peu de sécurité que les seigneurs suzerains de ces cités laissaient aux bourgeois qui avaient amassé quelques richesses.

Deux hommes, au moyen âge, prouvèrent cependant à la France ce que pouvaient l'intelligence, l'énergie et la persévérance dans le négoce et les armements maritimes.

Jacques Cœur, d'abord, pendant nos guerres civiles ou étrangères, sous le règne de Charles VII, fit une fortune considérable; car ce fut lui, le prolétaire, le vilain, qui vint un jour offrir à son roi des millions, gagnés dans des entreprises maritimes, pour l'aider à chasser l'ennemi du sol de la France.

L'autre, Jean Ango, fils d'un petit pêcheur de Dieppe, qui vivait sous François Ier, acquit également par le négoce d'outre-mer sinon plus de fortune, du moins plus de renommée dans ses courses sur l'Océan. Et pour preuve de ce que nous avancions plus haut, en disant que les gouvernements de la France, qui se succédèrent pendant nombre d'années, n'eurent presque jamais en propre une marine ou une flotte digne de ce nom, c'est que Jean Ango, le marchand de Dieppe, fit la guerre pour son propre compte au roi de Portugal, dont la marine, un moment si puissante, mais si vite déchue, envoya des ambassadeurs à François Ier, pour se plaindre qu'étant en paix avec le roi de France, un de ses sujets osât lui faire la guerre jusqu'en sa cité.

François Ier fit répondre qu'il ne pouvait rien contre les armateurs de son État, qui étaient les maîtres en leurs vaisseaux, comme lui-même était le maître en son royaume, et que le roi de Portugal eût à s'arranger avec Jean Ango.

Aussi, quelque temps après cette réponse, vit-on un ambassadeur du roi de Portugal s'humilier en la demeure du négociant normand, et lui demandant excuse et merci au nom de son maître.

Nous aurions beaucoup de citations à faire dans le même genre; mais, nous le répétons, nous ne pouvons point écrire une histoire de la marine française avec tous les détails que comporte un pareil sujet, et les événements connus qui se rattachent à cette histoire sont tellement liés aux annales mêmes de la France, qu'il est souvent difficile de les en distraire pour en faire une histoire à part.

Sully, le digne ministre de Henri IV, fut un des premiers hommes politiques qui comprirent combien la France aurait besoin d'une marine militaire, ne dépendant que de l'État. Lui-même, un jour, fut sur le point d'être tué pour avoir hésité un instant à donner l'ordre, au commandant d'un vaisseau qui le transportait en Angleterre, d'abaisser le pavillon de son souverain devant le pavillon anglais, malgré que nous fussions en paix avec la Grande-Bretagne; mais Sully ne put donner suite au désir qu'il avait d'organiser une flotte, Henri IV ayant été assassiné.

Richelieu, ministre de Louis XIII, fut le premier qui fit de grands efforts pour doter la France d'une marine respectable. Les intentions du cardinal ministre furent, il est vrai, un instant oubliées par Mazarin, qui lui succéda.

Mais Colbert, sous Louis XIV, reprit les idées de Richelieu et fonda une marine nationale.

Il est vrai que toute chose arrive à son heure. La marine n'existait pas, parce qu'il n'y avait point d'industrie, peu de négoce, et qu'elle n'avait d'autre raison d'être que la satisfaction de quelques individus. Mais dès que les arts, le commerce et l'industrie eurent pris leur essor en France, les flottes se créèrent, les marins habiles apparurent, et l'on vit bien alors que l'ère des grandes opérations maritimes était arrivée ; et puis l'unification de la France sous l'autorité d'un seul chef fut l'une des causes la plus vraie de la puissance que nos flottes acquirent sur les mers, à partir du règne de Louis XIII.

Une remarque qui a été faite par plusieurs historiens, c'est que nous avons eu des flottes puissantes, des marins braves et habiles, et que nous avons souvent éprouvé bien des revers dans nos luttes sur la mer. A quoi cela tient-il? Cette question est très-grave. Pourtant il serait peut-être bon d'y faire une réponse.

C'est en analysant les phases diverses de nos fastes maritimes, en étudiant les éléments de force et de puissance de notre organisation sociale que l'on parvient, après avoir réfléchi, à comprendre les causes qui nous ont rendu quelquefois les vaincus, dans nos luttes héroïques, lorsque nous devions nous croire certains du succès.

Selon nous, voici d'abord l'un des principaux motifs de la faiblesse de notre puissance navale.

La France, tardivement appelée à prendre part aux expéditions maritimes des autres nations, n'avait point eu avant Louis XIV des institutions spéciales pour former des marins, et puis le commandement des vaisseaux était plutôt donné, comme toute chose, à la faveur qu'au mérite. La noblesse seule, pendant bien longtemps, fut appelée à commander les vaisseaux de guerre. La mauvaise éducation des gentilshommes, qui s'engageaient dans la marine les rendait indisciplinés ; de là naissait un manque d'unité dans les opérations qui entraînait des revers.

Ainsi, une remarque qui saute aux yeux de tout le monde, en lisant les épisodes de notre histoire maritime, c'est que jamais, au grand jamais, un navire français ne fut vaincu ni pris, lorsqu'il n'eut qu'à lutter contre un ennemi de sa force ou même supérieur. Mais hélas ! Il n'en est pas de même lorsque l'on étudie les grandes batailles qui se livrèrent sur les mers. Là un sort funeste semblait sans cesse nous poursuivre et nous arracher le succès. Sauf quelques actions glorieuses, le reste de nos opérations navales tourna bien souvent à notre préjudice.

C'est qu'en ce temps-là, chacun se battait bravement pour son compte, pour sa gloire et son illustration personnelle, sans se préoccuper des intérêts de la France. Tout le monde commandait, et personne n'apportait d'obéissance.

Combien de fois Duguay-Trouin, Jean-Bart, Duquesne et tant d'autres célèbres marins, ne furent-ils pas trahis par des capitaines de navires sous leurs ordres, parce que ces capitaines, entichés de leur noblesse, rougissaient d'obéir à ces grands hommes parce qu'ils étaient roturiers, et qu'ils croyaient s'abaisser en subissant le commandement de vilains, qu'ils regardaient comme bien au-dessous d'eux. Cet antagonisme du noble sans qualité essentielle contre le savoir, l'intelligence et l'énergie de bourgeois dignes de commander dura jusqu'à la Révolution. Dieu sait ce qu'il nous en coûta pendant les règnes de Louis XIV, Louis XV et Louis XVI ! Qui n'a pas connu les écoles de Brest, de Lorient et de tant d'autres villes maritimes, où les jeunes nobles s'excitaient mutuellement à oublier les lois de la discipline, lorsqu'il s'agissait d'obéir à un commandant qui n'avait obtenu ses grades que par ses services, sa belle conduite, son intelligence et son dévouement à la patrie.

Dans les derniers temps du règne de Louis XV et de Louis XVI, cela était devenu tellement sérieux, qu'il était dangereux à un officier de fortune, tel mérite qu'il eût, de se trouver en contact avec messieurs les officiers nobles du grand roi. Toutes les humiliations lui étaient réservées, toutes les insultes paraissaient bonnes pour le forcer à se retirer. Plus d'un de nos bons officiers de marine fut lâchement sacrifié par ses ennemis ou forcé de donner sa démission! Hélas! que l'on juge des conséquences d'une pareille organisation, ou plutôt d'une semblable anarchie!

Aujourd'hui, nous n'avons plus à craindre, fort heureusement, ces haines et ces injustices. Notre marine est si bien organisée, si fortement constituée, qu'il n'y a plus ni à bord, ni dans les écoles, ni de nobles ni de roturiers. Tous ceux qui servent sont marins et doivent obéir aux chefs qui leur sont donnés par le gouvernement, sans se préoccuper si quelques-uns d'entre eux sont de race ou des enfants du peuple.

Parmi ceux de nos ports de mer qui ont fait une guerre à outrance à nos ennemis, nous devons mettre en première ligne Dunkerque et Saint-Malo.

Dunkerque, qui par ses corsaires fut si longtemps le désespoir des marchands anglais et hollandais, fit pour 12,000,000 de prises de 1744 à 1748 seulement, et l'on a calculé qu'en 121 ans, les corsaires dunkerquois firent éprouver à nos ennemis une perte de plus de 600 millions. De 1793 à 1802, 169 corsaires sortirent de Dunkerque; si tous ne furent pas heureux, une partie du moins fit un tort considérable aux Anglais.

Saint-Malo fut encore plus funeste à nos ennemis et les registres de l'amirauté de cette ville constatent que, de 1672 à 1697 seulement, les armateurs malouins prirent 169 vaisseaux de guerre et 2,384 navires ennemis.

Pendant l'espace de six siècles, nous avons combattu les anglais sur mer : xiiie siècle, pendant 39 ans.

xiv^e	—	33 ans.
xv^e	—	69 ans.
xvi^e	—	11 ans.
xvii^e	—	13 ans.

xviiie et commencement du xixe 48 ans.

De 1793 à 1797 seulement les Anglais nous ont pris 375 navires, mais nous leur en avons capturé 2,266 malgré l'anéantissement de notre marine.

La *Revue britannique*, dans son numéro de juin 1839, affirme que les guerres de la Révolution et de l'Empire nous ont coûté 717 navires de toutes grandeurs ; malgré que ce compte nous paraisse exagéré, nous l'acceptons ; seulement nous sommes fâché de voir les pertes anglaises dissimulées et réduites à 166 bâtiments. — 166 vaisseaux de guerre, oui, nous n'avions plus de marine de l'État, la trahison en avait livré une partie à Toulon ou ailleurs, et puis nos officiers nobles avaient déserté leur poste ; mais l'on oublie de compter les 2,266 navires amarinés par nos corsaires en moins de cinq ans et ceux qui le furent depuis !...

L'histoire détaillée de la marine en France est un travail ardu et de longue haleine que nous n'avons point la témérité d'entreprendre ; — notre désir à nous, qui nous adressons à la jeunesse, n'est que d'esquisser, comme nous l'avons déjà dit, les faits principaux qui ont illustré nos hommes de mer, de donner l'histoire aussi vraie que possible, mais en même temps aussi pittoresque que nous le pourrons, des grands marins qui ont honoré le nom français, tout en traçant un résumé des principaux faits qui se rattachent à l'histoire de notre marine, depuis les temps les plus reculés jusqu'à nos jours.

Nous essayerons surtout de faire sortir de l'obscurité des noms d'hommes qui ont rendu des services réels à la patrie, et qui ont été souvent oubliés ou méconnus dans les relations qui ont été données avant nous. Nous voulons enfin présenter à la jeunesse les fastes de la marine française, afin qu'elle puisse prendre, dans les traits de courage, d'énergie et de vertu de toutes sortes, qui brillent dans les récits de nos annales maritimes, des exemples dignes de l'intéresser et de lui donner envie d'égaler tous ceux qui ont honoré la France par leurs qualités, leurs vertus et leur héroïsme.

CHAPITRE PREMIER

ES Gaulois, sauf les riverains de l'Océan et de la Méditerranée, ne se livrèrent point sur la mer aux voyages lointains, ni au négoce, ni aux courses sur les rives étrangères.

Lorsque César vint attaquer les Gaules, Marseille, colonie de Phocéens, était déjà puissante par ses nombreux navires et par la valeur de ses matelots. Son commerce florissait, et ses négociants étaient réputés les plus riches de la Gaule. Mais ce que César ne savait pas, ce que les populations du grand lac méditerranéen ignoraient peut-être elles-mêmes, c'est qu'il existait sur les rives brumeuses, et si souvent visitées par les tempêtes, des bords de l'Océan, des villes qui possédaient des flottes nombreuses, montées par d'intrépides marins. César fit connaissance avec les habitants de Vannes et les populations maritimes de quelques villes du littoral de la Manche, qui osèrent lui résister et braver tous ses ordres. La fortune eut beau se tourner contre ces Gaulois obstinés, César ne put les soumettre; car beaucoup des habitants de la vieille Armorique préférèrent fuir sur leurs vaisseaux, sans cesse poursuivis par la tempête ou par les navires aux ordres des lieutenants de César, plutôt que de se rendre.

Pourtant, il ne faut pas se faire une fausse idée de la marine des anciens, ni comparer les vaisseaux de cette époque à ceux que nous équipons aujourd'hui. Ce serait une grave erreur que de faire la moindre comparaison.

La plupart des navires des temps anciens n'étaient pas même pontés, ou ne l'étaient qu'en partie; ils ressemblaient tout simplement à de grandes barques, avec un mât au milieu, et quelques peaux de bête ajustées sur des espèces de cordages de lianes ou de chanvre, qui servaient à les diriger; puis des rames sur chaque bord et un gouvernail qui modifiait l'impulsion du bâtiment.

C'était pourtant au moyen de ces frêles esquifs que les peuples primitifs s'aventuraient quelquefois dans des courses longues et périlleuses.

La civilisation grecque et romaine fit faire des progrès dans la manière de construire les navires : en général sous le peuple-roi, les vaisseaux qui devaient servir à des voyages lointains furent pontés; l'art de les gouverner s'étendit, et les marins surent se servir des voiles, des cordages, et enfin faire manœuvrer les navires avec des règles précises et une tactique ignorée jusque-là.

L'invasion des Barbares et la destruction de l'empire romain rejeta de nouveau l'Europe, et la France en particulier, dans les plus épaisses ténèbres. Les Francs, venus

Pirates Normands.

des profondes forêts du Nord, qui conquirent la Gaule et s'y établirent, ne s'occupèrent en aucune manière de la marine. Les villes du littoral de l'Océan ou de la Méditerranée, autrefois si florissantes, retombèrent dans la plus misérable abjection. Aussi, ne voyons-nous dans l'histoire des premières races des rois francs aucun fait maritime. Seulement, en 543, Théodebert, fils de Thierry, qui régnait à Metz, détruisit l'armée danoise, débarquée sur les rives de la Meuse et du Rhin, pendant que la flotte française, sous les ordres du même Théodebert, battait la flotte danoise, s'en emparait en grande partie, et y recouvrait tout le butin que ces pirates avaient fait sur les populations. Ainsi débutait la flotte des rois francs. Mais, sauf cette note qui se rencontre dans nos annales, rien ne vient plus, jusqu'à l'époque de Charlemagne, montrer que les rois des premières races se soient intéressés à la marine.

Charlemagne s'occupa sérieusement de créer une flotte, et d'avoir à son service des marins et des navires toujours prêts à exécuter ses ordres, comprenant qu'il n'y a point de puissant empire possible sans une marine nombreuse. Ce souverain eut même le projet de faire creuser un immense canal, qui aurait fait communiquer l'Océan au Pont-Euxin, en joignant le Danube au Rhin. Mais ses guerres continuelles l'empêchèrent de donner suite à cette idée.

En 799, la flotte de Charlemagne s'empara des îles Majorque et Minorque.

Ce fut aussi sous le règne de ce prince que les hommes du Nord, ou Normands, commencèrent à donner une grande extension à leurs courses sur les différentes côtes des divers pays de l'Europe.

Charlemagne, pressentant les ravages que causeraient un jour ces intrépides Barbares, s'appliqua de plus en plus à fortifier sa marine, et à multiplier les obstacles contre leurs déprédations. Il fit construire de nombreux vaisseaux, qu'il tenait armés et toujours prêts à prendre la mer, dans tous les ports de son empire, depuis l'embouchure du Tibre jusqu'en Danemark.

Pourtant, malgré ce grand déploiement de forces et cette suveillance incessante, les pirates normands trouvaient encore le moyen de faire des descentes et de ravager quelques parties du territoire de l'empire; et l'on rapporte qu'un jour le puissant empereur d'Occident, apercevant de l'une de ses résidences la flamme et la fumée d'un incendie, demanda ce que c'était?

« Ce sont les Normands qui viennent de faire une descente, dirent les courtisans.

« —Quoi! dit le monarque ému, ces Barbares osent, moi vivant, braver ma puissance et mon ressentiment? Hélas! ajouta-t-il plus bas, que sera-ce donc lorsque je n'y serai plus? » Et une larme fugitive glissa sous sa paupière. Il avait le pressentiment de ce qui devait arriver plus tard.

En effet, Charlemagne ne fut pas plutôt mort, que les hommes du Nord recommencèrent sur une plus vaste échelle leurs incursions et leurs ravages.

Les faibles successeurs de Charlemagne ne surent pas opposer une barrière à ces brigands, et bientôt ils devinrent si redoutables, que l'on fut forcé en maintes circonstances de leur payer un tribut pour se racheter du pillage. Puis enfin, ces barbares revinrent plus nombreux et plus audacieux, et ce nouveau fléau s'étendit sur la France presque tout entière pendant nombre d'années; les souverains, n'ayant ni flottes ni marine à opposer à ces hordes conquérantes, étaient forcés de subir leurs exigences.

Enfin, en 912, Charles le Simple donna sa fille en mariage à l'un des plus puissants chefs des hommes du Nord, et lui abandonna en toute propriété la Neustrie, l'une des plus belles provinces de la vieille Gaule.

Ce fut ce qui sauva la France des ravages périodiques des pirates normands. Rollon, le nouveau souverain de la Neustrie, qui prit sous son règne le nom de Normandie, se servit de sa flotte et de ses nombreux marins pour préserver le littoral de son patrimoine et celui de son allié. Ainsi finirent les entreprises des Normands sur la Gaule, et commença la création d'une puissance maritime. Les rois français, occupés plus tard à guerroyer avec leurs grands vassaux, n'eurent pendant longtemps aucun loisir pour s'occuper de la marine; aussi n'en est-il nullement question pendant nombre d'années. Seulement les successeurs de Rollon, comprenant mieux que nos rois l'importance d'une marine redoutable, continuèrent-ils à entretenir des flottes nombreuses, et plus tard, voyons-nous Guillaume, duc de Normandie, armer une escadre de 900 voiles à Saint-Valery, faire une descente en Angleterre, à la tête de 100,000 hommes, et conquérir la Grande-Bretagne, dont il légua la souveraineté à ses descendants.

La fièvre des croisades rendit un peu de vie à la marine, et, parmi les seigneurs de France riverains des mers qui voulurent se croiser malgré que toutes les expéditions se fissent sur la Méditerranée et presque toujours sur des vaisseaux vénitiens ou génois, les riverains de l'Océan fournirent aussi leurs contingents.

En 1213, Philippe-Auguste voulut faire une descente en Angleterre; il rassembla à l'embouchure de la Seine une flotte de 1,700 voiles. Mais ayant jugé à propos de conquérir la Flandre avant de partir, le comte de Flandre, qui possédait une flotte assez puissante, la joignit à 500 vaisseaux anglais et pendant l'absence du roi de France, ces deux flottes réunies vinrent surprendre les vaisseaux français et les détruisirent.

Ainsi, verrons-nous toujours, dans la suite, nos armements les plus considérables, perdus ou anéantis par notre faute et à cause d'une confiance stupide dans nos ressources et notre fortune.

En 1220, le dauphin Louis, fils de Philippe-Auguste, ayant rassemblé une flotte considérable, se mit à la tête d'une armée nombreuse, fit une descente en Angleterre et se fit couronner roi de la Grande-Bretagne à Londres. Mais le roi Jean étant mort, son fils Henri III finit par chasser Louis de ses États.

Saint Louis fit de grands efforts pour se créer une marine ; s'étant décidé à faire la guerre aux Sarrasins, pour reconquérir Jérusalem, il rassembla, dit-on, 1,800 vaisseaux, tant grands que petits. Il est vrai que les Génois, les Vénitiens et les Grecs en avaient fourni la plus grande partie. Pourtant, malgré cet armement, le roi de France fut vaincu à Mansourah, et fait prisonnier. Heureusement qu'il avait laissé une flotte de 80 voiles à Charles d'Anjou, son frère, pour défendre les côtes du Poitou contre les vaisseaux du roi d'Angleterre, Henri III, qui voulut profiter de son départ pour ravager le littoral de nos possessions maritimes.

En 1269, saint Louis se mit à la tête de la sixième et dernière croisade. A cet effet, il rassembla, dit-on, à Aigues-Mortes, ancien port de la Méditerranée qui se trouve aujourd'hui à plus d'une lieue de la mer, une flotte nombreuse et s'en alla porter la guerre en Afrique où il mourut de la peste au siége de Tunis, en 1270.

Saint Louis avait créé quelque temps avant sa mort la charge d'amiral, qu'il donna à Florent de Varenne, qui fut investi, le premier, de cet important emploi.

Le nom d'amiral nous vient, dit-on, de l'étranger, du mot émir, qui voulait dire chez les infidèles : chef.

La charge d'amiral s'exerça souvent et longtemps par commission, pour un laps de temps plus ou moins long, et pour certaines circonscriptions seulement. C'était plutôt un titre honorifique qu'une charge proprement dite. Les attributions de cette charge n'étaient pas bien définies, puisque l'on compte pendant un temps un amiral par gouvernement; quelquefois même le titre d'amiral était donné, en certaines occasions, aux gouverneurs et aux sénéchaux de Provence et de Guyenne, ainsi que de Bretagne. La charge d'amiral avait été abolie en janvier 1627, mais Louis XIII la rétablit en 1669, et en investit, le 12 novembre de la même année, Louis, comte de Vermandois. Autrefois, la qualité d'amiral entraînait avec elle une foule de priviléges : tels que d'avoir droit au dixième de toutes les prises faites sur la mer; de donner seul des commissions pour naviguer et commercer; de donner des lettres de marque pour aller en courses, etc., etc.

Aujourd'hui la charge d'amiral, ou plutôt le grade d'amiral est l'un des plus importants de la hiérarchie militaire, et nos amiraux n'ont d'autres droits que ceux que leur donne leur haute position et leur paye plus forte, et sont soumis en tout au ministre de la marine.

Sous Philippe le Bel, de nouveaux motifs de discorde entre la France et l'Angleterre furent amenés par des causes en apparence assez futiles. Des matelots normands et des matelots anglais s'étant pris de querelle pendant une relâche en la ville de Bayonne, il s'ensuivit un furieux combat, auquel prit part une foule de gens des deux nations, et bientôt l'affaire prit des proportions considérables.

Le roi d'Angleterre, ayant armé des vaisseaux sous le faux prétexte de secourir la ville de Tripoli, fondit tout à coup sur les vaisseaux français, en dispersa une partie et fit beaucoup de dégâts sur les côtes de Normandie.

Les Normands, à leur tour, ayant mis en mer une flotte assez considérable, battirent les Anglais, prirent un vaisseau et pendirent un matelot. Ce fut le signal d'une guerre générale entre les deux nations.

En 1295, les Anglais firent une descente dans l'île de Ré et portèrent leurs ravages sur les rives de la Garonne.

Philippe le Bel alors envoya Mathieu de Montmorency, quatrième du nom, qui avait reçu le titre d'amiral de France à la tête d'une flotte nombreuse, dévaster les côtes d'Angleterre. Cette flotte s'empara de la ville de Douvres et la brûla en partie, ce qui amena un accommodement entre les deux peuples en 1296.

En 1297 mourut Othon de Toci, amiral de France. Il prenait 400 livres parisis de rente à héritage sur le Trésor. Le roi lui avait fait payer pour ses galères, ou galiotes qui étaient à Cherbourg, le 1er avril 1296, 8,832 livres, et le 1er septembre il lui avait fait envoyer à Bourg, près Bordeaux, 20,000 livres pour le fait de sa charge. Le registre de Robert Mignon porte qu'il exerça cette charge depuis le vendredi avant la Nativité de Notre-Seigneur, 1296, jusqu'au mardi avant la fête de Saint-Luc, 1297, époque où il mourut.

La charge d'amiral devait être bien considérée pour jouir d'une aussi haute paye.

Benoît Zacharie lui succéda dans l'amirauté de France. Cet amiral était d'une ancienne famille de Gênes, qui avait servi avec la plus grande distinction, en maintes occasions, sous les Génois ou Sanche, roi de Castille. Enfin il était passé au service de France. Philippe le Bel lui avait donné 200 livres de rente à héritage sur le Trésor, par lettre du mois d'avril 1297, puis il lui avait fait délivrer par le bailli de Rouen, le 22 novembre suivant, la somme de 1,000 livres pour les dépenses de l'armée de mer. Au mois de janvier suivant, il reçut à la Rochelle 7,000 livres pour le même usage, et les 30 juillet et 3 octobre 1298, la somme de 4,000 livres sur ce qui lui était dû. En outre, le roi lui fit payer pour ses dépenses personnelles, et ce ce qui pouvait lui être dû jusqu'au dimanche des Rameaux 1298, 12,000 livres, outre 500 livres d'appointement qu'il avait par an.

Benoît Zacharie vivait encore en 1314 et jouissait de sa rente, mais n'était plus amiral.

L'année suivante, les Français attaquèrent la Guyenne, et les Anglais mirent en mer une flotte nombreuse, qui prit ou détruisit cent vingt vaisseaux français chargés de marchandises appartenant à des Normands.

En 1339, Philippe de Valois assembla dans divers ports de France une flotte nombreuse, qu'il mit sous le commandement de Tête-Noire, fameux pirate d'une rare intrépidité, qui ne devait sa haute position qu'à un mérite reconnu et à une bravoure à toute épreuve. Les flottes anglaises et françaises s'étant rencontrées, les Anglais furent battus et perdirent plusieurs vaisseaux et deux mille hommes. Les débris de la flotte anglaise firent une descente et ravagèrent les faubourgs de Boulogne, pendant que la flotte victorieuse de Tête-Noire s'était portée sur Portsmouth, qu'elle prit, pilla et réduisit en cendres après avoir chargé un immense butin. L'île de Guernesey fut également ravagée par la flotte française. Ce fut à cette époque que mourut Jean II, seigneur de Chepoy et d'Anchin, qui est qualifié d'amiral par Ducange.

CHAPITRE II

Le 23 juin 1340, les flottes française et anglaise se livrèrent de nouveau un terrible combat aux environs de l'Écluse.

La flotte française, commandée par Tête-Noire, Génois, Hue de Keruel, Breton, et Pierre Beauchans, Manceau, était bien supérieure en nombre à celle des Anglais. Mais malheureusement les trois commandants français se jalousaient et n'agissaient pas avec une entière unité de vue.

La flotte anglaise, commandée par le roi d'Angleterre en personne, était au contraire dirigée par une volonté unique.

Les deux armées se battirent avec une égale valeur; mais les Anglais, par une habile manœuvre, gagnèrent le vent et mirent le soleil dans les yeux de leurs adversaires. A cet inconvénient, une cause plus grave de désavantage vint se joindre encore. Des vaisseaux flamands arrivèrent tout à coup et se portèrent au secours des Anglais. Ce surcroît d'ennemis découragea les Français, qui se virent forcés de fuir après s'être vaillamment battus pendant neuf heures.

Les débris de la flotte française furent obligés de rentrer dans les ports de France, pendant que le roi d'Angleterre faisait une entrée triomphale dans le port de l'Écluse. Ce combat naval est l'un des plus considérables qui ait été livré dans ces temps. C'est le premier où un roi d'Angleterre ait commandé en personne. Malheureusement Édouard déshonora son triomphe en faisant pendre un Français, l'amiral Bahuchet, au grand mât de son vaisseau.

Pierre Marchand, ancien secrétaire de Bahuchet, s'étant plus tard fait moine, fonda pour le repos de l'âme de cet infortuné le prieuré de Notre-Dame du Bois d'Auvricher, près Honfleur.

Le roi de France, de son côté, fit la donation à ce prieuré d'une charretée de bois sec par semaine, à prendre dans la forêt de Brotonne.

Philippe de Valois, après la malheureuse affaire de l'Écluse, négligea presque totalement la marine, et fut forcé dans la suite de traiter avec des mercenaires espagnols pour avoir des vaisseaux. Alors les Anglais ravagèrent nos côtes et furent les maîtres de la mer, et ils prirent Calais, l'une des plus importantes villes maritimes de la France, après un siége mémorable.

La guerre continua sur terre et sur mer entre la France et l'Angleterre, avec des chances presque toujours favorables aux Anglais.

En 1359, Jean de la Heure, dit Le Baudran, fut nommé amiral de France.

Par lettres patentes du 3 juin, le Dauphin lui donna en récompense de ses services les biens, assez considérables en Normandie, d'un seigneur rebelle. Quelques années

Duguesclin et Jean de Vienne.

après, Le Baudran se démit de sa charge, et ce fut François de Périlleux, vicomte de Rhodes, qui lui succéda en 1368, mais il mourut l'année suivante.

Charles V, en guerre continuelle avec l'Angleterre, ne pouvant, à cause de l'épuisement des finances de l'État, organiser une flotte suffisante pour tenir tête à la marine britannique, fit alliance avec Henri de Castille, qui lui prêta, pour de l'argent sans doute, quarante gros vaisseaux et treize d'une moindre grandeur, qui prirent position dans la rade de La Rochelle.

La flotte anglaise, sous la conduite du comte de Penbrock, fut surprise par cet armement et éprouva une défaite. Les alliés de la France prirent ou coulèrent la plus grande partie des bâtiments anglais et firent huit mille prisonniers.

Une médaille fut frappée à la suite de cette victoire; on y avait gravé : *Anglis prœlio navali superatis et fugatis.*

Le vicomte de Narbonne, amiral de France, ayant été destitué, ce fut Jean de Vienne, seigneur de Rollan, qui lui succéda par lettre patente du 27 décembre 1373, avec 2,000 livres de pension tant qu'il occuperait cette charge.

JEAN DE VIENNE.

Jean de Vienne est une de nos grandes physionomies historiques; seulement, comme la plus entière confusion régnait dans le temps où il vécut, sa personnalité et les nombreux services qu'il a rendus à la France se trouvent effacés ou obscurcis dans nos annales par les malheurs et les calamités de l'époque.

Cependant il est reconnu que cet intrépide capitaine a servi la France avec distinction, mais les mille faits d'armes qui illustrèrent sa carrière maritime sont tellement perdus au milieu des récits, des sanglants démêlés qui bouleversèrent le royaume, une partie de l'Europe et même de l'Asie vers le temps où il vivait, qu'il nous est difficile de les faire briller du lustre qu'ils méritent à tant d'égards.

Pourtant, comme nous avons surtout pour but de montrer à la jeunesse tout ce qui peut l'encourager aux belles et glorieuses actions, comme au bien et à l'honneur, nous essayerons d'analyser la vie et les glorieux combats de ce célèbre marin.

Jean de Vienne, seigneur de Rollan, etc., etc., était d'une ancienne famille de Bourgogne. Dès sa tendre jeunesse, il s'adonna au métier des armes. S'il combattit la France au commencement de sa carrière, il resta toute sa vie l'antagoniste des Anglais. Son existence tout entière s'est passée à les poursuivre, et du moment où il fut honoré de la faveur de Charles V, il ne cessa plus de servir son pays d'adoption et de lutter contre ses ennemis.

La France, épuisée par ses guerres intestines et par ses luttes continuelles avec les Anglais, qui se ruaient à chaque heure sur le bon sol de notre patrie comme sur une proie sans cesse productive, semblait prête à succomber sous les efforts de ses ennemis extérieurs et sous les haines et les débats de ses propres enfants, lorsque, fort heureusement, un vaillant fils de la Bretagne, Bertrand Duguesclin, vint dans ces temps calamiteux apporter au roi Charles le secours de sa redoutable épée et de son noble patriotisme.

Partout où l'intrépide connétable portait sa lance et son glaive, la victoire l'y suivait, et, peu à peu, il parvint non-seulement à ramener l'espoir et l'entente parmi les Français dignes de ce nom, mais encore il délivra en partie la patrie des souillures si longtemps supportées de la présence de ses ennemis. Pourtant cette tâche, toute grande et toute glorieuse, ne suffisait pas à l'entier salut de la France. Le brave connétable, frappant sans cesse de l'épée et de la lance, vainqueur et triomphant, était souvent forcé de s'arrêter, rugissant devant les flots de la mer, où ses ennemis trouvaient un refuge assuré sur leurs nombreux vaisseaux.

Un soir qu'il avait poursuivi à outrance une de ces bandes d'Anglais pillards et sans pitié, qui portaient le massacre et la désolation partout où ils passaient, il avait été forcé d'assister à leur embarquement sur leurs navires sans pouvoir les atteindre. Arrêté sur le haut d'un roc suspendu sur l'Océan, il montrait le poing à ses ennemis, fuyant insoucieux de son courroux.

« Oh! grande bonne sainte Notre-Dame d'Auray, disait-il, pourquoi n'ai-je pas des ailes et ne puis-je poursuivre ces pillards affamés qui ruinent et molestent le pauvre populaire de France?

—Des ailes, dit tout à coup une voix railleuse qui parut sortir d'un rocher voisin; des ailes, et à quoi bon? l'Anglais n'en a pas, lui, et il vient nous piller chaque jour.

—Approche, dit le connétable en apercevant l'étranger qui venait de parler.

—Eh bien! dit avec fierté celui auquel Dugesclin disait de s'approcher, me voici, que me voulez-vous?

—Par ma dame, ce que je veux est bien simple, c'est de te dire que tu ne devrais pas te rire de ma colère à l'encontre des Anglais.

—Loin d'en rire, dit hardiment l'étranger, je m'y associe de tout mon cœur bourguignon, et souvent l'ennemi de la France, je n'en hais que plus les Anglais, et je voudrais pouvoir les exterminer tous jusqu'au dernier.

—Que t'ont-ils fait à toi, dont le souverain est si souvent leur allié, pour que tu les haïsses avec tant de force?

—Ce qu'ils m'ont fait, à moi, dans ma personne? Rien.

Ils n'auraient pas osé, ou je ne serais pas là, je le jure. Mais ils m'ont fait plus que tous les affronts personnels. J'avais une mère, que j'aimais comme j'aime la Vierge sainte ; j'avais une petite sœur qui faisait toute ma joie, et ils m'ont ravi ma mère et ma sœur, sans que je puisse savoir où elles se trouvent à l'heure qu'il est.

Un jour, il y a déjà longtemps de cela, je m'étais absenté du manoir ; en rentrant, je trouvai la maison déserte et pillée, nos serviteurs passés de vie à trépas, et ma bonne et sainte mère disparue, égorgée peut-être avec ma petite sœur. Depuis ce jour fatal, j'ai parcouru une partie de la France, fouillant toutes les garnisons où se réfugient les grandes bandes ; réclamant à tout le monde des nouvelles du bien qui m'a été ravi, et ne rencontrant aucune trace ni des ravisseurs ni de leurs victimes.

—Et tu n'as plus l'espoir de les trouver ?

—En France, non ; j'ai visité jusqu'aux plus petits coins, au risque, à chaque instant, d'être assassiné ; mais il y a encore l'Angleterre, où les Anglais emmènent le butin qu'ils ont enlevé ici.

—C'est vrai, dit tristement le connétable ; oui, il y a encore l'Angleterre, où va s'engloutir la richesse de la France ; mais, comme je le disais, il nous faudrait des ailes pour y aller.

—Non, je ne demande pas un si grand miracle, moi ; mais il faudrait quelques hommes de cœur et quelques planches de sapin ou de chêne.

—Oui, du bois de sapin, du chêne, dit entre ses dents Duguesclin ; il en faudrait, mais il faudrait aussi du fer, et plus que tout cela.....

—Oui, des hommes, des marins, dit le jeune étranger.

—Oh! oh! des hommes, des matelots, la France n'en manque pas ; il n'y a chez nous, Dieu merci! qu'à frapper la terre du pied pour en faire sortir des bataillons; mais c'est un chef qui manque, c'est une tête qui fait défaut à tous ces bras, qui ne demanderaient pas mieux que de frapper, et tant qu'un chef ne réunira pas sous son commandement les hommes de la marine comme je conduis sous ma bannière mes bandes de soudards, il n'y aura rien de possible sur la mer, et c'est pourquoi je dis qu'il nous faudrait des ailes; car alors j'irais moi-même attaquer l'Anglais au sein de son pays.

—Des chefs! des chefs! ce n'est pourtant pas ce qui manque, tout le monde veut l'être, dit encore le jeune homme.

—Sur la terre ferme, où chacun croit pouvoir trouver un refuge au besoin, oui, mais sur la mer, non; il n'y a que de braves marins qui conduisent bien les navires et se battent avec intrépidité individuellement; mais un chef qui inspire assez de confiance à tous ces hommes pour les faire obéir comme un seul homme, il n'y en a pas, et s'il y en avait un, il serait plus utile que moi à la France. »

Le jeune homme, qui s'était approché du connétable, se recula de quelques pas, silencieux et la tête pressée entre ses deux mains.

Duguesclin se retourna avec un sourire sur les lèvres, et lui cria en s'en allant :

« Camarade, songe au moyen de nous faire pousser des ailes, et je te promets, si tu réussis, d'aller visiter l'Angleterre avec toi, et d'y retrouver ta mère et ta sœur, à moins que l'Anglais ne les ait mises au fond de la mer.

— Non, cria l'étranger avec énergie, non; je ne chercherai pas le moyen d'avoir des ailes, mais j'aurai des planches, du fer et des matelots, et je formerai un corps formidable, dont je me ferai la tête.

—Bravo! camarade, cria le connétable, prêt à disparaître avec ses gens qui l'attendaient ; bravo ! et si tu as besoin de quelque chose pour la réussite de ton entreprise, viens me voir au château d'Hennebon. Du moment où tu voudras combattre les Anglais à outrance, je t'y aiderai de tout mon pouvoir. » Et il disparut.

Il y avait plusieurs années que le brave connétable avait fait la rencontre dont je viens de parler, lorsqu'un jour on lui annonça la visite d'un étranger, à la haute stature, à l'air fier et martial, au teint hâlé et aux mains calleuses.

« Que me veux-tu, dit le connétable, avec sa brusquerie ordinaire, en apercevant l'étranger ?

—Bertrand Duguesclin, dit cet homme avec fierté, je suis celui que tu rencontras un jour sur les bords de la mer, au moment où tu désirais avoir des ailes pour poursuivre les Anglais ; je t'ai dit mon histoire, et tu m'as promis tes bons offices si jamais j'en avais besoin. Aujourd'hui, je viens à toi pour savoir si tu veux tenir ta promesse ; car, depuis que je ne t'ai vu, je me suis livré sans relâche à l'étude de la marine ; j'ai visité tout le littoral ; j'ai encouragé, excité les populations de la côte à ne pas se laisser dépouiller par des ennemis qu'ils pourraient vaincre. J'ai enfin préparé un corps, et j'ai aussi organisé une tête ; veux-tu encore donner ton appui à la création d'une marine indispensable à la fortune de la France ? Parle, je t'écoute ?

—Comment t'appelles-tu, toi qui penses pouvoir surmonter les chances mauvaises de la mer, et qui crois assez en toi pour faire obéir des flottes nombreuses comme une simple nef ?

—Depuis quelque temps déjà, les uns m'appellent le Chasseur à l'Anglais, d'autres me nomment simplement *Jean de Calais*, parce que c'est dans cette ville que j'ai fait mon apprentissage de marin, et d'où je cours sus à l'Anglais; mais mon vrai nom est *Jean de Vienne,* ma famille est honorable et mon écusson est sans tache. Je sais que les vents et les flots sont inconstants, mais déjà j'ai appris à braver la tempête; j'ai tout pesé, j'ai tout réfléchi. Jusqu'ici les flottes de la France n'ont été diririgées que par des mercenaires ou des hommes sans idées arrêtées; chacun a voulu commander son navire, chaque navire avait un maître qui n'obéissait à personne; moi, je me suis voué corps et âme à une œuvre dont je comprends les périls et toute la valeur. Je veux réunir tous les vaisseaux de la France sous un commandement unique et sous une même discipline. Veux-tu m'aider dans l'accomplissement de cette tâche?

—Ta main, dit Bertrand; j'ai connu ton père, c'était un brave et loyal gentilhomme, à tel père le sang ne peut mentir; oui, je t'aiderai et, si Dieu le veut, tu achèveras sur la grande mer ce que je poursuis sur le sol de la France: l'humiliation de nos ennemis. Compte sur moi. »

Ces deux vaillants hommes ne s'en dirent pas davantage, ils s'étaient compris.

Jean de Calais, ou plutôt Jean de Vienne, cadet d'une bonne maison de Bourgogne, après avoir porté bien jeune l'épée et la lance dans les grandes compagnies, frappé par ses propres malheurs et par les misères du peuple opprimé et ruiné par les Anglais qui sillonnaient à cette époque le sol de la malheureuse France, s'était rendu à Calais après sa rencontre avec le connétable. Il avait pris du service sur un simple corsaire, puis bientôt il avait été acclamé chef des valeureux matelots du navire où il était, après la mort du capitaine. Alors il avait pu donner cours à sa haine contre l'Anglais et se familiariser avec les dangers et les nécessités de la profession de marin. Doué d'un véritable génie, qui s'unissait à la plus grande bravoure, il commença un apostolat qui devait plus tard être si utile et avoir de si grands résultats pour la France.

Toutes ses courses sur mer avaient été fructueuses, et jamais l'intrépide Jean de Calais n'était rentré au port sans avoir brûlé, détruit ou pillé quelques navires anglais. Sa fortune et sa renommée s'accrurent à tel point, qu'en 1347 il avait été nommé gouverneur de Calais, et qu'il défendit pied à pied les approches de cette ville contre Édouard, roi d'Angleterre.

Malgré la superbe défense des assiégés, malgré une bravoure à toute épreuve et un dévouement héroïque, la ville dut succomber sous les efforts d'un ennemi tout-puissant. Ce fut encore en cette circonstance que Jean de de Vienne donna la mesure de son courage et de son noble caractère. Le roi d'Angleterre, outré la belle défense de la place, et furieux d'avoir été retenu si longtemps par une poignée de bourgeois, n'avait reçu la ville à composition qu'à condition que dix des citoyens de Calais se présenteraient devant sa tente les pieds nus, la corde au cou, pour lui remettre les clefs de la ville et être pendus à la tête du camp. Eustache de Saint-Pierre, comme chacun sait, se présenta le premier pour sauver la ville, en subissant le supplice infligé par le cruel roi d'Angleterre; huit autres citoyens consentirent encore à donner leur vie pour racheter celle de leurs familles. Il manquait une victime, qui voulût se dévouer pour que le sacrifice fût complet. Personne ne se présentait plus lorsqu'arriva le gouverneur; en apprenant de quoi il était question, l'héroïque Jean de Vienne ôta silencieusement ses chaussures, puis se passa la corde au cou, en disant : « Quoi! citoyens, vous étiez en peine de trouver un homme qui voulût donner sa vie pour sauver la cité! Vous me croyez donc bien peu digne de l'honneur que vous m'avez fait en me nommant votre chef, que vous ne comptiez pas sur mon dévouement ; pourtant me voici : marchons. »

Tout le monde sait que le cruel Édouard voulait à toute force faire périr les dix généreux citoyens de Calais, mais qu'à force de prières, la reine et plusieus seigneurs obtinrent la vie de ces héroïques soldats. Édouard, en pardonnant à ces hommes, avait trop de griefs à venger pour traiter avec humanité les habitants de la ville qu'il venait de conquérir ; aussi les exila-t-il presque tous pour donner leurs biens à des Anglais.

Jean de Vienne fut conduit prisonnier en Angleterre, d'où il ne s'échappa que pour recommencer une guerre incessante contre ses ennemis. C'est à cette époque qu'il s'en alla trouver Duguesclin. Aidé alors par le brave connétable, il reprit le cours de ses excursions, puis s'enferma dans la ville de Honfleur, qu'il défendit avec la plus grande énergie contre les ennemis qu'il abhorrait. Mais ses aspirations à devenir chef d'une flotte nombreuse ne purent guère se réaliser que bien des années après avoir commencé et poursuivi ses luttes contre les éternels ennemis de la France. Il avait près de soixante ans lorsqu'enfin il fut nommé amiral de France et mis à la tête d'une flotte nombreuse.

En 1377, Jean de Vienne commença, de concert avec don Sanche de Tomar, amiral de Castille, les sanglantes représailles qu'il avait si ardemment convoitées. A la tête d'un armement redoutable, il se mit à parcourir les côtes d'Angleterre, espérant pouvoir mettre à exécution ses hardis projets. Mais l'ennemi était sur ses gardes, et il ne put qu'attaquer et prendre quelques villes du littoral : Raye, Darmouth, Hasting, Plimouth, Yarmouth, Winchester. Puis il ravagea l'île de Wight, dont les habitants se rachetèrent en donnant une forte contribution.

En apprenant les terribles ravages que Jean de Vienne faisait sur leurs côtes, les Anglais, atterrés, s'empressèrent de lever une armée nombreuse, qui fut mise sous le commandement du comte de Salisbury. L'amiral français harassa son ennemi par de fausses alertes, puis enfin lui donnant le change par une nuit des plus sombres, il se porta sur la ville de Lewe, qu'il prit et saccagea, et où il fit un butin considérable qu'il transporta sur ses vaisseaux ; il revint ensuite en France, après avoir jeté la plus grande terreur en Angleterre.

Jean de Vienne n'eut pas plus tôt ravitaillé son escadre, qu'il reprit la mer et recommença ses courses, au grand désespoir des commerçants et des marins anglais ; aussi Richard II, ayant une armée à faire passer en Bretagne, la fit-il débarquer à Calais, dans la crainte que ses vaisseaux ne fussent rencontrés par le terrible Jean de Vienne.

Charles V, poussé par les conseils de son amiral, avait enfin donné des ordres et commencé à organiser une flotte nombreuse pour faire une descente en Angleterre. La mort de ce prince, qui arriva sur ces entrefaites, vint arrêter les projets de Jean de Vienne. Cependant Charles VI se prêta d'abord aux vues du vieil amiral ; mais, circonvenu par les intrigues du duc de Bourgogne, il arrêta ses préparatifs. Jean de Vienne alors, pour ne point perdre entièrement le fruit d'une grosse dépense et tirer profit des armements commencés, embarqua mille cinq cents hommes sur ses vaisseaux, et s'en alla au secours des Écossais, qui étaient en guerre avec les Anglais.

Le vieil amiral montra en cette circonstance tout ce que peut la vaillance, le sang-froid et l'énergie, quand ces qualités sont alliées à une grande intelligence. Étant débarqué près d'Édimbourg, il se joignit à six mille montagnards et commença les hostilités.

A l'annonce de l'audacieuse tentative de Jean de Vienne, Richard assembla une armée de quatre-vingts mille hommes, et marcha pour exterminer son ennemi.

Averti de l'arrivée du roi d'Angleterre avec sa formidable armée, la plupart des Écossais se retirèrent effrayés dans leurs montagnes; mais Jean de Vienne ne se découragea pas, et par une marche aussi hardie qu'habile, pendant que les Anglais entraient en Écosse par un chemin, il envahissait l'Angleterre par un autre, et traversait en conquérant les comtés de Lancastre et de Chester, et mettait à contribution le pays de Galles. Alors le roi Richard, furieux, revint sur ses pas, se promettant de ne faire aucun quartier à ses ennemis. Mais Jean de Vienne s'était encore une fois éclipsé, laissant après lui des ruines et les marques de sa marche victorieuse. Une seconde fois, trompant tous les calculs du monarque anglais, il était revenu en Écosse, et pendant qu'on le cherchait dans les comtés, il se rembarquait avec le butin qu'il avait fait dans cette campagne.

Le retour de Jean de Vienne et le récit de ses exploits porta au plus haut degré l'enthousiasme des Français, et de suite l'on reprit l'idée de faire une nouvelle descente en Angleterre, et de réduire pour longtemps à l'impuissance ces ennemis si acharnés.

Les plus grands efforts furent faits pour équiper une flotte nombreuse; de toutes parts l'on rassembla des hommes, des navires et des provisions de toutes sortes. Au mois de septembre 1386, l'on avait déjà réuni au port de l'Écluse mille trois cent quatre-vingt-sept navires de toutes grandeurs, pour transporter une armée de cent mille hommes de l'autre côté du détroit; sans compter la flotte de Bretagne, sous les ordres d'Olivier de Clisson, qui se rassemblait à Tréguier, et qui devait se réunir à notre armement.

Le roi Charles allait lui-même prendre le commandement de cette expédition, qui promettait à la France une revanche éclatante des misères de toutes sortes que les Anglais lui avaient fait subir pendant tant d'années. Le roi d'Angleterre, de son côté, effrayé par les préparatifs de ses ennemis, n'était pas resté inactif. Pensant avec juste raison qu'il résisterait mal à vaincre un ennemi aussi puissant, il tenta un moyen de détourner la tempête qui allait fondre sur son pays; et, aussi déloyal antagoniste qu'ennemi implacable, il eut recours à la trahison. Il répandit l'or à pleines mains parmi les princes du sang français, et l'on vit, entre autres, le duc de Berri, qui fit plus de mal à la France en cette circonstance que son plus cruel ennemi, recevoir les trésors de l'Angleterre pour prix de sa perfidie; et, à la honte de la famille régnante, il se trouva parmi les plus hauts placés des traîtres qui vendirent l'honneur de leur pays pour un peu d'or, et cet armement, qui pouvait sauver la France d'une longue suite de guerres et de meurtres, ne sortit pas même de nos ports.

Le vieil amiral, qui avait conseillé et pris une part si active aux préparatifs de cette expédition, s'arracha la barbe de désespoir, en voyant s'échapper l'occasion qu'il caressait depuis si longtemps, de porter la guerre en Angleterre et d'écraser nos ennemis.

Outré de trouver chez les princes du sang, qui gouvernaient plus que le roi, tant de bassesse et de perfidie, Jean de Vienne déchira ses titres d'amiral de France et ne voulut plus servir sous des maîtres aussi vils. Pourtant le vieux guerrier ne pouvait rester inactif; l'âge avait beau lui envoyer ses avertissements, rien ne lui ôtait son énergie.

En 1388, il assiégeait encore Carthagène avec le duc de Bourbon. Sans doute qu'il continua ses courses sur l'Océan, mais les chroniques n'en parlent plus. Pendant plusieurs années la marine de la France avait suivi sa fortune; elle était tombée dans l'oubli.

En 1396, le 24 septembre, Jean de Vienne, le vieil amiral français, se trouvait à la bataille de Nicopolis, où il succombait, à l'âge de près de quatre-vingts ans, sous le fer des Turcs, avec quatre cents chevaliers qui, comme lui, avaient pris les armes contre les mahométans, pour secourir le roi de Hongrie.

Jean de Vienne, pendant plus de vingt ans, est à lui seul la personnification de la marine française. Son génie, son intelligence et sa bravoure avaient montré tout ce que peut l'audace, alliée à une volonté réfléchie. Avec ce grand homme disparut aussi pour longtemps notre puissance navale. Il avait pour habitude de dire que la France n'aurait bonne raison des Anglais qu'en les attaquant au milieu de leur propre pays, parce qu'ils n'étaient jamais si faibles que chez eux.

Jean de Buch, amiral du duc de Bourgogne, était contemporain de Jean de Vienne. Cet homme de mer, moins intelligent peut-être, mais tout aussi brave que son émule, se battit contre une escadre anglaise pendant quarante-huit heures, et la détruisit en partie, malgré qu'il n'eût sous ses ordres qu'une flottille de navires marchands, qui parvinrent à gagner les ports français pendant que l'amiral Jean de Buch continuait le combat et était fait prisonnier après des prodiges de valeur.

Le capitaine Brise, qui prit Sandwich et brûla cette ville avec tous les vaisseaux qui étaient dans le port, était aussi un marin d'un grand courage. Mais ces hommes étaient à cent lieues de Jean de Vienne, tant pour toutes les grandes qualités qu'il avait comme marin, mais encore à cause de ses patriotiques et chevaleresques vertus. Jean de Vienne, dont le corps fut rapporté en France après la bataille de Nicopolis, fut enterré en l'abbaye de Bellevaux, en Bourgogne.

Renaud de Trie, seigneur de Seryfontaine, etc., etc., fut nommé amiral de France en 1397. Cet amiral ne fit rien de remarquable pendant la durée de sa charge. Il mourut en 1406, deux ans après s'être démis de ses fonctions d'amiral, et après avoir traité de cette charge avec Pierre le Breton, dit Clignet, qui la lui acheta, en 1405, la somme de 15,000 écus d'or. Le roi ayant ratifié cet arrangement, Clignet entra en fonctions. Cet amiral se contenta de son titre, des honneurs et des profits qui y étaient attachés, sans se préoccuper beaucoup de la marine.

A l'amiral Clignet, dont on ne connaît pas plus la mort que les hauts faits, succéda Prégent de Coitevy, qui fut nommé amiral de France, et qui fut tué au siége de Cherbourg, le 28 juillet 1450.

Jean de Breuil succéda à Prégent, en 1450. Cet amiral en titre ne laissa aucune trace de son passage dans la marine.

Sous le règne de Charles VII, la marine fut fort négligée. Pourtant il y eut quelques escarmouches avec les Anglais, en 1457; entre autres, une escadre, sous les ordres de Pierre de Brezé, ayant à bord une petite armée de quatre mille hommes, fit une descente à Sandwich, s'empara de trois vaisseaux qui étaient dans le port, et prit la ville, où l'on fit un riche butin.

Malgré l'espèce d'abandon dans lequel les souverains de la France laissèrent la marine pendant bien des années, des expéditions particulières se firent pour le compte de divers individus.

Jacques Cœur, qui fut depuis argentier du roi, et envers lequel Charles VII se montra si tristement ingrat, fut un de ceux qui surent s'enrichir au moyen de la navigation. Ce simple marchand possédait de nombreux vaisseaux et trafiquait avec les pays d'outre-mer, sous la garde des Vénitiens et des Génois qui, moyennant un certain tribut, lui donnaient leur protection.

La boussole, nouvellement découverte, fut d'un puissant secours pour les expéditions maritimes de cette époque; aussi voit-on les Portugais et les Espagnols commencer de grands voyages, et enfin apparaît Christophe Colomb, qui découvre le Nouveau-Monde.

En 1479, sous Louis XI, le vieil amiral Coulon s'empara de quatre-vingts navires hollandais, qu'il conduisit dans les ports de Normandie.

Louis de Bourbon, comte de Vermandois, eut le titre d'amiral de France, mais il n'en remplit guère les fonctions et ne rendit aucun service à la marine.

Louis Malet, sire de Graville, lui succéda en 1486. Cet amiral suivit le roi Charles VIII dans son expédition de Naples et de Sicile, et, à son retour de cette entreprise, le roi lui fit compter la somme de 23,175 livres, qu'il avait avancée de ses deniers pour cette expédition et pour l'entretien de deux vaisseaux pendant dix-neuf mois.

En 1494, sous Charles VIII, la marine reprit un peu d'existence. Ce prince, voulant continuer ses expéditions d'Italie, rassembla une flotte de soixante-dix-sept vaisseaux, dix-huit galères, huit galéasses et neuf autres bâtiments.

L'art de construire les navires avait fait de grands progrès : l'on n'en était plus aux barques à peine pontées des premiers navigateurs; les vaisseaux étaient construits avec entente et aménagés avec ordre. Tous étaient d'un bien plus fort tonnage que les navires primitifs; il y en avait à un et même à deux ponts. Les canons déjà avaient été introduits sur les bâtiments de guerre, et ce fut pendant la campagne de Charles VIII, en Italie, que l'on se servit pour la première fois de canons de gros calibre et de boulets en fonte.

Quelques marins intrépides de notre nation se livraient déjà à des courses lointaines, et Paulmier de Gonneville partit en 1505 du port de Honfleur, sur un bâtiment équipé par des marchands de cette ville, pour faire des découvertes ; il doubla le cap de Bonne-Espérance, poussé par une tempête, perdit sa route et découvrit une terre dans l'Océan austral.

A cette époque, la charge d'amiral de France était devenue plutôt honorifique qu'une véritable fonction. Souvent elle était donnée à des princes ou à de grands seigneurs qui n'avaient jamais vu la mer, et qui recevaient le titre d'amiral comme une marque de la munificence du souverain.

Jusqu'au règne de Louis XII, pendant que tous les peuples de la terre étaient en ébullition à cause de la découverte du Nouveau-Monde, et que toutes les nations armaient de nombreux vaisseaux, la France, livrée à des guerres étrangères ou à des querelles intestines, oubliait le rôle qu'elle pouvait jouer, tant par sa position géographique que par la bravoure de ses marins. Pourtant nous allons voir surgir encore, avant le grand règne de Louis XIV, quelques-uns de ces marins intrépides qui furent toujours l'honneur de notre pays.

PRÉGENT DE BIDOULX.

Prégent de Bidoulx, cadet d'une assez bonne famille de Gascogne, est un des hommes qui ont le mieux soutenu

Pregent de Bidoulx et le vieux berger Barbotin.

l'honneur du drapeau de la France sur les mers, au temps où notre marine, sacrifiée à une honteuse coalition de traîtres ou à des imprévoyances inconcevables, n'existait réellement plus.

. . . .

Le soleil se levait rouge et couvert de brouillards derrière les horizons brumeux de la haute mer du golfe de Gascogne, un jeune enfant, assis sur la mousse et un vieux berger appuyé sur sa houlette, son chien noir couché à ses pieds, regardaient curieusement le lever de l'astre du jour.

« Barbotin, dit l'enfant, pourquoi le soleil est-il si entouré de nuages rouges, ce matin?

—M'est avis, mon jeune maître, que ça nous annonce une mauvaise journée pour les pêcheurs qui oseront s'aventurer en mer, et si j'étais à la place de Primoguet, qui est monté hier sur cette galère du roi, qui est allée guerroyer contre les Anglais, je donnerais de grand cœur un fameux cierge à la Notre-Dame de Hoas pour ne pas y être.

—Tu as toujours été peureux, toi, Barbotin; pourtant si tous les hommes raisonnaient comme toi, le roi pourrait bien se passer de matelots.

—Eh bien! quand même il ne se trouverait pas de marins pour aller porter leur corps aux poissons, car il en périt de ces gens-là, Dieu de Dieu! eh bien! est-ce que cela serait un mal? Je ne connais qu'une chose, moi, c'est le plancher de mes moutons; au moins si je tombe, je me ramasse, et c'est fini; au lieu que si l'on pique une tête dans la mer, serviteur! pas moyen de se raccrocher aux branches.

—Comme tu raisonnes! Barbotin; en vérité, on dirait que tu n'as pas de pays, de mère, ni de sœurs, ni rien à sauvegarder des ennemis.

—D'abord, j'ai un pays, moi, et un fameux : je suis de la Gascogne ; si je n'ai ni père, ni mère, ni sœurs, ce n'est pas ma faute ; je n'ai jamais connu mes parents ; on dit que les grandes bandes les ont tués dans un moment de mauvaise humeur ; quant à des ennemis, oh ! pour ça, oui ! j'en ai ; sans compter mes mauvais défauts, j'ai les loups, qui font une guerre acharnée à mon troupeau.

—Je ne te parle pas de tes vilains défauts, ni des loups, ni des méchants cœurs qui nous jalousent si souvent ; je te parle des Anglais, de ces affreux dévastateurs qui ne cessent de ravager le pays.

—Oh ! les Anglais, c'est différent ; je m'en soucie comme d'une puce ; ils demeurent trop loin pour jamais venir se joindre aux loups, pour manger mes moutons.

—Tiens, Barbotin, tu ne causes pas sensément, comme un homme, dit le jeune enfant d'un air important ; tu n'as pas le moins du monde de haine contre les ennemis de ton pays ! et pourtant ils ont tué tes parents, et ils peuvent revenir et te tuer à ton tour.

—Me tuer ! me tuer ! dit Barbotin en hochant la tête, j'ai encore de bonnes jambes ; et puis n'ai-je pas mes chiens pour me défendre ? ajouta d'un air sournois le bonhomme, qui, certainement, cherchait par ses discours à faire discuter son interlocuteur.

—Eh bien ! moi, dit le petit garçon, en se levant tout d'un coup et allant se poser en face du vieux berger : eh bien ! moi, vois-tu, j'ai sucé avec le lait de ma nourrice l'horreur des Anglais, qui ont tant fait de mal à la France ; et pour tout au monde, je voudrais pouvoir un jour être assez fort pour les combattre, les vaincre et venger mon pays.

—Oh ! diable ! dit le vieux berger avec un air bonhomme, voilà qui est parlé, et si un jour vous pouviez aller guerroyer au lieu de rester à compter les moutons, comme le vieux Barbotin, vous le feriez?

—Si je le ferais! dit l'enfant, évidemment exaspéré du sang-froid de Barbotin, oh! oui, je le ferais, je le jure, et bientôt encore, et même tout de suite si je le pouvais.

—C'est pourtant facile, ça! dit Barbotin en appuyant son menton sur la main qui tenait sa houlette.

—Comment! c'est facile? dit l'enfant.

—Parbleu! Pourquoi ne faites-vous pas comme Primoguet? Vous savez, le petit drôle qui nous faisait tant de niches, et qui s'est embarqué comme mousse sur la grande galère du roi.

—Ma foi! il est bieureux, et je voudrais pouvoir faire comme lui. »

Pendant l'entretien de nos deux personnages, la brume s'était épaissie, de gros nuages noirs avaient remplacé les vapeurs pourprées du matin, et le vent commençait à souffler avec assez de violence pour que l'on vît les flots de la mer bondir en écume blanche en s'entre-choquant, et cette écume courir avec une vitesse inouïe au-dessus des vagues.

« Diable! diable! dit le vieux berger, m'est avis, avec votre permission, mon jeune maître, que je ne voudrais pas être dans la peau de Primoguet, que vous voulez prendre pour modèle. Le grain s'est mûri là-bas, et pour sûr, avant un quart d'heure nous allons voir les flots danser une contredanse qui ne sera pas du goût de tout le monde; attendez.

—Bah! bah! qu'est-ce que cela fait; un peu de tempête; au contraire, la mer serait monotone si elle était toujours unie comme une glace; et puis, je ne sais pourquoi, il me semble que l'on doit être bien sur les flots lorsque, balancé par les vagues, l'on est assis sur un bon bâtiment, et que l'on peut se moquer des fureurs de la mer!

—Oh! oh! dit Barbotin, voilà où nous ne sommes plus du même avis, mais plus du tout; moi, je mourrais de chagrin si je ne me voyais jamais séparé des grands gouffres de l'Océan que par une simple planche, qui peut bien se déclouer, après tout. »

En ce moment, la tempête se déchaîna et fut dans toute sa force.

« Allons-nous-en, dit Barbotin, la pluie va tomber, et ma foi, je ne tiens pas à me faire tremper.

—Mais non, mais non, dit l'enfant, ne t'en va pas; regarde donc, au contraire, le tableau majestueux que nous avons devant les yeux! Cette mer furieuse qui semble se révolter contre le ciel, et qui pourtant se laisse dompter par de braves marins.

—Ah! mon Dieu! dit Barbotin en regardant de tous ses yeux dans le lointain; ah! mon Dieu! il me semble que je vois un gros point noir là-bas, tout là-bas!

—Eh bien?

—Eh bien! c'est que ce point noir est sans doute un navire, et si c'en est un, il est perdu, et va venir sombrer au pied de ces rochers. »

En effet, au bout de quelques instants, le point noir que le vieux berger avait aperçu se dessina plus distinctement, et bientôt l'on put apercevoir le navire, manœuvrant avec énergie pour ne point être entraîné vers la côte, mais vainement. Tous les efforts de l'équipage furent impuissants contre les courants et la fureur du vent; le vaisseau, entraîné par une force indomptable, vint se heurter sur des brisants qui s'étendaient au pied des falaises. Un cri épouvantable se fit entendre en ce moment, cri suprême et désespéré des matelots que la mer allait engloutir.

« Ah! mon Dieu! mon Dieu! dit le vieux berger, voyez,

voyez, mon jeune maître, le joli métier que vous ambitionnez de faire, et je gage.... » Mais Barbotin se tut, car il venait de s'apercevoir que son jeune maître n'était plus avec lui, et, en tournant ses yeux du côté de la mer, il l'aperçut courant sur les rochers, au risque d'être entraîné par quelque vague furieuse, cherchant à saisir quelque épave du naufrage que l'Océan charriait déjà vers la côte.

Barbotin, tout effrayé des flots qu'il était, avait de la charité, et il ne put s'empêcher d'aller au secours de son jeune maître, en disant : « Allons ! c'est une mauvaise tête, mais c'est un bon cœur. Si Dieu lui prête vie, il sera un jour un fier homme d'armes. »

Bientôt les flots furieux eurent dépecé le vaisseau et envoyé ses débris sur le rivage. Plusieurs cadavres y arrivèrent à leur tour, et entre autres le corps d'un jeune homme qui sortait à peine de l'adolescence.

« Ah ! bonne sainte Vierge ! dit Barbotin en apercevant cet enfant ; ah ! bonne sainte Vierge ! c'est Primoguet !

—Aide-moi à le rappeler à la vie, dit le jeune maître du vieux berger, nous verrons après qui il est. »

En effet, après des soins multipliés, le jeune homme reprit sa connaissance ; c'était Primoguet, parti la veille sur une galère du roi. Lui seul échappa au naufrage, tout le reste avait péri.

« Eh bien ! dit tout bas le vieux berger à son jeune maître, en emmenant le naufragé vers leur habitation ; eh bien ! avez-vous encore envie de vous risquer sur la grande nappe d'eau salée ?

—Oui, dit l'enfant avec énergie; oui, et j'en ai plus envie que jamais. Primoguet s'en est bien sauvé, pourquoi ne m'en sauverais-je pas de même dans un pareil cas ? »

Primoguet devint l'ami du jeune Prégent de Bidoulx,

et un jour nous les verrons ensemble, sur les mers, combattre l'ennemi de la France.

Prégent fit sa première campagne en 1500, dans une expédition dirigée contre les Turcs.

A partir de ce moment, Prégent de Bidoulx ne cessa de se distinguer sur mer et prit part à toutes les entreprises maritimes du règne de Louis XII. Il ravitailla le château de l'Œuf, assiégé par une armée nombreuse et une flotte considérable, et secourut Gayette, bloquée par les Espagnols.

En 1502, les Vénitiens, un moment alliés de la France, se tournèrent contre elle. Prégent de Bidoulx, qui se trouvait à la tête de quelques galères, fut tout à coup bloqué, dans un petit port de la Méditerranée par des forces si supérieures qu'il n'y avait qu'à périr ou à se rendre. Le jeune commandant choisit un troisième moyen ; il combattit d'abord à outrance, puis il fit échouer ses galères sur la plage et les incendia au nez de l'ennemi, qui le laissa s'en aller. Puis il se rendit à Marseille, où l'on rassemblait une nouvelle flotte sous le commandement du marquis de Saluce ; il s'y embarqua et cingla vers Naples.

En 1507, Prégent fit capituler Gênes, et, en 1510, il ruina le commerce des ennemis de la France dans la Méditerranée, ravitailla nos forteresses et s'empara de l'un des plus riches galions des Espagnols.

Louis XII, en récompense de ses services, le créa général des galères. La guerre s'étant rallumée, en 1513, entre la France, d'une part, et l'Angleterre, l'Allemagne et la Suisse de l'autre, Prégent eut ordre de se rendre, avec les quelques vaisseaux qu'il commandait, dans l'Océan pour préserver le littoral de nos côtes des attaques des Anglais. Par malheur, notre marine était dans le plus triste état, sauf les quelques galères que commandait Prégent, et quelques vaisseaux qui étaient dans nos ports, il n'y avait pas d'escadre capable d'opposer une résistance efficace aux attaques de nos ennemis, qui possédaient une marine formidable.

Prégent, à la tête de quatre galères, construites pour les eaux paisibles de la Méditerranée, osa cependant se mesurer avec des ennemis dix fois plus forts. Aussi habile marin que brave soldat, il se servit de ses galères pour harceler les Anglais, qui n'avaient pas de bâtiments de ce genre dans leur flotte. Sachant combien il avait à craindre la supériorité de ses ennemis, il s'appliqua à les éviter lorsqu'il les trouvait trop nombreux pour leur livrer bataille avec quelques chances de succès; mais dès qu'il trouvait une occasion favorable, il tombait sur eux, les détruisait ou les mettait en fuite.

Cette tactique lui réussit longtemps, et l'amiral Howard, qui commandait les Anglais, ne put tenter aucune entreprise contre nos villes du littoral. Cependant sir Howard, furieux de se voir braver par un ennemi aussi inférieur, voulut à tout prix le détruire. Comme il n'avait pas de galères, sortes de bâtiments nouvellement mis en usage, qui, à cause de leur légèreté et des rames dont on se servait pour les diriger, avaient un très-grand avantage sur les lourds vaisseaux anglais, il se procura, avec de l'or, deux de ces navires, qu'il acheta aux Vénitiens ou aux Espagnols. Il les chargea de l'élite de ses capitaines et de ses matelots; lui-même voulut commander l'un de ces bâments; l'autre fut mis sous les ordres de lord Ferrers.

Le 25 avril 1513, lord Howard, devançant le reste de son escadre, découvrit les quatre petites galères françaises dans la baie du Conquet. Mais les Anglais avaient affaire à un homme aussi brave qu'il était intelligent. Prégent s'empressa de faire ses préparatifs, et porta droit vers la galère de l'amiral anglais. Celui-ci, dont le bâtiment était beaucoup plus fort et rempli de matelots, s'empressa de saisir l'occasion de détruire son audacieux ennemi. Vite il donna ses ordres pour aller à l'abordage, et sauta l'un des premiers sur le pont du vaisseau français; mais aussitôt Prégent ordonna de détacher son navire de celui de l'Anglais et de le pousser au large, ce qui fut exécuté sur l'heure. Alors il attaqua les imprudents qui étaient sur son bord et les extermina ou les fit prisonniers. Puis il revint sur la galère amirale, dégarnie et sans commandant, l'attaqua et la coula; et comme plusieurs embarcations chargées de soldats anglais s'étaient détachées de la flotte pour prendre part au combat, il les attaqua une à une et les écrasa toutes. Après avoir fait subir cet échec à l'escadre anglaise, Prégent gouverna sur les côtes d'Angleterre et s'en alla ravager le littoral du comté de Sussex. Ce fut pendant cette expédition qu'il fut blessé, à l'attaque d'un village où il perdit un œil et eut sa vie en danger. Pourtant il continua ses courses pour faire diversion et empêcher les Anglais de ravager nos côtes. En effet, tous les vaisseaux ennemis se réunirent pour le combattre, et Prégent fut forcé de se retirer devant une escadre vingt fois plus nombreuse que la sienne; mais il avait atteint une partie de son but.

Prégent, encore souffrant de sa blessure, reprit la mer et s'en alla retrouver Primoguet, son ancienne connaissance, qui commandait une vingtaine de vaisseaux appartenant au duc de Bretagne. La petite escadre mit à la voile et fut au-devant de la flotte anglaise qui comptait, dit-on, plus de quatre-vingts grands navires.

Les deux escadres ennemies se rencontrèrent, le 10 août 1513, aux environs de l'île d'Ouessant.

Il fallait toute la bravoure française et toute l'audace

d'un patriotisme ardent pour oser combattre un ennemi aussi disproportionné. Pourtant les Français attaquèrent les premiers bâtiments ennemis, les coulèrent ou les mirent en fuite. Mais le gros de la flotte anglaise était parvenu à entourer la petite escadre française, et l'un des plus furieux combats que l'on eût vu sur mer se livra alors. Hervé Primoguet, monté sur un bâtiment tout neuf, nommé la *Belle-Cordelière*, construit aux frais de la duchesse Anne de Bretagne, reine de France, donna en cette circonstance un exemple de cet héroïque courage si commun, du reste, chez les marins français.

L'on se battait de toutes parts avec le plus grand acharnement; chaque vaisseau français avait au moins trois ou quatre vaisseaux ennemis à repousser; pourtant l'action continuait avec des chances égales des deux côtés. C'est alors que le duc de Suffolk dirigea son bâtiment sur celui que montait Primoguet, et l'attaqua avec la plus grande fureur. Mais il fut accueilli avec tant de bravoure que le noble duc, désespérant de vaincre, appela à son secours une douzaine de vaisseaux aux ordres de l'amiral Kingvel. Tous ces ennemis attaquèrent à la fois la *Belle-Cordelière*. Primoguet, dont le bâtiment avait déjà souffert, voyant qu'il lui serait impossible de résister à ses ennemis, prit une résolution héroïque. Il laissa tous les vaisseaux anglais s'accrocher au sien, puis il mit le feu à son navire. L'incendie se communiqua rapidement au vaisseau le *Régent*, que montait le duc de Suffolk, et à d'autres bâtiments de son escadre, et bientôt tous ces navires enflammés ne furent plus qu'une seule épave. Primoguet, qui avait fait le sacrifice de sa vie, eut encore la joie de voir le *Régent* s'abîmer dans les flots avant que la *Belle-Cordelière* fût entièrement détruite. Cet acte de courageuse résistance intimida tellement les Anglais, qu'une partie de leur flotte prit le large, et le restant de l'escadre française, sous les ordres de Prégent, put se retirer tranquillement à Brest.

La mort héroïque de Primoguet eut pour premier résultat de frapper les Anglais d'épouvante, et de dégager l'escadre française, dont un seul bâtiment n'aurait pu échapper ; puis cette action, racontée de proche en proche, rendit du courage aux marins français et doubla leur force. Prégent de Bidoulx eut un grand chagrin de la mort de son ami, mais il se consola en disant qu'il était mort comme il voudrait mourir lui-même.

La paix ayant été conclue avec l'Angleterre, Prégent retourna combattre le Génois dans la Méditerranée.

Prégent de Bidoulx, on ne sait pour quelle cause, donna sa démission de général des galères, se fit recevoir dans l'orde de Malte et prit du service dans la marine de ces religieux guerriers.

Après avoir combattu d'une manière héroïque en diverses occasions, Prégent mourut, comme il avait toujours désiré mourir, les armes à la main, en 1528, en combattant les Turcs.

Guillaume Gouffier, seigneur de Bonivet, avait été nommé amiral de France. Il fut encore un de ces amiraux qui ne quittèrent guère la terre ferme, et dont les exploits maritimes n'ont brillé que par le silence de l'histoire. Cet amiral mourut en 1524, à la bataille de Pavie.

Vers 1524, le roi de France confia une expédition de découvertes à un sieur Verrazzani, de Florence.—Ce navigateur parcourut les mers de l'Amérique, longea différentes côtes, découvrit une terre qu'il nomma la Nouvelle-France, et revint rendre compte de son expédition.

CHAPITRE III

FRANÇOIS Iᵉʳ, qui succéda à Louis XII, trop occupé de ses guerres en Italie, ne fit rien pour relever la marine : nos ports et nos arsenaux restèrent vides. Cependant le grand mouvement de découvertes et de voyages lointains se continuait. A défaut de marine de l'État pour protéger nos nationaux, les commerçants se liguaient entre eux pour se protéger eux-mêmes, ou achetaient la protection des Génois et des Vénitiens ; et malgré l'espèce d'abandon dans lequel les gouvernants laissaient les gouvernés, plusieurs hommes intrépides firent des découvertes ou s'enrichirent dans le commerce d'outre-mer.

La ville de Saint-Malo, située sur un rocher, au milieu des grèves des côtes de Bretagne, se distinguait déjà par le courage et le patriotisme de ses habitants, l'habileté et la bravoure de ses marins. Nid d'aigle où se réfugiaient tous les hommes de cœur qui avaient quelques outrages à reprocher aux Anglais, c'était l'une de nos villes maritimes les plus florissantes, et les marins de Saint-Malo étaient déjà les plus redoutables adversaires de la Grande-Bretagne.

L'un des fils d'un modeste bourgeois de Saint-Malo, à l'exemple des Christophe Colomb et des Vasco de Gama, rêvait jeune de s'illustrer par quelque grande découverte. Jacques Cartier, tout enfant, n'eut jamais qu'une pensée, qu'un désir : voyager sur le grand Océan, découvrir de nouvelles terres. Trop pauvre pour espérer jamais pouvoir tenter rien par lui-même, il ne désespéra pourtant pas de l'avenir. Il commença par prendre du service sur un bateau pêcheur ; puis, lorsqu'il se fût instruit et habitué aux périls de la mer, un jour il écrivit au roi François Ier, le priant de lui donner un navire pour faire des découvertes.

François Ier, que l'orgueil insultant des Espagnols et des Portugais mécontentait, et qui disait un jour, à cause de leur prétendu droit sur l'Amérique consacré par le pape : « *Où donc est l'article du testament d'Adam qui déshérite la France du Nouveau-Monde au profit de l'Espagne et du Portugal ?* » François Ier, disons-nous, accueillit avec bonté la demande du jeune pilote malouin, et lui donna de quoi équiper deux petits bâtiments de soixante tonneaux et de cent vingt-deux hommes d'équipage, qui appareillèrent le 20 avril 1534, sous la direction de Jacques Cartier.

Le jeune commandant, après avoir essayé de toucher à *Terre-Neuve*, fut forcé de s'en éloigner, à cause des glaces qui environnaient l'île. Alors il s'avança plus avant, et finit par se trouver dans une vaste baie, au fond de laquelle il aborda. Certain alors d'avoir découvert un nouveau continent, ou au moins une vaste contrée encore inconnue, Jacques Cartier nomma cette terre le *Canada*, et revint dans sa patrie, après en avoir pris possession au nom du roi de France.

François Ier, satisfait de ce premier voyage, donna de nouvelles instructions au jeune navigateur, qui partit de nouveau, parcourut les vastes mers sans rien découvrir cette fois, et revint au port sans avoir fait autre chose que de reconnaître le fleuve Saint-Laurent et diverses positions avantageuses dans le pays qu'il avait précédemment visité.

Le roi fut encore content de cette expédition; mais, à l'exemple de Ferdinand et d'Isabelle d'Espagne, qui avaient récompensé les services de Colomb par la plus noire ingratitude, il nomma un sir de Roberval pour gouverner en son nom les terres découvertes par Jacques Cartier, et ordonna à l'intrépide et honnête marin de conduire lui-même le nouveau chef dans son gouvernement.

Jacques Cartier, comme tous les hommes qui sentent ce qu'ils valent, éprouva un grand chagrin de l'injuste préférence que l'on donnait sur lui à un courtisan, totalement étranger aux nouvelles possessions qu'il avait données à la France. Le cœur ulcéré, il obéit pourtant sans murmurer. Mais les flots semblèrent protester contre l'ingratitude du roi, car l'expédition eut à subir toutes les fureurs de la tempête; cependant Cartier déposa sains et saufs, sur les bords du Saint-Laurent, le sir de Roberval et tous ceux qui faisaient partie de l'expédition. Pour lui, plus désireux de découvertes nouvelles qu'ambitieux honneurs, il fit voile vers les mers polaires.

Le récit de ce qu'il eut à souffrir avec ses équipages, dans ce nouveau voyage, paraîtrait incroyable, si l'on n'avait la certitude qu'il dit la vérité. Le froid, la faim, la maladie assaillirent ses braves compagnons, qui eurent encore à lutter avec des sauvages féroces, lorsqu'ils descendaient à terre; les marins, las enfin de supporter une pareille existence, se révoltèrent et le contraignirent à retourner vers des pays plus hospitaliers. Pourtant Cartier, en revenant sur ses pas, construisit la citadelle de Charlesbourg, où il s'établit pendant quelque temps. Là s'arrêtèrent les aventures de l'intrépide navigateur. A partir de cette époque il disparaît, et l'histoire, presque toujours ingrate envers ceux qui ont été modestes, ne parle plus du courageux explorateur, qui avait voué son existence au service de sa patrie avec une si entière abnégation.

Pendant que Jacques Cartier de Saint-Malo faisait des découvertes, le fils d'un tout petit bourgeois de Dieppe se rendait célèbre par ses expéditions heureuses dans les pays lointains.

Jean Ango, fils d'un simple marin de Dieppe, après avoir longtemps voyagé dans divers pays d'outre-mer, revint dans sa ville natale et y fonda le siége des établissements qu'il avait organisés en différentes parties du monde.

L'intelligence, la hardiesse et une grande aptitude pour les affaires étaient le partage du marin dieppois. Toutes ses entreprises réussirent, et le port de Dieppe s'emplit bientôt de ses navires.

A cette époque, les Espagnols et les Portugais se rendaient odieux à toutes les autres nations par leur orgueil et leurs mauvais procédés. Pourtant la marine portugaise, qui avait eu un moment de splendeur, était retombée assez vite dans la médiocrité : mais l'on aurait dit que l'avilissement même de cette puissance d'hier rendait les Portugais plus exigeants et plus injustes.

Jean Ango, dont les vaisseaux sillonnaient toutes les mers, ayant eu à se plaindre des procédés outrageants des capitaines portugais, fit faire des représentations à la cour de Lisbonne. Loin d'écouter les plaintes de l'armateur dieppois, le roi de Portugal se plut à humilier son ambassadeur, et le fit partir ignominieusement sans vouloir écouter ses justes doléances.

A cette nouvelle, Jean Ango, ne prenant conseil que de sa juste indignation, fit armer une escadre de ses nombreux navires; puis il en prit le commandement, cingla vers le Portugal et s'en alla fièrement bloquer Lisbonne.

A la nouvelle de cette entreprise, le roi et sa cour se prirent à rire de l'outrecuidance du marchand dieppois; mais celui-ci commença par s'emparer de tous les navires portugais qu'il rencontra; puis il fit des descentes sur le littoral, pilla et massacra tout ce qui lui tomba sous la main. Renforcé par de nombreux navires, qui lui apportaient des provisions de toutes sortes, il vint s'embosser sous les murs de Lisbonne, et commença à faire pleuvoir sur la ville une pluie de mitraille. Alors le roi et ses courtisans ne plaisantèrent plus, la colère remplaça le mépris. Mais Ango ne s'effraya pas plus des menaces que des sarcasmes, et il continua de détruire la ville et de l'affamer. C'en était trop, l'orgueil impuissant s'irrita, et le roi de Portugal fit porter des plaintes à François Ier contre le petit marchand qui osait s'attaquer à des têtes couronnées.

Le roi de France fit répondre qu'il n'avait rien à voir dans la querelle d'un de ses loyaux sujets qui se vengeait d'un outrage. Alors le monarque portugais s'humilia et demanda la paix, tant en son nom qu'au nom du roi de France, qui joignit ses prières à celles de l'orgueilleux petit potentat. Jean Ango voulut bien cesser les hostilités, à condition que le souverain du Portugal et des Indes lui enverrait des ambassadeurs lui faire des excuses dans son comptoir de Dieppe.

Il n'y avait pas à balancer, il fallait voir détruire Lisbonne ou s'exécuter. Le roi de Portugal consentit à tout, et Jean Ango se retira triomphant et vengé dans le port de Dieppe.

Quelques jours après, les ambassadeurs du monarque portugais vinrent s'humilier au nom de leur maître.

Plus tard, François Ier alla lui-même visiter l'armateur dieppois, et fut émerveillé du luxe et des innombrables richesses que l'opulent commerçant étalait à ses yeux. Le roi anoblit Jean Ango, et quitta son hôte plein de reconnaissance de l'accueil qu'il en avait reçu.

Jean Ango, comme presque tous les enrichis, ne sut pas comprendre que les faveurs de la fortune sont inconstantes. Il devint orgueilleux et dur pour ses anciens compagnons. Il se fit bâtir un splendide palais, où il voulut avoir des courtisans. Mais les vents et les flots se chargèrent de sa punition, et ce que la mer avait donné de fortune en de longues années au petit bourgeois de Dieppe, la mer le reprit en quelques jours au nouveau noble ; et Jean Ango, après avoir vécu entouré des splendeurs d'une fortune inouïe, mourut pauvre et délaissé.

Philippe Chabot avait été nommé amiral de France.

Il prit part à diverses expéditions, sur terre bien entendu, car la mer devait rester indifférente aux amiraux de ce temps-là.

Ayant été mis à la tête d'une armée française, en Piémont, il prit quelques places ; mais n'ayant pas rendu tous les services que l'on en attendait, le roi le fit arrêter et mettre en jugement. Son innocence ayant été reconnue, il rentra en grâce, et fut cependant remplacé dans sa charge d'amiral par Claude d'Annebault, maréchal de France. Celui-là, au moins, s'occupa de la marine et servit de sa personne sur les flottes françaises. Philippe Chabot mourut en 1543.

En 1545, François Ier, voulant reprendre la ville de

Boulogne qu'un lâche gouverneur avait rendue aux Anglais, fit armer une flotte nombreuse, qui se rassembla dans le port du Havre sous les ordres de l'amiral d'Annebault. Cette escadre, composée de cent trente-cinq bâtiments de toutes sortes, fut passée en revue le 6 juillet. A cette occasion, le roi voulut donner une fête nautique, et le plus beau bâtiment de la flotte, armé de cent canons et nommé *le Carraquon*, fut choisi pour recevoir le roi et une nombreuse compagnie ; mais pendant les préparatifs que l'on faisait à bord le feu prit au bâtiment. L'incendie fit des ravages épouvantables, et bientôt les flammes gagnèrent les canons, qui partirent seuls, puis le feu se communiqua à la sainte-barbe. Une explosion horrible eut lieu et fit quelques victimes, malgré que l'on eût pris toutes les précautions possibles ; fort heureusement que l'on avait pu tirer du bâtiment tout ce qui était précieux.

La flotte française ayant mis à la voile, se trouva le 18 juillet, dans les parages de l'île de Wight, en présence d'une flotte anglaise de soixante vaisseaux. D'Annebault aurait bien voulu livrer la bataille, mais les Anglais, plus confiants dans leurs ruses que dans leur bravoure, après s'être battus pendant un moment, se réfugièrent dans une rade pleine de rochers cachés sous les flots, dont ils connaissaient toutes les issues, espérant attirer les vaisseaux français dans ce piége et en avoir bon marché ; mais l'amiral d'Annebault éventa leur stratagème, et se contenta de les canonner de loin, sans risquer ses navires dans une attaque inconsidérée. La nuit mit fin au combat.

Le lendemain, l'amiral français voulut recommencer la bataille, mais les Anglais s'obstinèrent à rester dans leur position.

Pourtant les galères françaises purent s'approcher, et

firent beaucoup de mal aux ennemis; coulant à fond l'un de leurs plus gros bâtiments, qui avait un équipage de six cents hommes, dont il ne s'échappa que trente-cinq.

Un bon vent et la marée ayant favorisé les Anglais, ils en profitèrent pour attaquer les galères françaises, qu'ils auraient écrasées si, par une manœuvre habile, nos marins n'eussent pris chasse devant eux. D'Annebault, voyant qu'il ne pouvait les forcer à sortir du poste avantageux où ils s'étaient réfugiés, se mit à parcourir le littoral des côtes d'Angleterre, où il fit des descentes et ravagea tout le pays. La flotte française revint ensuite présenter la bataille aux Anglais, qui ne bougèrent pas davantage. Alors d'Annebault se porta sur la rade de Boulogne pour faire reposer son monde, mais une tempête le chassa sur les côtes d'Angleterre dans un grand désordre.

La flotte anglaise, augmentée de cent vaisseaux, eut ordre alors d'aller combattre; mais les Français, quoique inférieurs en nombre, firent si bonne contenance et manœuvrèrent avec tant d'habileté, que leurs ennemis se retirèrent de nouveau; cependant les galères françaises s'approchèrent assez de la flotte ennemie pour livrer un rude combat, qui dura deux heures. La mer fut couverte de débris, et de part et d'autres l'on éprouva des pertes assez sensibles; cependant les Anglais laissèrent la mer à la flotte française.

L'amiral d'Annebault, voyant qu'il ne pouvait rien faire de plus, rentra au Havre-de-Grâce.

En 1549, l'armée française investit Boulogne, pendant que Léon Strozzi, général des galères, à la tête d'une flotte, l'assiégeait par mer. Les Anglais, ayant voulu secourir cette place, furent battus par notre escadre, et le roi d'Angleterre demanda la paix, qui fut conclue à la condition que Boulogne rentrerait à la France.

Claude d'Annebault, amiral de France, mourut en 1552, universellement regretté.

Le baron de Lagarde et Léon Strozzi, qui commandèrent nos escadres à cette époque, firent longtemps respecter le pavillon de la France sur l'Océan et la Méditerranée.

L'Espagne était devenue une puissance formidable et nous faisait la guerre. Nos flottes, cependant, eurent presque toujours l'avantage sur les escadres espagnoles.

En 1553, les Français, alliés avec les Turcs, firent une descente en Corse, et s'emparèrent de la plus grande partie de cette île; mais quelque temps après, l'arrivée de vingt-cinq galères ennemies les força d'abandonner la Corse, qui rentra sous la domination de l'Espagne.

Léon Strozzi, qui fut l'un des meilleurs marins de son temps, mourut en 1554, après avoir rendu de signalés services à la France, sa patrie adoptive.

En 1555, le baron de Lagarde ayant été forcé de se réfugier, avec la flotte française, dans un port de la Corse, à cause d'une tempête, s'y rencontra avec une escadre espagnole bien supérieure à la sienne, portant cinq mille hommes de troupes. Aussitôt le commandant français fit attaquer les Espagnols et les força à fuir, après leur avoir tué mille hommes et pris plusieurs vaisseaux.

C'est en 1555 que Nicolas Durand, de Villegagnon, essaya de fonder une colonie de protestants au Brésil, où il trouva des naufragés normands qui s'étaient mélangés avec les sauvages, et qui lui rendirent d'importants services; mais cette entreprise n'eut pas de suite.

En cette même année, des armateurs de Dieppe ayant appris que des navires flamands revenaient des Indes chargés de richesses, s'entendirent pour s'emparer de ces navires, et armèrent plusieurs vaisseaux. La petite escadre dieppoise, ayant rencontré aux environs de Douvres la flotte flamande, bien plus forte, l'attaqua cependant. Un combat terrible s'engagea : de part et d'autres l'on fit des prodiges de valeur ; mais le feu s'étant mis à un vaisseau normand, il communiqua l'incendie à cinq autres bâtiments de la même flotte, qui s'accrochèrent bravement à autant de navires ennemis. Alors la mer fut couverte de flammes, et les Dieppois, s'étant précipités à l'abordage, réussirent à effrayer les Flamands, qui perdirent mille hommes et la plus grande partie de leurs vaisseaux, pendant que les marins normands rentraient à Dieppe avec cinq bâtiments ennemis richement chargés.

Depuis le règne de Henri II jusqu'à l'avénement de Louis XIII, notre marine fut presque abandonnée; les guerres intestines qui agitèrent la France sous Henri II, Charles IX, Henri III et Henri IV, ne permirent pas aux différents gouvernements qui se succédèrent de s'occuper de nos escadres.

Les villes du littoral et les armateurs de nos places maritimes durent pourvoir eux-mêmes à leur défense et à sauvegarder leurs intérêts.

La ville de la Rochelle, si déchue aujourd'hui, fut à à cette époque une de nos villes qui s'occupa le plus de marine. Pendant le temps de nos guerres civiles, tombée au pouvoir des religionnaires qui en firent le siége d'un gouvernement, elle devint le foyer de leurs machinations, et le refuge de tous ceux qui étaient persécutés ou mécontents à cause de leurs opinions religieuses.

L'amiral Coligny, qui fut massacré pendant les jours néfastes de la Saint-Barthélemy, ne possédait guère le titre d'amiral que comme un titre honorifique, car nous ne trouvons dans sa carrière militaire que bien peu d'épisodes qui se rattachent à la marine.

Cependant, après avoir favorisé l'entreprise de Villegagnon sur le Brésil, il protégea de tout son pouvoir Jean de Ribaut, capitaine dieppois, et l'aida dans son expédition.

En 1562, Jean de Ribaut reconnut la Floride, et y déposa les premiers éléments d'une colonie protestante. L'année d'après, René de Londonnière partit pour rejoindre Jean de Ribaut, avec trois navires et divers colons. Il aborda au bord de la rivière de Mai et y construisit un fort. Cette colonie naissante eut encore plus de malheur que l'entreprise de Villegagnon ; car les Espagnols s'étant approchés sans bruit de notre établissement, ils y mirent à mort tous nos malheureux colons, avec une barbarie sans exemple.

En 1567, Dominique de Gourgue, gentilhomme gascon, ayant appris le cruel traitement que les Espagnols, sous les ordres de Mélanez, leur chef, avaient fait subir à la colonie française de la Floride, fut honteux qu'une pareille action restât sans châtiment. Alors il vendit tout son patrimoine, équipa trois petits navires, sur lesquels il embarqua cent arquebusiers et quatre-vingts braves matelots, et il partit pour venger ses compatriotes si indignement assassinés par les Espagnols, qui les avaient pendus à des arbres, avec un écriteau portant : « Je n'ai point fait ceci à des Français, mais à des hérétiques. »

Dominique de Gourgue arriva sans encombre sur les côtes de la Floride. Il fit débarquer sa petite troupe et marcha bravement à sa tête contre l'ennemi. Les Espagnols avaient bâti trois forts, qu'ils occupaient au nombre de quatre cents. Attaqués à l'improviste, ils furent tous tués ou pris : Alors de Gourgue les fit tous pendre aux mêmes arbres où ils avaient pendus les Français ; et il leur mit à son tour un écriteau sur la poitrine, où il disait : « Je n'ai point fait pendre ces hommes comme des Espagnols, mais comme des traîtres, des voleurs et des meurtriers. » Puis il détruisit les forts, fit enterrer les ossements des Français, restés suspendus aux arbres, et revint en France. La cour d'Espagne s'étant plainte, Dominique de Gourgue fut poursuivi, et aurait sans doute été sacrifié s'il ne s'était pas caché. Il mourut à Tours, en 1585, au moment où la reine d'Angleterre voulait lui donner le commandement de l'une de ses escadres.

Après la Saint-Barthélemy, la ville de la Rochelle s'étant insurgée contre le pouvoir du roi, Charles IX ordonna au duc d'Anjou d'assiéger cette place; ce prince l'investit en effet, mais les Rochellois ne tinrent aucun compte de cette attaque, sachant que leurs remparts étaient solides et qu'ils avaient la ressource de la mer.

Le duc d'Anjou, voyant que son entreprise avorterait s'il n'était aidé par une flotte capable d'intercepter les secours que les Rochellois recevaient journellement, demanda au roi de lui envoyer tous les navires dont il pourrait disposer.

Ce qui prouve toute la pénurie de notre marine et le triste état où elle était réduite, c'est que le gouvernement d'alors ne put mettre à la disposition du duc d'Anjou que neuf vaisseaux, dont le plus fort n'était que de quatre à cinq cents tonneaux, et six galères, commandées par le baron de Lagarde.

Cette escadre, mal approvisionnée, n'avait ni pilotes, ni marins habiles, et elle n'empêcha pas quatre vaisseaux chargés de munitions d'entrer dans le port de la Rochelle. Le baron de Lagarde fut emprisonné, il est vrai, et son commandement fut donné au duc d'Uzès; mais cela ne remédiait pas au mauvais état de notre marine, car, quelque temps après la nomination du duc d'Uzès au commandement de l'escadre, de nouveaux bâtiments chargés de provisions pénétrèrent encore dans le port de la Rochelle; ce qui mit si fort en colère le duc d'Anjou, qu'il en maltraita le commandant de la flotte, qui en mourut de chagrin.

Le duc d'Anjou, ayant été nommé roi de Pologne, quitta le siége de la Rochelle, et le roi traita avec les Rochellois.

En 1581, le roi Henri III, voulant soutenir les droits au trône de Portugal de don Antoine, équipa une flotte de soixante vaisseaux, malgré la pénurie des finances. Cette expédition eut d'abord quelques succès; mais les Espagnols étant survenus avec une flotte de soixante-sept vaisseaux, beaucoup mieux équipés que les nôtres, une affaire générale eut lieu, où le commandant de l'escadre française fut tué.

Nous perdîmes huit vaisseaux et deux mille hommes, plus six cents hommes qui s'étaient rendus, et que les Espagnols égorgèrent de sang-froid après la bataille. Quant au prétendant à la couronne de Portugal, don Antoine, aussi lâche que débauché, il mourut sans ressource à Paris, en 1595.

Henri IV, trop occupé en France pour penser à la marine, fut obligé d'emprunter quelques galères au pape et à la Toscane pour amener Marie de Médicis en France; et plus tard il fut obligé de subir la honte de voir une partie des côtes du littoral de son royaume désolées par quelques galères du duc de Toscane, avec lequel il s'était fâché.

Henri IV sentit bien la nécessité de rétablir la marine, car il donna l'ordre au président Jeannin, son ambassadeur en Hollande, de prendre toutes sortes de notes pour réédifier notre puissance navale.

Sully lui-même, le grand ministre, sentit plus que son maître encore toute la mauvaise position de la France sans une flotte respectable, lorsqu'il passa en Angleterre, et qu'un simple capitaine de cette nation vint tirer le canon contre le navire qui le portait, parce que l'on n'abaissait pas assez vite le pavillon de la France devant le pavillon britannique, malgré que nous fussions en paix avec l'Angleterre.

En 1592 mourut Bernard de Nogaret, qui avait le titre d'amiral de France, et qui, sans doute, avait succédé à Coligny dans la charge d'amiral. Ses services maritimes sont restés ignorés.

Ce fut Charles de Gontaut, duc de Biron, qui succéda à Nogaret dans la charge d'amiral, à laquelle il fut nommé le 4 octobre 1592. Biron, pas plus que Coligny et Nogaret, ne s'occupa de la marine. Brave entre tous les braves, il se battit sur terre avec la plus grande intrépidité dans mille circonstances; mais il resta étranger aux affaires de la mer.

Accusé de haute trahison, il eut la tête tranchée, malgré les grands services qu'il avait rendus à Henri IV, et ce fut André-Baptiste de Brancas qui lui succéda dans la charge d'amiral, en 1594, et qui n'occupe pas plus de place dans les annales maritimes de la France que ses prédécesseurs.

La France, comme nous l'avons vu lors du siége de la Rochelle, était dans la plus grande pénurie de navires et de tout ce qui constitue une bonne marine. Cet état de choses était encore le même à l'avénement de Louis XIII, mais lorsque Richelieu eut rétabli un peu d'ordre dans les affaires générales du royaume, il comprit qu'un État comme la France devait avoir une marine en rapport avec sa position et son importance. Aussi fit-il des efforts considérables pour mettre nos flottes sur un pied respectable; et, à partir du moment où il sentit la nécessité de posséder des escadres et des marins habiles, il ne recula devant aucun sacrifice pour arriver à ses fins, et c'est lui, bien évidemment, qui jeta les premiers fondements de notre puissance navale, et qui prépara les temps héroïques du règne de Louis XIV.

En 1612, Charles de Montmorency, amiral de France, mourut à 75 ans, après une longue suite de services rendus à l'État.

Les Rochellois, après une assemblée tenue le 8 novembre 1620, déclarèrent leur ville libre, et y établirent le gouvernement républicain, ne tenant aucun compte des justes représentations du gouvernement de Louis XIII. Richelieu, qui ne cherchait qu'un prétexte pour humilier les Rochellois et les soumettre, profita de l'occasion, et s'empressa d'acheter aux Hollandais cinq gros vaisseaux de trente à quarante canons, qui furent s'équiper à Dieppe et partirent pour la Rochelle. Une tempête les surprit en mer, deux périrent sur les côtes d'Angleterre, et trois se réfugièrent dans la rade de l'île de Ré, où une escadre rochelloise en détruisit deux, pendant que le dernier se sauvait à Brouage.

Cet échec ne découragea pas Richelieu; au contraire, il voulut, coûte que coûte, se venger des audacieux ennemis qui bravaient la puissance royale. Il fit un appel à tous les gouvernements catholiques, et obtint d'eux des vaisseaux qui, en y joignant une escadre préparée en France, forma une flotte nombreuse.

Les Rochellois, de leur côté, firent un armement considérable, et mirent à la mer une flotte de soixante voiles : Mais il semblait que la volonté, l'énergie et l'intelligence du ministre de Louis XIII fussent passées chez les chefs qui commandaient les vaisseaux appelés au service du gouvernement. Les Rochellois, battus d'abord dans une première rencontre, n'éprouvèrent plus que des revers dans tout ce qu'ils entreprirent.

Le 26 octobre 1622, la flotte française, commandée par le duc de Guise, attaqua la flotte rochelloise dans la rade de l'île de Ré. Le lendemain 27, le combat continua ; le duc de Guise, enveloppé par ses ennemis, manqua périr sur son vaisseau attaqué de toutes parts et qui avait pris feu.

Pourtant il parvint à repousser ses ennemis, à éteindre l'incendie qui était à son bord et à reprendre l'offensive.

Les Rochellois perdirent en cette occasion dix vaisseaux et plus de dix mille hommes ; leur flotte tout entière aurait été prise ou coulée sans la nuit qui survint et mit fin au combat. Une nouvelle bataille eut lieu, où les Rochellois furent encore plus maltraités ; alors ils demandèrent à capituler, et le duc de Guise leur accorda la paix.

Les habitants de la Rochelle n'avaient demandé la paix que pour mieux concerter les moyens de résister à l'autorité du roi de France. Dès que le siége de la ville fut levé, ils mirent à leur tête M. de Soubise, firent un traité avec l'Angleterre, qui, heureuse de nuire à la France, s'empressa d'entrer dans les vues des révoltés, et la guerre recommença.

En 1624, Louis XIII autorisa des marchands de Rouen, qui avaient envoyé une expédition de vingt-six hommes à la Guyane, à fonder une compagnie pour le commerce de cette contrée, sous le nom de *Compagnie du cap du Nord*.

Louis XIII, ou plutôt son ministre Richelieu, qui était le véritable roi de la France, en apprenant la nouvelle de l'agression des gens de la Rochelle, entra dans une très-grande agitation, et s'empressa d'organiser des forces suffisantes pour réduire ces incorrigibles révoltés. La guerre se fit d'abord avec des succès à peu près balancés des deux côtés.

Les Anglais, commandés par le duc de Buckingham,

étant venus avec une flotte considérable au secours de la Rochelle, les Français les empêchèrent de ravitailler la ville, et les forcèrent de s'en retourner sans avoir rien pu faire en faveur de leurs alliés. Pourtant la ville tenait bon et paraissait susceptible, à cause de ses fortifications, de résister longtemps. Ce fut alors que Richelieu, aidé par les conseils de Pompée Turgon, entreprit de boucher l'entrée du port de la Rochelle au moyen d'une digue. Cet ouvrage gigantesque ne réussit pas d'abord; mais Clément Merseau de Dreux et Jean Chériau, maître maçon à Paris, ayant donné de nouveaux plans, le travail fut poussé avec une énergie incroyable; la mer détruisait souvent en une heure ce qui avait coûté des semaines de fatigue à de nombreux ouvriers; ou les assiégés, au moyen de barques montées par d'intrépides marins, venaient durant les nuits sombres renverser les travaux.

Deux nouvelles flottes considérables furent envoyées par les Anglais au secours de la Rochelle, mais inutilement. Ces deux flottes, qui vinrent l'une après l'autre canonner de loin nos vaisseaux et nos ouvrages, furent forcées de rentrer dans les ports d'Angleterre; la Rochelle capitula au mois d'octobre 1629, et le roi entra dans la ville le 1er novembre.

En 1632, Henri II de Montmorency, grand amiral de France, qui avait hérité de son père de la charge d'amiral, fut accusé du crime de haute trahison, et décapité à Toulouse, le 30 octobre. Il avait donné sa démission de la dignité d'amiral en 1626. Cette charge, abolie, ne fut rétablie qu'en 1669, au profit de M. le comte de Vermandois.

Richelieu avait réellement donné une existence nouvelle à notre marine.

En 1635, la France fit un traité avec le Maroc, et cette

même année les flottes françaises s'emparèrent de la Guadeloupe.

En 1637, le comte d'Harcourt s'empara des îles Sainte-Marguerite, où fut, dit-on, détenu plus tard l'homme au masque de fer, et de l'île Saint-Honorat.

En 1638, l'archevêque de Bordeaux, commandant d'une escadre, incendia la flotte espagnole près le môle de Gatare, en Biscaye, et Pont, qui commandait plusieurs vaisseaux français, mit en fuite une autre escadre espagnole devant Gênes.

L'archevêque de Bordeaux, qui, au lieu de s'occuper des choses saintes de son ministère, commandait la flotte française, livra un combat aux Espagnols le 27 mars 1641, et leur enleva cinq vaisseaux dans la baie de Rose ; mais, manquant de prudence, quelques jours plus tard il laissa passer un convoi qui allait ravitailler Tarragone, assiégée par nos troupes. Le cardinal-ministre, furieux de l'échec subi par nos armes, relégua l'archevêque de Bordeaux à Carpentras.

En 1640, Pierre Legrand, célèbre aventurier de la ville de Dieppe, commandait un petit navire, armé de quatre pièces de canon et monté par vingt-huit hommes seulement, naviguant aux environs de l'île Saint-Dominique ; il aperçut un vaisseau espagnol de cinquante-quatre canons, monté par un nombreux équipage ; cet audacieux marin porta sur le galion espagnol, monta à l'abordage et s'empara de ce bâtiment, où il trouva des richesses considérables, qu'il transporta en Europe.

Richelieu mourut en 1642. La marine alors retomba dans l'abandon et ne se releva qu'après la minorité de Louis XIV et l'entrée de Colbert aux affaires.

LES FLIBUSTIERS.

Pendant que les Espagnols et les Portugais faisaient la conquête du Nouveau-Monde, les autres États de l'Europe, occupés de querelles intestines, laissaient leur marine dans le plus déplorable état. Aussi les Espagnols et les Portugais, gonflés par leurs succès et enorgueillis par les trésors qu'ils rapportaient chaque jour de leurs possessions, ne firent-ils plus aucun cas des marins des autres nations; au contraire même, chaque fois que ces prétendus souverains légitimes des mers et du Nouveau-Monde rencontraient des navires appartenant à quelque puissance européenne, leur alliée ou non, ils les traitaient en ennemis, et faisaient éprouver aux malheureux matelots qui les montaient toutes les tortures inventées par la plus cruelle inimitié.

Ce fut à cette époque que divers marins, outragés par les Espagnols et les Portugais, jurèrent de se venger, et fondèrent dans quelques îles désertes de l'Océan des associations pour faire une guerre à outrance aux despotes des mers. A eux se joignirent les anciens boucaniers de l'île Saint-Domingue, que les Espagnols avaient persécutés, puis tous les aventuriers du globe qui cherchaient fortune.

Bientôt ces associations prirent de l'importance, et, sous le nom de *flibustiers*, formèrent de redoutables ennemis aux cruels persécuteurs des Indiens.

Les rois de l'Europe, loin de condamner les flibustiers comme des forbans, les soutinrent secrètement, au contraire, et leur procurèrent quelquefois les ressources nécessaires pour vaincre leurs ennemis.

Les flibustiers, à vrai dire, n'étaient cependant que des pirates; mais à cette époque, malheureusement le droit de la force était encore plus respecté que la force du droit;

aussi ces hommes, qui, quelques siècles plus tard, auraient été repoussés par les nations civilisées, étaient-ils considérés comme des héros.

Les frères de la côte, ou flibustiers, devinrent bientôt des ennemis assez formidables à la puissance espagnole pour que celle-ci leur fît une guerre d'extermination.

Il y avait des hommes de toutes les nations parmi le ramassis de marins qui avaient choisi l'île de la Tortue pour leur point de ralliement, mais les Français surtout y brillèrent par leur énergie, leur courage et leur intelligence. Les noms de l'Olonais, de Montaubant, etc., etc., sont assez connus pour que l'histoire tienne compte à ces hommes de fer de la place qu'ils occupèrent un instant. Mais le nom de Montbars l'Exterminateur est celui, d'entre tous les chefs de la flibuste, qui eut le plus d'éclat.

Le jeune Montbars appartenait à une famille de marins. Encore enfant, il avait entendu raconter les atrocités des Espagnols et des Portugais dans le Nouveau-Monde, et leurs orgueilleuses prétentions à l'égard des autres peuples de l'Europe. Ces histoires avaient exaspéré le jeune homme, et plus tard, son père eut beau lui proposer un brillant établissement, il préféra s'embarquer au Havre, sur un navire appartenant à son oncle, qui allait faire la course contre les Espagnols.

A dater de sa première affaire, Montbars acquit une réputation d'intrépidité qui ne fit qu'augmenter. Plus tard il rallia plusieurs flibustiers qui l'élurent capitaine. C'est alors que commencèrent ses terribles exploits contre les Espagnols et les Portugais. Les malheureux Indiens, que les fanatiques Espagnols tourmentaient et traitaient avec une cruauté sans égale, furent surtout ses protégés de prédilection; aussi son nom devint-il bientôt aussi célèbre parmi les sauvages que parmi leurs persécuteurs.

Montbars ne fut jamais poussé dans ses expéditions par l'amour de l'or : la haine seule qu'il portait aux persécuteurs des Indiens fut son seul motif, et si, pendant nombre d'années, il extermina de grandes quantités d'ennemis, ce fut pour venger les peuples inoffensifs du Nouveau-Monde plutôt que pour s'enrichir.

En 1670, les flibustiers, commandés par Morgan, marin anglais, prirent et pillèrent la ville de Panama; puis, en 1697, ils se rassemblèrent en grand nombre et s'emparèrent de l'importante ville de Carthagène, de concert avec une flottille de corsaires français sortie de Saint-Malo.

Cet exploit fut le dernier des frères de la côte. Diverses causes les firent diparaître des mers, dont ils avaient été l'épouvante.

CHAPITRE IV

LOUIS XIV.

'AVÉNEMENT de Louis XIV est le commencement d'une ère nouvelle pour notre puissance navale. Jusqu'ici nous avons vu nos escadres, lorsque les ressources de l'État ou nos dissensions civiles nous permettaient d'en avoir, composées d'éléments si divers, qu'il n'est pas étonnant que notre marine ait subi en maintes circonstances des échecs, que la force des choses rendait inévitables. En effet, la féodalité avait divisé la France et morcelé le territoire de telle sorte qu'il n'était plus possible de rassembler des vaisseaux et de former des escadres obéissant à un chef unique.

Louis XI fut le premier roi qui battit en brèche cet état de choses, et il eut tant à faire sur la terre ferme qu'il ne put rien entreprendre pour la marine; ses successeurs, tout en continuant son système, n'eurent pas plus que lui le loisir et l'argent nécessaire pour fonder des arsenaux et former des escadres.

Richelieu seul, qui gouverna la France sous le manteau de Louis XIII, commença l'œuvre de l'édification de notre puissance navale. Mazarin laissa bien de côté les projets de son prédécesseur, mais Colbert, qui succéda à Mazarin, reprit avec énergie les projets du cardinal-ministre, et il est certain que ce n'est qu'à partir de ce temps que nous pouvons compter l'établissement d'une véritable organisation maritime ; aussi allons-nous voir se dérouler, à partir de 1643, époque de la majorité de Louis XIV, des phases bien glorieuses pour nos marins. Si quelquefois nous eûmes à déplorer des défaites, il faut nous en prendre à l'indiscipline des chefs ou à l'insuffisance des ressources plutôt qu'à la bravoure de nos soldats et à l'expérience de nos matelots.

Nous allons voir surgir tout d'un coup une pléiade d'hommes de mer aussi intrépides que marins habiles : Duquesne, Doquincourt, Tourville, Jean-Bart, Duguay-Trouin, Forbin, Destrée, etc., etc.

Puis plus tard, de dignes successeurs de la gloire de ces grands hommes et de leurs travaux viendront nous consoler de leur perte. Mais laissons les temps plus éloignés pour nous occuper spécialement de la grande époque de Louis XIV; plus tard nous retrouverons les héroïques marins qui servirent la France avec tant de zèle dans des moments difficiles et ne désespérèrent jamais de sa fortune.

En 1643, Louis XIV prend les rênes du gouvernement. Le 14 mai de la même année, M. de Brezé remporte une victoire navale sur les Espagnols, en vue de Carthagène. Le 14 juin 1646, le même de Brezé bat de nouveau la flotte espagnole, près d'Orbitello; mais, au moment où le jeune commandant donnait des ordres pour assurer la victoire, un boulet lui coupe la tête, et il meurt à 27 ans, à peine au commencement d'une carrière qui s'annonçait si glorieuse. Ce malheureux événement ralentit nos poursuites, et donna le temps aux Espagnols de se retirer.

En 1654, nous venions de faire un traité d'alliance avec Cromwell; nous étions donc en paix avec l'Angleterre, et nos marins pouvaient se croire en sécurité sur les mers. Pourtant les Anglais, sous un prétexte futile, attaquèrent, avec quatre vaisseaux, le chevalier de Valbelle, qui n'en avait qu'un. Cet officier se battit à outrance et refusa de se rendre à ses lâches agresseurs, et préféra faire échouer son bâtiment sur un banc de sable, où la mer le mit en pièces.

A la même époque, le duc de Vendôme, commandant de notre escadre, attaqua les Espagnols devant Barcelone et les mit en fuite.

En 1664, le gouvernement français, voulant châtier les corsaires de Tripoli sur la côte d'Afrique, fit partir une flotte sous les ordres de M. le duc de Beaufort, qui s'empara de la ville le 22 juillet, mais elle fut reprise le 30 octobre.

Le commandeur Paul, à la tête d'une flotte, de son côté, donnait une leçon aux Tunisiens et les forçait à demander la paix, en allant bravement s'emparer, dans le port même de Tunis, de trois vaisseaux qui étaient à l'ancre. Ce fut en cette même année que Riquet commença le canal du Midi, qui traverse la France et joint les deux mers.

Le 20 avril 1666, les Français s'emparèrent de Saint-Christophe, après en avoir chassé les Anglais.

La paix avait été signée le 31 juillet 1667, mais elle fut de courte durée. Les Anglais, poursuivant leur système invariable d'employer tous les moyens possibles pour nous empêcher de prospérer, et surtout pour arrêter l'extension de notre marine, s'allièrent avec la Hollande et la Suède en 1668, et signèrent un traité le 28 janvier.

En 1669, la charge d'amiral de France fut rétablie en faveur de M. le duc de Vendôme.

Le 7 avril 1672, les Anglais, après s'être séparés des Hollandais, dont ils jalousaient la puissance sur mer, se joignent à nous pour leur faire la guerre, pratiquant en cela leur système de détruire tour à tour ceux qui pourraient leur porter ombrage.

TOURVILLE, DUQUESNE.

C'était en 1655, la rafale rugissait avec violence et faisait bondir les flots de l'Océan sous son souffle glacial. Il faisait un froid excessif, et pourtant l'on voyait se promener sur les hautes falaises qui avoisinent Dieppe un homme grand et maigre, à la tournure martiale, à l'air de commandement, et couvert cependant d'un costume des plus modestes. Le promeneur s'arrêtait de temps en temps, jetait un regard sur la mer, frappait la terre de son pied avec humeur, passait sa main brunie dans ses longs cheveux, où se glissaient déjà visibles quelques brillants fils d'argent, et se remettait à marcher.

Non loin de là, l'on pouvait apercevoir un jeune homme, encore dans l'âge de l'adolescence, aux traits fins et réguliers, à l'air intrépide, qui regardait la mer sans s'occuper autrement de ce qui se passait autour de lui. Tout à coup le grand homme sec qui se promenait aperçut le jeune homme, et s'arrêta un instant pour l'examiner. Puis, prenant soudain une résolution, il s'avança vers lui.

« Que fais-tu là, par un pareil temps, jeune drôle? dit le grand homme sec, d'un air impérieux.

— Et vous, que faites-vous vous-même? dit le jeune homme, sans se déconcerter le moins du monde et sans baisser le regard.

Duquesne et le jeune Tourville sur les falaises de Dieppe.

—Je fais ce que je veux, moi, cela ne te regarde pas.

—Eh bien! mon maître j'ai la même réponse à votre service.

—Ah! oui da! tu me parais bien hardi pour ton âge, et si ton courage est le moins du monde à la hauteur de ton langage, et aussi héroïque que tes mauvais airs, ma foi tu pourrais un jour faire quelque chose d'assez peu flatteur pour ta famille, si tu en as une!

—Oh! oh! dit le jeune homme, je croyais, moi, avoir affaire à quelque vagabond échappé de la chiourme! mais je vois que je me suis trompé : vous êtes un tireur d'horoscope, bien sûr; pourtant vous pourriez vous expliquer plus clairement. »

Le grand homme sec fronça ses épais sourcils, deux grosses rides se formèrent sur son front, et ses lèvres se serrèrent convulsivement; mais tout à coup un éclair de bonne humeur passa dans ses yeux, il poussa un franc éclat de rire et tendit la main au jeune homme, tout étonné de ce changement subit.

—Allons, allons! mon jeune camarade, sans rancune, je vois que vous êtes fier, eh bien! tant mieux; j'ai eu tort de vous traiter de drôle, mais aussi que diable venez-vous faire sur les falaises par un pareil temps? En vérité, je croyais qu'il n'y avait qu'un motif bien impérieux qui pouvait faire braver une pareille brise.

—Et qui vous dit, reprit le jeune homme en fronçant à son tour ses sourcils, qui vous dit que quelque chose de bien sérieux ne m'attire pas ici?

—Ma foi, à votre âge, dit le grand homme sec, du diable si je me serais dérangé d'une bonne partie pour venir me morfondre sur ces hauteurs. Pourtant, ajouta-t-il, j'ai tort; car, moi aussi, j'ai, étant bien jeune, bravé le froid et la tempête pour satisfaire mes caprices; enfin, n'importe, acceptez mes excuses, et restons bons amis.

—Bons amis, bons amis! dit le jeune homme, vous êtes bien prompt à traiter des étrangers en connaissances, et bien facile à proposer une chose dont bien sûr vous ne comprenez pas le prix.

—Ah! pour le coup, jeune homme, c'est vous qui prenez l'offensive, et, ma foi, tant pis si je vous lâche toutes mes bordées, ni plus ni moins qu'à un Anglais.

—Faites, dit le jeune homme en se croisant les bras sur sa poitrine, fort heureusement, je suis Français, et bon Français, et comme Duquesne, je ne baisserai jamais, j'espère, pavillon devant un ennemi, quelque puissant qu'il soit.

—Le connaissez-vous Duquesne, dit brusquement le grand homme sec?

—Non, dit le jeune homme en se rapprochant de son interlocuteur, et vous?

—Un peu, dit avec bonhomie le grand homme sec.

—Ah! vous le connaissez; eh bien! vous êtes plus heureux que moi, car je suis venu sur les falaises, je puis vous le dire, maintenant que vous êtes poli, parce qu'un matelot du port m'avait dit qu'il s'y promenait souvent, et je voudrais faire sa connaissance.

—Ah! dame! il n'est pas très-communicatif; et on le dit même un peu bourru; pourtant c'est un loyal marin, qui n'a qu'une passion : celle de la mer et des grands coups de canon.

—Vous en dites du mal, parce que, sans doute, vous en êtes jaloux, dit le jeune homme en fronçant le nez. Pourtant, moi, je soutiens que c'est le premier homme de mer de notre époque, et je donnerais un tiers de l'existence que j'ai à vivre pour lui ressembler un peu.

—Allons, dit le grand homme sec, puisque vous avez

tant de bienveillance pour Duquesne, je veux vous faire faire sa connaissance.

—Quoi! vous le pourriez?
—Si je le pourrais?
—Oui.
—Mais certainement que je le puis, dit en riant l'étranger, car Duquesne c'est moi.

—Oh! dit le jeune homme avec un regard plein d'anxiété, oh! vraiment vous seriez.....

—Oui, oui, mon ami, dit le promeneur des falaises, qui n'était véritablement autre que Duquesne, en tendant la main à son interlocuteur; oui, je suis bien Duquesne, et je vous prie de nouveau d'accepter mes excuses, car vous me paraissez un brave cœur.

—Des excuses, dit le jeune garçon en se précipitant sur les deux mains du marin, des excuses, mais c'est à moi à en faire; au fait, pourquoi suis-je venu vous déranger dans vos méditations.

—Allons, soyons amis, dit Duquesne, et ne pensons plus aux gros mots de tout à l'heure; vous n'avez point troublé mes méditations, car je suis tout simplement ici, je puis vous le dire à vous, qui êtes Français, parce que j'attends un petit bâtiment qui doit m'apporter des nouvelles des côtes d'Angleterre. Maintenant, si vous voulez, dites-moi votre nom, et soyons camarades.

—Mon père se nomme Tourville de Cottentin, dit le jeune homme en baissant les yeux.

—Je connais ce nom-là, dit le marin; c'est un nom du pays, et je me rappelle que tout enfant j'ai plus d'une fois maraudé les pommes du clos qui entoure votre maison; mais il y a bien longtemps de cela, car j'ai commencé ma carrière de marin à 17 ans; dans tous les cas il y a prescription, et puis je ne demande pas mieux que de rembourser au fils les dettes que j'ai contractées envers le père.

—Je suis bien heureux que vous nous connaissiez, dit le jeune homme, car je voulais vous demander une faveur.

—Une faveur à moi, dit Duquesne d'un air incrédule, vous vous trompez d'adresse, bien sûr, mon jeune ami, car vous êtes noble, et moi fils de bourgeois; je ne suis qu'un intrus aux yeux des puissants. Je puis rendre des services à la France, je puis massacrer des Anglais, je puis me faire tuer; mais, pour certain, je ne puis pas accorder de faveurs à un fils de noble, plus en position que moi d'être écouté à la cour. Cependant, parlez, si la faveur que vous demandez dépend de ma bonne volonté, je vous promets de vous l'accorder de suite.

—Vous dites que vous êtes sans puissance, parce que vous n'êtes point noble, mais vos services signalés, vos belles actions ne vous donnent-elle pas le droit de l'être, et le roi un jour ne se souviendra-t-il pas qu'avec cent mille nobles comme il y en a tant, l'on ne fait pas un Duquesne, et qu'avec un héros l'on peut ennoblir toute une race ?

—Merci, mon jeune ami, dit le marin ému, merci; ce que vous me dites là, je me le suis dit quelquefois sans vanité aucune, lorsque, découragé, humilié par l'injustice, la haine et l'ineptie de ceux qui me commandaient, ou que j'étais appelé à commander, je me contraignais dans une douleur muette. Pourtant je sais ce que je vaux, ajouta le marin en redressant sa haute taille; oui, les dédains de mes nobles persécuteurs ne m'ont ni abaissé ni avili, et fier de mon intelligence, que je ne dois qu'à Dieu, et de ma raison, que je tiens de ceux qui m'ont élevé, je me mettrai toujours au-dessus des petitesses de mes ennemis. Mais vous, jeune homme, qui appartenez à la caste si bien partagée de la noblesse, vous n'aurez point, fort heureusement, à subir tout ce que j'ai subi pour arriver, et je le désire vivement, car il faut un cœur de bronze et une âme trop bien trempée pour supporter ce que j'ai supporté.

—Vous croyez, dit le jeune homme avec un soupir! eh bien! vous vous trompez. Ne savez-vous pas que je ne suis qu'un cadet de famille, et que le droit d'aînesse donne tout à mon aîné, pendant que moi, il ne me reste que deux ressources : ou de m'ensevelir vivant dans un monastère, ou de me faire soldat.

—Non, non, dit Duquesne, rien de cela, mon jeune ami, il faut vous faire marin ; la France a besoin d'hommes d'élite, de marins habiles et instruits : sa puissance et sa gloire ne sont qu'à ce prix, croyez-le bien. Faites-vous marin, instruisez-vous, aussi bien par la théorie que par la pratique; ne faites pas comme tous ces jeunes nobles, qui obtiennent par faveur le commandement d'un navire, et qui croient, parce qu'ils sont braves et qu'ils ont porté l'épée depuis leur enfance, qu'il n'y a qu'à monter sur les planches d'un vaisseau pour savoir le diriger et gagner des batailles. Non, non, ajouta le marin en branlant la tête, la mer ne se soumet ni à la noblesse de race, ni à qui que ce soit ; il n'y a que le savoir et l'énergie qui la bravent quelquefois sans jamais la dompter. Oui, faites-vous marin, devenez habile, et un jour peut-être vous serez amiral !

—Mon ambition ne s'élève pas si haut, dit le jeune homme tout rouge de honte et de satisfaction, pourtant je venais vous demander de vouloir bien m'aider à entrer dans la marine.

—Avez-vous le consentement de votre père? dit Duquesne.

—Pas tout à fait; mon père tient à ce que j'entre dans les ordres, et il exige que, si je veux me faire casser la tête, ce soit sur les galères des chevaliers de Malte.

—Les chevaliers de Malte, les chevaliers de Malte, dit avec impatience le marin, je ne dis pas qu'il ne se trouve pas parmi eux de braves soldats, mais en somme cela n'est pas une carrière. Vous êtes Français avant tout, et la France n'a pas que les Turcs pour ennemis; au contraire, plus je réfléchis, plus je vois poindre à l'horizon des luttes incessantes avec l'Angleterre et la Hollande, qui ne nous laisseront jamais établir tranquillement une marine, et qui jalouseront sans cesse nos armateurs; et pourtant il nous faut des escadres, des marins, et surtout des chefs habiles, ajouta Duquesne, comme s'il se parlait à lui-même, car autrement c'en est fait de la grandeur et de la prospérité de notre beau pays.

—Que faire alors, dit le jeune homme?

—Obéir à votre père, d'abord, dit le marin après un instant de réflexion; prendre du service sur les galères de Malte, vous y instruire, et puis un jour oublier que vous êtes chevalier d'un ordre quelconque pour vous rappeler que vous êtes Français avant tout, et que vous devez apporter au service de votre pays tout ce que vous aurez appris, tout ce que vous avez de force, d'énergie et d'intelligence.

—Oui, mais il est difficile de rencontrer même parmi les chevaliers de l'ordre de Malte un homme qui veuille s'intéresser à un pauvre cadet de famille.

—J'en connais plusieurs, moi, dit Duquesne, et je vous recommanderai; mais, en attendant que vous puissiez prendre du service sur les galères de l'ordre, si vous voulez, je connais un brave marin qui arme pour son compte, en ce moment, un navire à Marseille; vous pourriez monter sur son vaisseau, acquérir avec lui les premières connaissances du métier, puis après vous présenter hardiement devant le grand maître et demander du service.

—Merci, dit le jeune Tourville avec effusion, merci;

l'on m'avait bien dit que vous étiez brave, mais encore vous êtes bon.

—Ainsi cette offre vous convient.

—Oui, certes, et je l'accepte avec la plus vive reconnaissance.

—C'est bien, mais votre père, comment consentira-t-il à notre arrangement?

—Mon père, dit Tourville, du moment où j'exécuterai ses volontés, peu lui importe le chemin que je prendrai. A dater d'aujourd'hui, je suis libre d'aller à Malte ou ailleurs, mon père est parti après m'avoir expliqué ce qu'il exigeait de moi.

—Alors tout est pour le mieux ; pourtant vous paraissez encore bien jeune : quel âge avez-vous?

—Quatorze ans, dit le jeune garçon, mais l'envie de m'illustrer me donne au moins dix bonnes années de plus.

—C'est bien jeune, répéta Duquesne avec un bon sourire sur sa figure basanée; cependant je ne voudrais pas enchaîner une aussi belle vocation. »

En ce moment le marin, se tournant vers la mer, jeta ses regards dans les lointains horizons des extrémités de la Manche. Il resta quelques instants à considérer un petit point noir qui se montrait dans les vagues vertes et écumeuses de la haute mer, puis il hocha la tête et dit en se frottant les mains : « Dans une heure je saurai ce que l'on fait là-bas, encore un peu de patience. » Alors il se retourna vers le jeune Tourville, qui n'avait fait aucun mouvement pendant cet aparté :

—Le vent qui souffle, dit-il, n'est pas chaud ; pour moi j'y suis accoutumé, mais vous, jeune homme, il doit vous incommoder un peu?

—Non, dit Tourville, dont la longue chevelure bouclée voltigeait sous les efforts de la brise, je me suis habitué de bonne heure à braver les intempéries, et je ne crains ni le vent ni la pluie, ni le froid ni le chaud.

—Bravo! mon ami, dit Duquesne, bravo! si déjà vous n'êtes pas effrayé de la tempête et des intempéries, c'est d'un heureux augure ; mais comme il est inutile de souffrir par bravade, et lorsque l'on peut faire autrement, si vous le voulez bien, nous irons causer derrière les rochers, où nous serons à l'abri, en attendant l'arrivée de mon messager. »

Les deux nouvelles connaissances se dirigèrent en effet derrière des rochers où ils trouvèrent un abri.

« Voyons, dit Duquesne au jeune garçon dès qu'ils se furent assis sur des quartiers de roc ; voyons, êtes-vous sûr d'avoir une vocation bien déterminée pour la profession de marin ?

—Oui, dit Tourville, et ne craignez pas que je me repente jamais d'avoir embrassé la carrière d'homme de mer.

—Ah! c'est que voyez-vous, mon ami, c'est un rude métier; mais, écoutez-moi, voilà déjà près de trente ans que je navigue, par conséquent je puis vous parler de la mer, et, pour vous la faire connaître, si vous voulez, je vais vous parler un peu de moi.

Enfant de Dieppe, la mer fut mon berceau ; tout jeune mes heures de récréation se passaient dans une barque sur l'Océan ; j'aimais, les jours d'orage, à courir sur les grèves, où l'écume des hautes lames venait me couvrir de la tête aux pieds. Les flots ne me firent jamais peur ; au contraire, il me semblait qu'inoffensifs pour moi, ils venaient mourir à mes pieds, pendant qu'ils entraînaient au loin tout ce qu'ils rencontraient ; était-ce superstition et fanatisme de ma part ? je me croyais sans danger sur les vagues.

A dix-sept ans, mon père, qui m'avait formé au rude

métier de marin, me permit de prendre le commandement d'un navire. Ce fut avec bien de la joie que je me sentis enfin le maître sur les planches d'un vaisseau, et que je me vis au milieu de l'immensité d'une mer sans limites, n'ayant pour horizon que les vapeurs bleuâtres d'un ciel qui semblait se confondre avec les eaux. Pourtant mes premiers voyages ouvrirent ma carrière de marin sous de funestes auspices.

Pour ma première course, la mer un jour se souleva, la tempête se déchaîna et le vaisseau où j'étais fit naufrage. Tout fut perdu, corps et biens, hors moi, qu'une vague furieuse saisit et transporta sur la plage, où l'on me retrouva sans connaissance. Cela ne me découragea pas; je me rembarquai quelque temps après, et deux fois encore je manquai périr sous les efforts de l'inclémence de la mer; pourtant j'étais convaincu que les flots ne m'étaient point ennemis et rien ne me découragea.

Après des vicissitudes diverses, je fus appelé à prendre part à différentes entreprises : entre autres, aux îles de Lérins, où je vis fuir les Espagnols. Mon assurance et les connaissances nautiques dont j'avais fait provision dans mes nombreux voyages, me mirent à même de rendre des services, et je fus distingué par plusieurs chefs de la marine royale. Enfin je pris du service sur les bâtiments de l'État, je combattis encore les Espagnols en 1641, à Tarragone, puis à Gata, où je fus blessé en 1643; mais Mazarin avait tellement négligé notre marine, que nos arsenaux étaient complétement abandonnés. Mes connaissances, au milieu de la crasse ignorance de la plupart des principaux officiers avec lesquels je me trouvais, loin de m'attirer de l'affection, ne m'apportèrent que de la haine. Pourtant il fallait bien écouter mes avis, malgré mon manque de quartiers de noblesse, et puis mes conseils étaient toujours donnés avec tant de déférence, que malgré la jalousie que suscitait ma supériorité intellectuelle j'étais l'homme indispensable. Cependant un jour, las de toutes les petites noirceurs de mes nobles chefs, je me décidai à prendre du service en Suède, d'où je ne suis revenu qu'en 1647. Depuis mon retour, j'ai fait tout ce que j'ai pu pour continuer à réorganiser la marine si déchue ; j'ai pris part à toutes les expéditions, à tous les combats, à toutes les batailles navales qui se sont données, et malgré la religion réformée que je professe et mon manque de blason, je suis arrivé à une position qui ne m'est disputée que par ceux qu'une basse et envieuse jalousie domine, mais à ceux-là j'espère leur prouver qu'un vilain, instruit dans sa profession, peut soutenir l'honneur de son drapeau aussi bien et mieux que tous les ducs et les nobles sans instruction.

Enfin, dit Duquesne en terminant, Dieu est le maître de la destinée des hommes ; si je dois mourir dans les flots ou être mutilé par un boulet, que sa volonté soit faite.

—Oui, vous avez raison, dit Tourville, je sens que nous ne sommes pas tout à fait les maîtres de notre destinée, car je suis entraîné malgré moi vers la mer, où les miens n'ont jamais mis le pied ; je sais que toute ma vocation est là et que je deviendrai un bon marin.

—Dieu vous entende, mon jeune ami, car je vous le répète, la France a besoin d'hommes de cœur pour conduire ses escadres. »

Puis, regardant sur la mer, Duquesne vit venir un petit bâtiment qu'il attendait sans doute, car il dit à Tourville : « Je vous laisse, mon ami, quelques affaires pressantes m'appellent, mais venez demain, avant l'heure de la marée, soyez prêt et vous partirez. »

Tourville lui serra la main, heureux de savoir qu'enfin il allait commencer la carrière qu'il rêvait depuis son berceau.

Le lendemain, le jeune homme fut exact au rendez-vous, et le soir même il partait pour Marseille avec des recommandations de Duquesne.

Duquesne, lui, reprenait la mer, et s'en allait où l'appelait son devoir; de nouvelles batailles l'attendant, nous le reverrons bientôt dirigeant les escadres de la France et soutenant intrépidement sur les flots l'honneur de notre pavillon.

Tourville, arrivé à Marseille, se présenta au chevalier d'Hocquincourt, qui faisait construire et armait pour son propre compte un navire de trente-six pièces de canon. Favorablement accueilli, il fut forcé d'attendre que le vaisseau sur lequel il devait s'embarquer se trouvât en état de prendre la mer. Enfin l'on put mettre à la voile et commencer la course contre les corsaires de Tunis et d'Alger, qui ne cessaient, malgré des traités, de s'emparer de tous ceux de nos navires qu'ils rencontraient.

D'Hocquincourt, qui avait pris en amitié le jeune Tourville, lui avait donné un poste honorable sur son vaisseau, malgré son extrême jeunesse.

En ce temps-là, comme vous voyez, c'était commode; il n'y avait qu'à prendre la direction d'un bâtiment ou d'une flottille, et une fois sur la mer l'on était le souverain, le maître de se battre contre quiconque vous portait ombrage. Le droit des gens et les lois de la guerre n'étaient pas encore bien définis.

Le navire de d'Hocquincourt relâcha à Malte, où le chevalier de Curvillier proposa à d'Hocquincourt de se joindre à lui pour courir sus aux infidèles, ce qui fut accepté.

Arrivés dans les parages de Coron, sur les côtes de la

Grèce, l'on aperçut deux forts navires d'Alger, armés de quarante pièces de canon. Aussitôt que l'on fut à portée, la lutte commença; le combat fut terrible; pour son coup d'essai, le jeune Tourville se trouvait à une rude affaire. Les deux vaisseaux chrétiens attaquaient avec fureur, mais les infidèles se défendaient avec rage. Un moment les Algériens accrochèrent le vaisseau de d'Hocquincourt, et soixante des plus braves d'entre eux s'élancèrent à l'abordage, mais les deux vaisseaux s'étant détachés, tous les Algériens furent massacrés sur le navire de d'Hocquincourt.

Pendant ce temps, le chevalier de Curvillier tenait tête à l'autre corsaire, lui tuait beaucoup de monde et désemparait son navire. La victoire était encore indécise, lorsque tout à coup deux corsaires tripolitains arrivèrent au secours des Algériens. D'Hocquincourt se porte sur l'un de ces navires et l'aborde; le jeune Tourville saute la premier sur le navire ennemi à la tête d'une quarantaine d'hommes, et s'en rend maître après une mêlée des plus sanglantes.

Deux des corsaires, voyant à quels terribles jouteurs ils avaient affaire, se sauvent pendant que d'Hocquincourt et Curvillier attaquent le dernier vaisseau ennemi, qu'ils coulent après un combat acharné. Après la bataille, d'Hocquincourt, émerveillé de la bravoure du jeune Tourville, le félicita et le nomma lieutenant sous les ordres de M. d'Artigny, sur le bâtiment que l'on venait de prendre.

Après s'être radoubés, les trois vaisseaux chrétiens, sous le commandement de d'Hocquincourt, de Curvillier et de d'Artigny, se remirent en course. Ils rencontrèrent bientôt trois vaisseaux musulmans. La bataille commença des plus terribles, le vaisseau où se trouvait Tourville avait affaire à un bâtiment beaucoup plus fort que le sien, aussi souffrit-il énormément au premier choc. Les Turcs voulurent aborder et se jetèrent en grand nombre sur le navire, où M. d'Artigny fut tué dans la mêlée. Tourville, chargé alors du commandement, s'apercevant que son vaisseau faisait eau de toutes parts, et qu'il était en danger de couler, prit une résolution héroïque. Rassemblant autour de lui le plus de monde possible, il donne ordre à ses marins de s'élancer sur le corsaire turc, sans s'occuper de ce que deviendrait son propre bâtiment. Une fois sur le vaisseau ennemi, il fait des prodiges de valeur et parvient à s'en rendre maître, pendant que les nombreux Turcs qui s'étaient élancés sur son propre navire, n'ayant pas trouvé de résistance, s'occupaient à piller.

Tourville, que la présence d'esprit n'abandonnait jamais ordonna de couper les amarres qui le retenaient au vaisseau qu'il abandonnait et qu'il savait incapable de se soutenir longtemps encore sur les eaux. En effet, les grappins qui retenaient les deux bâtiments étaient à peine coupés, que le navire abandonné par Tourville s'enfonçait dans la mer, entraînant avec lui sous les flots les nombreux ennemis qui s'y étaient portés.

Ce fut ainsi que Tourville gagna le premier vaisseau qu'il commanda.

L'année suivante, Tourville se joignit à un chevalier de Malte, nommé Carini, qui commandait un navire de cinquante pièces de canon. Arrivés vers l'île de Zante, nos deux aventuriers rencontrèrent un vaisseau marchand qui les pria de l'escorter. La précaution était des plus nécessaires, car le même jour, le capitaine du navire marchand signala l'apparition de trois vaisseaux ennemis.

Les trois navires turcs bien plus forts que les vaisseaux de Tourville et de Carini, commencèrent le combat immédiatement. L'un des corsaires, le plus fort, attaqua Tourville et tenta l'abordage. Celui-ci laissa faire le Turc et ne vit pas plus tôt environ cent cinquante ennemis sur son bord, qu'il fit couper les amarres qui le retenaient à son adversaire et le repoussa au loin. Alors il attaqua les imprudents qui avaient osé se précipiter sur son bord et les tua tous ou les fit prisonniers. Le Turc se rapprocha et tenta un nouvel abordage. Tourville en agit comme la première fois et alors voyant le vaisseau musulman dégarni de combattants, il l'aborda à son tour et s'en rendit maître; puis il se porta au secours de Carini qu'il dégagea et arriva à temps au navire marchand pour l'empêcher d'être pris. Les deux corsaires turcs restants, désespérant de la victoire, voulurent prendre la fuite. L'un parvint à s'échapper; mais l'autre près d'être emporté par Tourville et Carini se fit sauter, aimant mieux périr que de se rendre.

Quelques jours après, il fallut recommencer à se battre contre quatre navires turcs ; deux de ces navires furent encore pris et les deux autres parvinrent à s'échapper. Malheureusement cette action coûta la vie au chevalier de Carini qui fut coupé en deux par un boulet pendant la lutte.

Ces diverses actions firent infiniment d'honneur au jeune Tourville qui fut, malgré ses succès, forcé de conduire sa petite escadre relâcher à Sifanto pour se radouber et réparer les avaries causées par trois batailles des plus acharnées.

En en ce même temps, Louis XIV envoyait le chevalier Paul à la tête d'une escadre en 1663, contre les corsaires barbaresques qui infestaient la Méditerranée.

Duquesne qui, à cette époque, commandait le vaisseau *le Soleil*, prit sur les côtes de Barbarie, un magnifique bâtiment nommé *la Perle*, qui revenait d'Alexandrie, en Égypte, chargé d'une précieuse cargaison.

L'escadre du commandeur Paul où se trouvait Duquesne, étant rentrée à Toulon, en ressortit quelque temps après bien augmentée, sous les ordres du duc de Beaufort et elle fit beaucoup de mal aux Algériens, sans cependant les forcer à la paix.

L'année d'après, d'Hocquincourt, Tourville et Marini qui avait remplacé Carini, continuaient leurs courses contre les Turcs ; ils se trouvèrent tout à coup en face de vingt-quatre galères turques sans pouvoir les éviter. Aussitôt les trois vaisseaux de nos braves marins se préparèrent au combat. Les Turcs, si supérieurs en force, attaquèrent avec vigueur croyant pouvoir compter sur une facile victoire, mais ils furent cruellement trompés. Tourville et ses deux amis se défendirent avec une bravoure et une intelligence au-dessus de tout éloge. Bientôt même les Turcs furent forcés de reconnaître qu'ils avaient affaire à forte partie ; puis enfin, après avoir perdu huit cents hommes et vu une partie de leurs navires désemparés et mis hors de combat, ils prirent la fuite laissant le champ de bataille à nos trois héros.

Toutes ces leçons ne suffirent pas pour arrêter les courses des corsaires barbaresques. Louis XIV fut obligé d'envoyer une nouvelle escadre sous les ordres de M. de Beaufort, qui força ces pirates à demander la paix en promettant de ne plus attaquer les vaisseaux de la France et de ses alliés.

Tourville et d'Hocquincourt qui s'étaient institués les protecteurs des navires marchands qui fréquentaient la Méditerranée, s'étant remis en courses, rencontrèrent bientôt deux corsaires turcs en train de poursuivre deux bâtiments marchands. Aussitôt d'Hocquincourt et Tourville commencèrent l'attaque contre leurs adversaires. Ceux-ci, beaucoup plus forts, et se battant en désespérés, firent éprouver de grandes pertes au vaisseau commandé par Tourville. Celui-ci alors, qui vit que les Turcs allaient l'aborder, appela à son secours les équipages des deux navires marchands, ce qui lui permit de reprendre l'offensive avec avantage. Bientôt même son ennemi prit la fuite et il put aller au secours de son ami engagé dans un furieux combat. Tourville lâcha une bordée sur le Turc qui coula quelques instants après.

Quelques jours plus tard, Tourville et d'Hocquincourt ayant repris la mer, se trouvèrent attaqués par une escadre de vingt galères turques. Le combat dura plusieurs heures, mais enfin les Turcs furent obligés de prendre honteusement la fuite, après avoir perdu beaucoup de monde.

Ces actions d'éclat acquirent une grande réputation à M. d'Hocquincourt et à Tourville. Louis XIV, voulant attacher ces deux hommes à son service, donna un régiment à d'Hocquincourt, qui en avait assez de la mer, et nomma Tourville capitaine de vaisseau, quoiqu'il fût encore bien jeune et qu'il n'eût passé par aucun grade inférieur, selon les lois de la hiérarchie ; mais en ce temps-là les faveurs remplaçaient souvent les droits acquis. Pourtant, en cette circonstance, la faveur fut bien placée et Louis XIV rendit un grand service à la France.

Une flotte avait été envoyée en 1669 au secours de l'île de Candie assiégée par les Turcs. MM. de Navailles et de Vivonne, qui commandaient la flotte, firent des prodiges de valeur, sans pouvoir empêcher les Turcs de faire des progrès, et M. de Beaufort ayant été tué, notre escadre revint en France sans avoir pu sauver Candie qui se soumit aux Turcs, immédiatement après le départ de la flotte française.

Les Algériens s'étant mis de nouveau à courir sur nos bâtiments marchands, Louis XIV fit préparer en 1670 un armement considérable qu'il mit sous le commandement de M. le marquis de Martel. Cette expédition qui, à cause de son importance, aurait dû avoir des résultats considérables, ne fit rien de remarquable et rentra dans nos ports.

Le 7 avril 1672, la France, alliée de l'Angleterre, déclara la guerre à la Hollande. Le 7 juin de la même année, la flotte française, composée de quarante-six vaisseaux de toutes grandeurs, sous les ordres du maréchal d'Estrée, sortit de nos ports. La flotte anglaise, sous le commandement du duc d'York, forte de plus de quatre-vingts bâtiments, vint la rallier, et la flotte hollandaise était bien inférieure à celle des alliés réunis; elle ne comptait guère que quatre-vingt-dix bâtiments de toutes grandeurs, mais elle était commandée par Ruyter.

Le 7 juin, les ennemis se trouvèrent en présence et le combat commença aussitôt. Jamais la mer n'avait vu pareille bataille. Trois cents vaisseaux, montés par plus de soixante mille hommes et trois mille pièces de canon, combattirent pendant plus de douze heures avec des chances diverses. Pourtant la flotte anglaise fut des plus maltraitée. Les Hollandais perdirent également beaucoup de monde, mais ils ne quittèrent pas le champ de bataille. Notre flotte combattit aussi avec la plus grande bravoure; pourtant nos pertes furent moins considérables que celles de nos alliés et de nos ennemis. Jamais, au dire de Ruyter, l'on n'avait vu pareil carnage. Cependant tout le monde s'adjugea la victoire et chaque nation fit chanter des *Te Deum*. Louis XIV fit frapper une médaille à cette légende : *Victoria navalis*, 1672. Pourtant, il n'y avait rien eu de décisif. Les Hollandais avaient bien été forcés de regagner leurs ports; mais les alliés, fort maltraités, n'avaient pu faire une descente sur les côtes de Hollande, comme ils l'avaient médité.

Après la bataille du 7 juin, les escadres des alliés rentrèrent dans leurs ports respectifs et la campagne fut close pour cette année.

Le 7 juin de l'année suivante, les alliés, ayant réuni leurs flottes, se portèrent sur les côtes de Hollande, où les attendaient Ruyter et Tromp, à la tête d'une flotte considérable. Une nouvelle et terrible bataille se livra alors, sans rien décider encore. Le 14 juin, nouveau combat qui fut non moins meurtrier et ne dessina pas davantage auxquels des antagonistes restait la victoire.

Le 21 août, les alliés livrèrent une nouvelle bataille à Ruyter, toujours avec des chances à peu près égales. Pourtant les Hollandais se retirèrent dans leurs ports; mais les alliés, aussi maltraités qu'eux, ne purent rien entreprendre.

A la suite de ces combats, l'on frappa encore en France une nouvelle médaille avec cette devise :

Hunc solem, o Josue, instare tempus adest,

Qui fut traduite ainsi :

O nouveau Josué, d'un pouvoir sans pareil,
Il est temps, si tu peux, d'arrêter ce soleil.

Cette satire avait trait à une médaille qu'avait fait frapper Josué Van-Benningen, bourgmestre hollandais, où cet homme, à l'exemple de son homonyme, semblait arrêter le soleil que Louis XIV avait choisi pour emblème.

Ce fut aussi pendant l'action de cette dernière bataille, qu'un capitaine français donna la preuve de la plus grande bravoure. Le comte d'Estrée, qui commandait la flotte française, ordonna au capitaine Guillotin d'aller attacher un brûlot au flanc du vaisseau amiral ennemi et de faire son possible pour l'incendier. Cette mission était des plus périlleuses; il s'agissait de passer sous le feu de plusieurs vaisseaux hollandais, monté sur une mine que le moindre boulet pouvait faire éclater, Guillotin, sans s'effrayer le moins du monde des dangers qu'il courait, reçut le feu des trois vaisseaux ennemis, et, malgré cela, s'en fut droit s'accrocher au navire de l'amiral hollandais Barker, s'y attacha par ses grappins, et mit le feu à son brûlot, puis il s'élança dans son canot pour s'éloigner de l'incendie et de l'explosion. A quelque distance du brûlot, il s'aperçut que la mèche qu'il avait allumée ne faisait pas d'effet ; il se rapprocha du navire, sauta dedans, au risque d'être mis en pièces si le feu éclatait, ralluma la mèche éteinte et se retira tranquillement.

Le courage et le sang-froid de cet homme et de ceux qui étaient sous ses ordres furent admirés des deux flottes. Les Hollandais, malgré cela, furent assez heureux pour se dégager de la machine infernale sans en éprouver aucun inconvénient.

Une coalition terrible se forma bientôt contre la France, en 1674. D'abord l'Angleterre se détacha de nous et fit sa paix avec la Hollande, puis l'Allemagne, la Hollande et l'Espagne se liguèrent contre nous, c'est-à-dire presque toute l'Europe. La France se trouva pendant un moment dans une position assez critique, mais elle avait fort heureusement à la tête de ses armées et de ses flottes, des hommes d'une haute capacité. Duquesne enfin, malgré les petites intrigues, les jalousies et le motif de sa religion, venait d'être nommé chef d'escadre, après avoir fait des prodiges de valeur et de générosité en diverses circonstances, après avoir armé à ses frais une flotte pour défendre nos côtes et notre commerce dans un moment où l'État épuisé manquait de ressources.

Les Hollandais, joints aux Espagnols, avaient mis à la mer deux escadres formidables. L'une, commandée par Ruyter, cingla vers nos possessions de la Martinique d'où elle fut chassée sans avoir rien pu faire contre nos intérêts. L'autre, sous le commandement de Tromp, resta dans la

Manche pour protéger les côtes de la Hollande et faire des descentes sur notre littoral. Mais Tromp, malgré sa nombreuse escadre et les troupes de débarquement qu'il avait à bord des vaisseaux qu'il commandait, fut obligé de rentrer dans les ports de la Hollande sans avoir pu rien entreprendre contre nos côtes au grand déplaisir des alliés.

Les Messinois s'étant révoltés contre les Espagnols en 1675, la France leur envoya un puissant secours sous les ordres de M. de Valavoir, en vaisseaux, en hommes et en munitions de toutes sortes. Le 9 février suivant, MM. de Vivonne et Duquesne livrèrent un terrible combat à la flotte espagnole devant Messine et la maltraitèrent beaucoup.

Pendant que Vivonne s'amusait en Sicile et n'agissait que mollement contre les Espagnols, Duquesne livrait plusieurs combats et veillait sur la mer avec une infatigable activité.

Le 8 janvier 1676, Ruyter, qui était venu joindre les Espagnols avec une escadre hollandaise, voulut empêcher Duquesne d'approvisionner Messine. Il se livra alors un terrible combat où les Hollandais, malgré la bravoure et l'habileté de leur amiral, furent battus. Le 22 avril suivant, Ruyter vint attaquer de nouveau Duquesne qui accepta la bataille. Le combat fut terrible. Les Hollandais furent encore très-maltraités et firent une perte irréparable dans la personne de Ruyter, qui fut atteint par un boulet parti du vaisseau que montait Tourville, présent à cette bataille. Ruyter, qui avait eu un pied fracassé et une jambe brisée, mourut des suites de ses blessures, le 29 août 1676. Duquesne, en apprenant la mort de son illustre ennemi, ne put s'empêcher de verser des larmes et donna des ordres pour que le bâtiment qui transporterait les restes du plus grand marin de la Hollande, ne fût pas inquiété par les bâtiments de son escadre.

Forcé de rentrer dans les ports pour faire radouber ses navires, Duquesne se trouva fort heureusement remplacé par Tourville qui déjà était devenu chef d'escadre.

M. de Vivonne, rappelé en France, voulut, avant de quitter la Sicile, se distinguer encore une fois. Il donna l'ordre d'attaquer les flottes hollandaise et espagnole qui se trouvaient dans la rade de Palerme et qui comptaient au moins cinquante vaisseaux de haut bord, galères ou brûlots. Tourville, en cette circonstance, se distingua d'une manière toute particulière, et de l'avis même de ses adversaires, ce fut en grande partie à ses manœuvres et à son intelligence que l'on dut le gain de la bataille.

Les alliés perdirent dans cette affaire douze de leurs plus gros vaisseaux, quatre mille hommes tués, noyés ou blessés, plus sept cents pièces de canon que les Français prirent sur les divers navires qui furent amarinés ou détruits.

Pendant que Tourville s'illustrait dans la Méditerranée, le comte d'Estrée, de son côté, obtenait divers succès dans les mers orientales et Château-Regnault, chef d'escadre, battait et détruisait une flotte hollandaise sur les côtes d'Espagne. Enfin les ennemis de la France, las de la guerre et affaiblis par les nombreuses défaites qu'ils avaient éprouvées, demandèrent la paix. Cette paix fut acceptée par tout le monde et la France reçut comme indemnité la Franche-Comté, Valenciennes, Cambrai, Ypres, Arras, Saint-Omer et quelques autres places.

Louis XIV, qui était à cette époque à l'apogée de sa puissance, songea qu'il était de bonne politique de préparer pendant la paix les moyens de succès en cas d'une guerre nouvelle. Alors il parcourut divers de nos ports et, entre autres améliorations, il ordonna, en 1681, d'agrandir et de fortifier les ports de Brest et de Toulon. Il fit aussi mettre en état le petit port de Rochefort. Il organisa la marine sur un pied formidable, augmenta son armée navale de plus de soixante mille matelots et institua, en 1682, le corps des gardes marins. Les précédentes guerres lui avaient trop bien appris toute l'utilité qu'un État puissant pouvait tirer d'une marine nombreuse et bien entretenue. Puis il récompensa généreusement tous les hommes de mer qui avaient rendu des services à l'État. Duquesne, anobli et fait marquis, reçut la terre du Bouchet en apanage, à condition que cette terre porterait le nom de Duquesne. Tourville fut fait comte et reçut aussi des biens et des honneurs. Les puissances barbaresques, malgré les nombreuses leçons qu'elles avaient reçues de notre marine, n'en continuaient pas moins à se livrer à la piraterie. Duquesne fut envoyé en croisière et brûla ou détruisit bon nombre de corsaires, entre autres, plusieurs bâtiments tripolitains qui s'étaient réfugiés sous le canon de la citadelle de Chio.

Le 30 août, Duquesne se présenta devant Alger, à la tête d'une flotte, pour demander raison des insultes que les pirates de cette ville avaient fait subir à notre pavillon. Les Algériens, confiant dans la solidité de leurs remparts, se rirent des menaces qu'on leur faisait. C'est alors que Duquesne fit faire l'essai des galiotes à bombes, inventées par Petit-Renaud, simple matelot sur nos escadres. D'abord le premier essai ne réussit pas, mais par la suite, l'invention de Petit-Renaud produisit les plus grands désastres pour les Algériens qui virent leur ville incendiée et leurs édifices s'écrouler sous les bombes lancées par nos galiotes.

L'année suivante, une nouvelle flotte plus considérable encore fut envoyée devant Alger pour forcer les barbaresques à demander la paix et à rester tranquilles. Cette fois Duquesne eut sous ses ordres un homme Tourville, qu'il avait, sinon aidé à faire son chemin, du moins excité à suivre la belle carrière qui s'ouvrit plus tard devant lui.

Tourville visitant Duquesne pendant le bombardement d'Alger.

CHAPITRE V

Le 26 juin 1683, l'escadre française, sous les ordres de Duquesne, était réunie devant Alger. La lune, cachée par de gros nuages gris, ne se montrait que de temps en temps. Les bâtiments, mollement balancés par une légère houle, étaient rangés en ligne de bataille, pendant que quatre galiotes, remorquées par des chaloupes montées par d'intrépides marins, étaient allées s'embosser à une légère distance des fortifications d'Alger, dans le port même.

Tout à coup, plusieurs détonations terribles se firent entendre à la fois, et l'on vit au même moment de nombreux projectiles incandescents parcourir dans le ciel un long circuit pour retomber sur la ville assiégée. Le spectacle de cette pluie de feu était aussi imposant qu'il devait être horrible pour les malheureux dont les maisons s'écroulaient ou prenaient feu sous ces nouveaux engins de destruction. Ce fut en ce moment que l'on vit tout à coup une légère barque se diriger vers le vaisseau commandant, où se trouvait Duquesne. Dès que la barque eut accosté le navire, un homme jeune encore s'élança sur le pont, pendant qu'un grand vieillard, courbé un peu sous les années, les cheveux blanchis par les soucis et les fatigues, s'approchait silencieux et souriant vers le visiteur nocturne.

« Qui donc me procure le plaisir de recevoir à mon bord le brave Tourville? dit le vieillard en présentant la main au nouvel arrivé.

—Je serais bien ingrat ou bien peu digne des faveurs de la fortune, si je ne profitais pas de la seule occasion qui se soit rencontrée depuis vingt-huit ans pour revoir au moins une fois le meilleur des hommes et le plus héroïque marin de la France, dit Tourville en saisissant la main du vieillard dans un étreinte toute amicale; nous nous sommes bien vus de loin le 22 avril 1676, à Agousta, mais nous avions trop à faire, l'un et l'autre, ce jour-là pour renouer connaissance.

—C'est vrai, dit le vieillard avec un triste sourire; voici vingt-huit ans que nous nous sommes rencontrés, pour la première fois, sur les falaises de Dieppe : il m'en souvient encore; il ventait ce jour-là d'une bonne manière. Vous me rappelez aussi Agousta, ajouta le vieux marin; vous eûtes une bonne part à la gloire de cette journée, car c'est en combattant contre vous que le brave et malheureux Ruyter a été tué.

—Oui, oui, dit avec tristesse Tourville, je me rappelle ce terrible combat où Ruyter me donna tant de besogne, et plus que personne je rendis hommage à sa bravoure et je déplorai sa mort; mais oublions un instant les morts, si illustres qu'ils aient été, pour nous rappeler les vivants; je me souviens aussi que le jour où je vous vis pour la première fois j'avais quatorze ans, le cœur navré, et que je ne savais à qui demander un conseil, lorsque je pris la résolution de m'adresser à vous.

—Eh bien! dit le vieillard, vous êtes-vous repenti d'avoir suivi mes avis ? Voyons, mon ami, répondez-moi franchement.

—Certes non, et je le déclare, si, aujourd'hui, je suis quelque chose, si ma carrière a été glorieuse, c'est à vous que je le dois ; et c'est pour cela que j'ai profité de la première occasion qui s'est présentée depuis tant d'années de vous voir, pour venir vous remercier. Qui sait? peut-être demain, ne l'aurais-je pas pu : un boulet ou une tempête peuvent si vite nous faire disparaître.

—Allons, mon ami, n'ayez point de ces craintes-là; vous êtes destiné à suivre une longue carrière avant de rendre raison à la mort et vous commencez à peine le chemin que vous devez parcourir. C'est bon pour moi, qui viens d'atteindre mes soixante-douze ans, de songer à retourner d'où je suis venu : mais ma conscience est sans reproche ; j'ai servi ma patrie et mon roi avec toutes les forces de mon âme ; et je paraîtrai devant Dieu sans crainte, le jour qu'il lui plaira de me rappeler à lui.

—Ne pensons pas à la mort, dit Tourville; elle nous environne d'assez près tous les jours, pour que nous soyons habitués à la voir sans trembler ; et puis, je suis trop heureux de vous voir en ce moment, pour m'occuper d'autre chose que du plaisir que j'éprouve à être près de vous.

—Bien, bien, dit le vieillard, j'aime les cœurs reconnaissants, et malgré qu'en vérité je n'aie aucun droit à votre affection, je suis bien heureux de vous entendre parler ainsi. Et puis, ajouta Duquesne, car c'était lui que Tourville venait voir après vingt-huit ans de séparation ; nous avons là une rude besogne à terminer ; pourtant nous en viendrons à bout, je l'espère. Voyez plutôt, ajouta-t-il en montrant la ville d'Alger couverte de flammes.

—Je suis certain du succès, dit Tourville, et les forbans, cette fois, n'auront pas à s'applaudir de leur résistance.

—C'est encore à un enfant du peuple, Monsieur de Tourville, dit Duquesne, que nous devrons l'humiliation des Algériens. Sans les galiotes de Petit-Renaud, il nous aurait été très-difficile d'avoir raison de ces pirates.

—Nous sommes tous les enfants de la France, dit Tourville, et j'aime à voir le roi distribuer ses hautes faveurs sans distinction de rang et de blason. Petit-Renaud a été nommé officier; il le méritait.

—Dieu veuille que Messieurs du grand-corps et de la noblesse n'en agissent pas à son égard comme ils ont fait avec moi, dit Duquesne. Toutes les âmes ne sont pas pétries pour supporter l'injustice et l'orgueil de bien moins doués que soi.

—Sur mon escadre, je mettrai ordre à un pareil état de choses, dit Tourville, et si Dieu me prête vie, et que le roi se serve de moi, je montrerai à tous que le mérite n'a pas besoin de blason ; ou qu'il est toujours à même d'en avoir un.

—Allons, je suis heureux de vous voir dans ces dispositions, dit Duquesne; mais la brise fraîchit et je vous engage à vous retirer à votre bord dans la crainte d'un de ces grains si fréquents sur ces côtes.

Tourville quitta le vieux marin après lui avoir renouvelé l'expression de sa gratitude et de son attachement.

Le siége continua avec vigueur ; cependant, la flotte française fut encore obligée de rentrer dans nos ports, avant la soumission d'Alger et il fallut que Tourville revînt, l'année d'après, recommencer un bombardement qui força cette fois les Algériens à demander merci.

Ce fut pendant ce nouveau bombardement, qu'un corsaire algérien donna un exemple de reconnaissance vraiment digne des temps antiques. Ce corsaire avait été fait prisonnier par un vaisseau sur lequel se trouvait M. de Choiseul qui avait été rempli de bonté pour le prisonnier.

M. de Choiseul ne pensait plus à cet homme, lorsque lui-même fut pris par les Algériens. Les pirates, voulant se venger de notre marine, firent attacher M. de Choiseul à la gueule d'un canon. L'artilleur tenait déjà la mèche allumée, lorsque tout à coup arriva par hasard l'ancien prisonnier des Français. En apercevant son bienfaiteur près de mourir, le corsaire demanda instamment sa grâce. Ayant été refusé, il se jeta alors dans les bras de son ancien bienfaiteur en disant : « Si je n'ai pu te sauver, du moins nous mourrons ensemble. » Le dey, témoin de cette action, fit grâce, et M. de Choiseul fut sauvé.

En 1684, les Génois, au mépris des traités, avaient eu des intelligences avec les Espagnols et avaient vendu de la poudre et d'autres munitions aux Algériens. Louis XIV, indigné de cette conduite, envoya Duquesne bombarder Gênes, et, en 1685, l'on vit le doge de Gênes et l'ambassadeur du dey d'Alger, venant tout deux, signer un traité de paix à Versailles.

Le maréchal d'Estrées bombarda cette même année Tripoli et Tunis qui demandèrent la paix.

En 1686, les Espagnols ayant pillé plusieurs de nos navires marchands, le maréchal d'Estrées se présenta devant Cadix avec une flotte et força le gouvernement espagnol à donner une indemnité de 1,500,000 francs aux armateurs lésés.

Les Algériens s'étant de nouveau mis en contravention avec les traités, Tourville fut envoyé contre eux et détruisit une partie de leur marine.

En 1688, le brave Duquesne mourut à l'âge de quatre-vingts ans, après avoir rendu les plus grands services à son pays.

Louis XIV disait de lui que s'il avait voulu se faire catholique, il lui aurait conféré les plus hautes dignités du royaume ; mais que protestant, la plus grande faveur qu'il avait pu lui octroyer, c'était de l'avoir gardé au service de la France.

Un jour que Duquesne était à la cour, une grande dame qui l'écoutait raconter les batailles où il s'était trouvé, les périls qu'il avait courus, lui dit avec un gros soupir :

— Hélas ! M. Duquesne, quel malheur que vous soyez protestant.

—Pourtant, Madame, répondit aussitôt Duquesne en riant, mes services sont catholiques.

Tourville ressentit vivement la perte du loyal marin dont il suivit toujours les exemples. Mais devenu l'un des principaux soutiens de notre marine, il n'eut guère le loisir de s'apitoyer sur cette mort. La guerre recommença bientôt et il eut une des principales parts à toutes les batailles qui se livrèrent alors.

En 1688, Tourville partit de Brest à la tête d'une escadre de cinq vaisseaux. Quelques jours après avoir pris la mer, il s'empara de deux navires hollandais chargés d'une cargaison estimée six millions. Puis, ayant rencontré une escadre espagnole beaucoup plus forte que la nôtre, il força les Espagnols, malgré qu'ils fussent en paix avec nous, de saluer le pavillon de la France. Le 1er août, il arriva devant Alger où il rejoignit le comte d'Estrées. Ils incendièrent la ville et ramenèrent la flotte se ravitailler à Toulon.

Au mois de juin 1689, Tourville appareilla du port de Toulon avec une escadre de vingt vaisseaux, traversa le détroit de Gibraltar pour rejoindre à Brest l'escadre aux ordres de Château-Regnault, forte de soixante-deux bâtiments. Cette flotte, destinée à transporter des secours en Irlande, s'acquitta de sa mission et rentra dans les ports de la France, sans avoir livré de bataille.

Ce fut aussi pendant cette campagne qu'un brûlot, qui avait été expédié à l'armée de Tourville, se trouva environné par plusieurs vaisseaux ennemis. Le capitaine de ce navire nommé Cauvier, se voyant sur le point d'être pris, mit le feu à son brûlot, sauta dans son canot avec ses hommes, et s'échappa à la grande confusion des Anglais qui n'osèrent le poursuivre. Ce brave homme resta neuf heures en mer dans une position des plus critiques et parvint cependant à regagner le port de Brest.

L'année suivante, Tourville sortit de Toulon avec soixante-six vaisseaux et vint rejoindre dans l'Océan Château-Regnault, qui en avait six sous ses ordres. Le 30 juillet, ils rencontrèrent les flottes anglaise et hollandaise aux environs de l'île de Wight. Tourville n'hésita pas à les attaquer, malgré que ces flottes fussent plus nombreuses que la nôtre; cette bataille se décida encore à l'avantage de nos armes : les Hollandais surtout y furent fort maltraités. Les alliés y perdirent quinze vaisseaux qui furent pris et cinq qui furent coulés, et le reste des flottes ennemies regagna les ports de Hollande et d'Angleterre dans un triste état.

Tourville s'en alla alors attaquer une flottille nombreuse de vaisseaux marchands qui étaient dans le port de Tingmouth, sous la garde de douze vaisseaux de guerre. Toute la flottille et les bâtiments de guerre furent pris, coulés ou brûlés.

Ce fut pendant cette campagne que M. de Mène, commandant un vaisseau de cinquante-huit canons, ayant été envoyé à la découverte, rencontra un vaisseau anglais de quatre-vingts canons, le combat s'engagea, les deux capitaines furent mortellement blessés, mais le vaisseau anglais fut pris. M. de Combay, qui avait reçu le commandement du bâtiment français après la mort de de Mène, voyant arriver dix ou douze vaisseaux ennemis, embarqua deux cents cinquante prisonniers sur son bord, fit sauter le vaisseau capturé à la vue de toute la flotte anglaise et battit en retraite sans avoir été attaqué.

Louis XIV, voulant secourir le prétendant, fit de grands efforts, en 1692, pour organiser un armement considérable. A cet effet, Tourville prit le commandement d'une escadre de quarante-quatre vaisseaux et reçut l'ordre de se presser le plus possible de partir afin de ne pas donner le temps aux flottes hollandaise et anglaise de se rallier, mais dans tous les cas de les combattre. Le maréchal d'Estrées eut aussi l'ordre de sortir de Toulon, à la tête d'une escadre de vingt-trois vaisseaux et d'aller rejoindre Tourville. Malheureusement les vents contraires retinrent notre flotte dans le port de Brest. La tempête, d'un autre côté, empêcha d'Estrées d'arriver au rendez-vous assez à temps; ces retards furent cause de la ruine de l'une des plus belles escadres que la France eût armé, et la fatalité sembla présider à tout ce qui se passa dans la campagne que fit Tourville cette année-là, car Louis XIV, ayant appris que les Hollandais et les Anglais s'étaient réunis dans la Manche, avait expédié l'ordre à Tourville de rester sur la défensive, mais il était trop tard, l'escadre était déjà partie.

Le 29 mai 1692, Tourville aperçut une flotte ennemie de quatre-vingt-huit voiles. L'immense supériorité des Anglais lui donna à réfléchir; mais ses ordres étaient précis, il devait combattre. Quoique à regret, il fit toutes ses dispositions et alla bravement au-devant de ses adversaires. Alors une des plus terribles batailles qui se soient données dans la Manche commença. La flotte française tint tête à l'ennemi avec avantage et, par des prodiges de valeur et des manœuvres habiles, suppléa au nombre par l'audace. On se battit depuis quatre heures du matin jusqu'à dix heures du soir. Tourville déploya en cette circonstance les plus grandes connaissances navales, et une admirable intelligence. Enfin l'avantage nous resta, malgré notre infériorité. Mais le commandant de la flotte française sentit que sa position était des plus périlleuses, et pendant la nuit, il donna ordre d'appareiller et de rentrer dans nos ports. Malheureusement ses signaux ne furent pas vus ou furent mal compris, quand le jour vint à paraître, il n'avait avec lui qu'une partie de sa flotte, l'autre partie était disparue et les flottes alliées la poursuivaient. Le vaisseau que montait Tourville fort maltraité retardait la marche du reste de l'escadre. Pourtant le péril devenait imminent ; alors Tourville changea de navire et prit le parti de se réfugier, avec les vaisseaux qui lui restaient, à la Hougue. Par une manœuvre habile, il saisit le moment de la marée pour traverser un passage difficile, entre la côte française et l'île de Guernesey, par ce moyen, il avait gagné une avance de douze heures sur ses ennemis. Voyant malgré cela, la position de ses navires désespérée, il voulut au moins sauver le matériel et essayer de défendre ce qu'il pourrait ; mais le prétendant qui était sur la flotte mit des empêchements à ses projets. L'escadre des alliés se présenta bientôt et vint l'assaillir. Alors voyant ses vaisseaux incapables de résister à un ennemi trop supérieur, il les fit s'échouer, en débarqua le plus de matériel qu'il put et se résigna à les perdre.

La flotte ennemie vint bientôt après s'embosser non loin des bâtiments échoués et les incendia.

Cette perte fut très-sensible à Tourville qui, jusque-là, n'avait jamais éprouvé de revers ; mais sa conduite fut approuvée par le roi qui, l'année suivante, le nomma maréchal de France et qui le fit venir à la cour, le combla d'éloges et lui dit publiquement : « Monsieur de Tourville, j'ai eu plus de joie d'apprendre qu'avec quarante-quatre vaisseaux vous en aviez battu quatre-vingt-dix, que je ne me sens chagrin de la perte que j'ai faite. »

Les amiraux anglais et hollandais eux-mêmes lui écrivirent les lettres les plus flatteuses à cette occasion.

Mais nous n'en perdîmes pas moins, dans cette malheureuse affaire, douze vaisseaux, trois autres vaisseaux réfugiés à Cherbourg, qui furent incendiés pendant que le reste de la flotte s'était retiré dans différents ports.

Le roi, voulant procurer à Tourville l'occasion de venger sa défaite, le mit à la tête d'une flotte de soixante et onze vaisseaux, en 1693.

En cette même année 1693, les Anglais, furieux des pertes que les corsaires de Saint-Malo faisaient éprouver à leur commerce, voulurent faire sauter cette ville pour se venger. A cet effet, ils construisirent une machine infernale dans des proportions colossales ; puis ils conduisirent cette machine qui consistait en un grand bâtiment revêtu de maçonnerie à l'intérieur et rempli de poudre, de pierres, de boulets, etc., sous les murs de Saint-Malo. Fort heureusement, au moment où la machine infernale s'approchait de la ville, le vent changea subitement, le bâtiment toucha sur des rochers et s'entr'ouvrit. Alors on y mit le feu. L'explosion fut terrible, mais fit plus de mal aux Anglais eux-mêmes qu'à la ville de Saint-Malo, qui n'eut que toutes les vitres de ses maisons de brisées.

Sorti de Brest à la fin de mai, Tourville arriva le 4 juin à la hauteur du cap Saint-Vincent et alla mouiller dans la baie de Lagos. Le 27 au soir, on vint l'avertir que l'on signalait un nombreux convoi escorté par vingt-sept vaisseaux de guerre. Aussitôt la flotte française appareilla, la nuit fut employée à manœuvrer pour gagner le large et mettre l'escadre ennemie entre la terre et elle. En effet, le lendemain matin, le convoi et son escorte se trouvèrent entourés par nos vaisseaux. En peu d'instants, vingt-sept bâtiments furent pris et quarante-cinq brûlés à la côte; quatorze navires, qui étaient parvenus à s'échapper, furent rattrappés et pris ou coulés. Cette expédition coûta aux alliés quatre-vingts bâtiments et leur perte fut estimée plus de trente-six millions.

Le 29 juillet suivant, Tourville se présenta devant Malaga et y brûla encore cinq vaisseaux ennemis, puis il rentra à Toulon. Ce fut pendant cette campagne que les Anglais bombardèrent Dieppe et incendièrent cette ville.

Depuis cette époque, jusqu'à la paix de Ryswick, en 1697, Tourville fit encore quelques expéditions pour purger les côtes de la Provence des nombreux corsaires qui les infestaient; mais sa santé se trouvant très-compromise par suite des nombreuses fatigues qu'il avait endurées, il fut obligé de quitter le service. Il vint alors se fixer à Paris, où il mourut en 1701, à l'âge de cinquante-neuf ans. Tourville est un des plus grands marins de l'époque de Louis XIV; non-seulement c'était un soldat audacieux et plein d'énergie, et un bon stratégiste, mais c'était surtout un homme de cœur.

Louis XIV le regretta et dit, en apprenant sa mort, que la marine française faisait une perte irréparable.

DE VIVONNE.

Louis-Victor de Rochechouart et de Mortemart, duc de Vivonne, etc., etc., né en 1636, fut plutôt un capitaine des armées de terre, qu'un chef d'escadre ou un amiral. Il fit sa première campagne navale, en 1663, sous M. de

Beaufort, mais il reprit bientôt du service dans l'armée de terre et ne reprit la mer qu'en 1669. Brave, audacieux et spirituel, il n'était pas sans quelques mérites. Pourtant il avait de nombreux défauts qui ternissaient toutes ses belles qualités. Léger, indiscret, sceptique, gourmand, hautain et paresseux, il n'était bon que pour un coup de main. Devenu d'un embonpoint excessif, il pouvait à peine se remuer. Pourtant il fit encore une campagne sur les bords du Rhin, où il manqua périr dans le fleuve. Il reçut une blessure assez grave à l'épaule, à la suite de laquelle il fut nommé, en 1674, gouverneur de la Champagne. En 1675, Louis XIV l'envoya au secours de la Sicile avec Duquesne. Nommé vice-roi de Sicile, il ne revint en France qu'en 1678, où il resta attaché à la cour. Il mourut en 1688, à l'âge de cinquante-deux ans.

FORBIN.

Claude Forbin, né le 16 août 1656, à Gardanne, près d'Aix en Provence, est un des plus braves marins qu'ait eus la France. Mais sa bravoure et son audace, dont il donna tant de fois des preuves irrécusables, ne l'empêchaient pas d'avoir le caractère le plus fantasque, le plus railleur et le plus violent.

Destiné à l'état ecclésiastique, il ne voulut jamais accepter cette profession, malgré les ordres formels de sa mère. Mis à quinze ans sous la direction d'un bon prêtre qui devait le préparer à entrer dans les ordres, il le rendit sa victime, en le tourmentant sans cesse, par ses capricieuses boutades ou ses méchantes espiègleries. Un jour le prêtre le menaça de sa canne, l'élève qui était fort et vigoureux, prit la canne, la cassa sur le dos de son professeur et se sauva à Marseille. Rattrapé quelque temps après, il fut reconduit à sa mère qui crut le dompter en le prenant par la douceur.

Un jour, il était à faire ses dévotions, lorsqu'un homme entra tout effaré en annonçant qu'il était poursuivi par un chien enragé. Le jeune Forbin, sans se donner le temps de finir ses exercices, saute sur un couteau de chasse, se précipite au-devant du chien, lui enfonce son couteau dans l'épaule et l'étend sur la place. Quelques jours après, il se battait en duel et était forcé de se sauver. De retour à Marseille, il s'embarquait alors sur une galère aux ordres de son oncle, M. de Gardanne et il débutait dans la carrière maritime par la guerre de Messine. A la paix, il devint garde du corps ; mais il ne resta pas longtemps au régiment, son mauvais caractère lui faisant sans cesse des ennemis. Il s'en alla à Toulon, où il tua en duel M. le chevalier de Gourdon. Cette sanglante affaire lui attira de la célébrité, il fut même condamné à avoir la tête tranchée. Son oncle, le cardinal Janson, obtint cependant sa grâce. Alors il reprit la mer et fit la guerre d'Amérique sous le comte d'Estrées, en 1678, et celle d'Afrique, sous Duquesne en 1682 et 1688, puis il partit pour le royaume de Siam, d'où il ne revint que pour servir avec Jean-Bart. Fait prisonnier par les Anglais, en compagnie du célèbre corsaire dunkerquois, ils se sauvèrent ensemble de la prison et arrivèrent en France.

Malgré la différence totale de caractère, ces deux officiers vécurent en assez bonne intelligence et firent même des choses remarquables en commun. Pourtant, Forbin, d'un esprit jaloux, ne put supporter la supériorité de son collègue et il demanda à servir dans une autre circonscription.

Forbin, comme nous le disions, était un homme d'une audace sans égale ; mais il n'avait ni le génie qui conçoit, prépare et exécute les grandes actions, ni le sang-froid nécessaire à un chef d'escadre; aussi, malgré sa bravoure, il ne parvint qu'au grade de vice-amiral; il mourut en 1733.

Jeanbart et son ami Keiser sur la caravelle de maître Valbué.

CHAPITRE VI

u moment où s'éteignaient deux hommes des plus illustres, deux des plus habiles marins qu'ait jamais possédés la France, deux autres hommes, d'un mérite tout aussi grand, entraient dans la carrière et commençaient à faire parler d'eux.

Jean-Bart et Duguay-Trouin renouvelaient, sur une scène peut-être plus grande encore, les héroïques actions de leurs devanciers.

Comme nous racontons seulement les principaux faits de nos annales maritimes et les actes les plus considérables de la vie de nos hommes de mer qui se sont le plus illustrés au service de la patrie, nous saisirons l'occasion qui se présente de nous occuper un peu plus longuement de Jean-Bart et de Duguay-Trouin, tout en ne cessant pas de lier à notre récit ce qui, en dehors d'eux, peut intéresser nos jeunes lecteurs.

Nous commencerons par Jean-Bart, né vingt-trois ans avant Duguay-Trouin, et qui avait déjà fait bien des campagnes lorsque celui-ci vint au monde. Pourtant ces deux hommes se rencontrèrent souvent sur les mêmes champs de bataille, et nous pouvons dire que si l'une de ces gloires survécut à l'autre, elle ne l'éclipsa pas.

JEAN-BART.

La nuit montait noire et menaçante à l'horizon de l'océan qui baigne les dunes des environs de Dunkerque ; les flots de la mer se heurtaient et jaillissaient en longs sillons d'écume sur les grèves plates de cette partie du littoral de nos côtes ; pourtant deux enfants causaient encore dans les anfractuosités des rochers où la marée allait apporter ses eaux agitées.

« Jean, disait le plus jeune des deux, pourquoi ne rentres-tu pas au logis ? La nuit se fait sombre comme le fond d'une patache, et la mer va bientôt nous chasser d'où nous sommes.

—Non, Keiser, non ! je ne veux pas rentrer ; j'ai juré que je ne remettrais pas les pieds sous le toit de mon père tant que les injustes préférences de ma mère pour mon frère Gaspard s'y montreraient encore, et comme tu sais si je tiens mes promesses, tu ne me tourmenteras plus : je veux rester ici.

—Oui, oui, dit le petit Keiser ! oui, oui, je sais que tu tiens tes promesses ; quand tu me dis que si je ne fais pas ça ou ça tu me donneras une pile, c'est que ça m'arrive plus vite que tu ne le dis encore.

—Qu'est-ce que ça prouve, ça ?

—D'abord ça prouve que tu es le plus fort, car si tu ne l'étais pas...

—Eh bien ! eh bien ! si je ne l'étais pas...

—Oh! alors, c'est moi qui te donnerais ta pile, et tu t'habituerais peut-être à ne plus être si entêté.

—Sainte croix du bon Dieu! tu dis que si je n'étais pas le plus fort je recevrais ma pile; sainte croix du bon Dieu! répéta le petit garçon en serrant les poings, eh bien! essaye.

—Mais puisque tu es le plus fort, s'empressa de dire Keiser, qui vit l'orage qui s'apprêtait à fondre sur lui.

—Au fait, c'est vrai, dit l'autre petit garçon en se rasseyant; oui, je suis le plus fort et je te bats quelquefois, eh bien! franchement, Keiser, je m'en repens après.

—J'aimerais mieux que tu t'en repentes avant, dit Keiser avec une petite moue des plus expressives.

—Avant, avant, dit Jean; pour ça, non, ne faut-il pas que j'essaye si je suis le plus fort?

—Oui, mais puisque tu le sais depuis longtemps, à quoi ça te sert-il de recommencer l'expérience.

—Ah! dame, c'est que vois-tu, Keiser, si je n'étais pas le plus fort, tu pourrais me tuer, moi, mais je ne te céderais pas.

—Allons, Jean, ne parlons plus de cela, tu n'es pas si méchant que tu le dis : ne m'as-tu pas par deux fois tiré de la mer; pourtant, la première fois je venais de te donner un furieux coup de gaffe; enfin je suis ton ami, ne parlons plus du passé. Voyons, Jean, rentre chez toi.

—Non, Keiser, j'aimerais mieux mourir là que de voir la mine victorieuse de mon frère Gaspard.

—Pourtant tu ne peux pas rester là toute la nuit, la mer va monter, et ce n'est pas la peine de servir de pâture aux crabes de la côte.

—Non, sans doute, ça n'est pas mon envie, mais je ne rentrerai pas.

—Alors quoi faire?

—Toi, Keiser, va-t'en, tu peux rentrer chez toi, tu n'as pas un mauvais frère pour te narguer.

—Possible, mais j'ai autre chose, dit Keiser en se grattant la tête ; voilà quatre jours que je cours la plage avec toi, au lieu d'aller à l'école, et bien sûr que si je rentre à la maison, j'y serai accueilli avec une volée de coups de bâton.

—Alors reste.

—Mais nous ne pouvons pas toujours rester là. Quand maître Michel, ton père, et le vieux Keiser vont rentrer de la pêche, nous aurons un fameux compte à régler.

—Écoute, Keiser, pour moi, mon parti est pris, je ne veux pas rentrer à la maison ; et comme je ne veux ni être noyé ni être mangé par les crabes, comme tu le supposes, je te dirai que j'ai une idée !

—Une idée ! dit Keiser, bon ; alors tu vas me la dire.

—Oui, car malgré que nous nous chamaillions quelquefois, tu es mon ami et je ne veux rien te cacher : écoute-moi : Je suis las de rester à ne rien faire au logis, maître Bart, mon père, prétend que je ne suis pas assez grand pour le suivre sur mer, eh bien ! je veux lui prouver que l'on est toujours assez grand pour travailler quand on le veut. A la marée haute, la caravelle de maître Valbué, le contrebandier, va s'approcher de la côte, je connais l'endroit où il atterrit, j'y serai. Alors je lui demanderai s'il veut me prendre à son bord.

—Tiens, tiens, tiens ! c'est une fameuse idée, ça ! dit Keiser en se grattant la tête avec ses deux mains ; oui, oui, c'est une idée ; pourtant, faudrait voir avant de monter sur son bord, à ce Valbué.

—Pourquoi ça?

—Dame ! c'est que Perrinet, son matelot, prétend qu'il n'est pas commode du tout, ce Valbué ; faudrait s'entendre avec lui; faudrait qu'il nous fasse le serment de bien nous vêtir, bien nous nourrir, bien nous laisser dormir, bien nous.....

—Ah ça! mais, à t'entendre, faudrait que maître Valbué me prenne à son bord pour m'engraisser et me dorloter. Après tout, qu'est-ce que ça te fait, à toi?

—Dame! vois-tu, Jean, c'est que j'ai toujours eu soin de l'enfant de ma mère, comme on dit, et que ma foi j'aimerais autant avaler la soupe qui me sera trempée à la maison que de recevoir journellement une décoction de coups de garcette sur le bord de Valbué.

—Mais ça me regarde ça; je crois, moi, que Perrinet n'a été maltraité par Valbué que parce qu'il était paresseux; comme je veux travailler, je pense que je n'aurai rien à craindre du chat à cinq queues du patron.

—Il y a du vrai dans ce que tu dis, Jean, mais ça n'empêche pas de faire ses conditions.

—Ah ça, mais puisque je te dis que ça ne te regarde pas.

—Mais si, mais si, ça me regarde; est-ce que par hasard tu crois que je te laisserai aller seul!

—Quoi! tu viendrais avec moi?

—Dame! dit Keiser avec un geste de bonhomie; dame! qu'est-ce que tu voudrais que je fasse ici sans toi, Jean?

—Comme tu voudras, dit Jean d'un air assez dégagé, mais le cœur ému cependant.

—C'est une affaire conclue, dit Keiser, nous allons nous embarquer, nous serons mousses, nous deviendrons matelots, maîtres, patrons, lieutenants, puis capitaines, puis...

—C'est bon, c'est bon, dit Jean, nous deviendrons ce que Dieu voudra; mais il est l'heure de nous en aller: j'aperçois là-bas, derrière les rochers de la côte, une tache noire qui se meut sous le vent, ça doit être la caravelle de maître Valbué, allons l'attendre. »

Nos deux jeunes garçons prirent leur volée à travers les rocs et les flaques d'eau salée qui couvraient la plage ; puis, escaladant les falaises assez élevées, ils se dirigèrent vers l'endroit que connaissait le petit Jean. En y arrivant, ils ne trouvèrent personne : maître Valbué, qui sans doute avait des motifs pour cela, prenait toutes sortes de précautions avant que de jeter l'ancre. Pourtant, après avoir louvoyé, la nuit étant devenue tout à fait obscure, la pluie commençant à tomber et le vent à soulever les flots, la caravelle aborda sans bruit, puis maître Valbué lui-même se glissa à terre pour examiner les lieux. Enfin, rassuré sans doute, il allait regagner son bord lorsque les deux jeunes garçons trouvèrent qu'il était temps de se montrer. Alors ils s'avancèrent tout doucement vers le marin et lui dirent :

« Maître Valbué... »

A cette interpellation si inattendue, le contrebandier sauta en l'air comme s'il avait reçu une commotion électrique ; mais, se remettant aussitôt, il regarda autour de lui. Après un moment d'attention, il put apercevoir deux petites formes humaines qui n'étaient qu'à deux pas de sa personne.

« Qui êtes-vous ? dit maître Valbué en armant un gros pistolet qu'il portait à sa ceinture, et en tirant un long poignard de sa gaîne. »

Les jeunes gens n'ayant pas répondu assez vite, il les interpella de nouveau avec un gros juron :

« Eh bien ! mille sabords ! faut-il que je fasse feu ?

—Là, là, maître Valbué, dit Jean qui avait tout son calme, gardez votre poudre pour une autre occasion ; nous ne sommes pas venus pour vous troubler dans vos affaires, mais pour savoir si vous voudriez nous prendre à votre bord?

—Ah! faillis chiens, dit maître Valbué qui s'était approché jusque sous le nez des jeunes garçons; ah! mauvais chanepans, vous avez voulu vous gausser de moi, eh bien! jour de Dieu! nous allons voir qui rira le dernier de nous. »

Et aussitôt, attrapant Jean et Keiser par le collet, il les entraîna sur son bord, où il cria en arrivant :

« Eh! Perrinet, apportes-moi donc un bout de filin, que je graisse les épaules à ces deux gredins-là, qui m'ont fait une fausse peur.

—Maître Valbué, dit Jean qui se dégaga de la rude poigne du marin, et qui se recula de quelques pas, maître Valbué ne tapez pas sans savoir ce que vous faites, car il pourrait vous en coûter gros.

—Est-ce que par hasard, méchant chien de mer, tu viendrais sur mon bord pour me faire des menaces? Perrinet, Perrinet, arrive donc avec mon bout de filin, mille sabords, que je fasse connaissance avec ces gredins-là. »

Perrinet arrivait avec une énorme corde, lorsque Jean ramassa une gaffe presque aussi lourde que lui, et dit avec le plus grand sang-froid :

« Maître Valbué, si vous faites un pas, je vous enfonce cette gaffe dans le ventre.

—Ah! c'est ça, dit Valbué devenu fou de colère; ah! c'est ça, tu viens m'assaillir sur mon bord! attends, attends. » Et il commença à taper à coups redoublés sur le pauvre Keiser, qui était le plus à sa portée.

« Maître Valbué, maître Valbué, lui criait Jean, laissez Keiser, ou par la mort je vous éventre.

—Attends, attends, tu auras ton tour. » Et il se précipita sur le petit garçon, qui lui allongea un si terrible coup de sa gaffe, que le marin jeta un cri terrible et tomba sur le pont.

« Mille bombes, dit Perrinet, qui, jusque-là était resté spectateur impassible de la bataille, mille bombes, est-ce que c'est Satanas que ce mauvais pou de mer, » et il allait se précipiter sur Jean. Mais maître Valbué avait eu le temps de se relever, et il arrêta Perrinet.

« Attends, dit-il, je tiens à donner moi-même une correction à ce gredin-là, qui croit m'avoir abattu parce que j'ai glissé.

—Maître Valbué, vous avez tort, dit Jean, toujours avec autant de sang-froid ; maintenant vous ne battez plus mon ami Keiser, je puis vous parler sérieusement : Un bon conseil, levez l'ancre au plus tôt, les employés de la gabelle vont arriver.

—Hein! qu'est-ce que tu dis? petit, se mit à dire maître Valbué ; voyons, plus de bêtise, je te pardonne ton coup de gaffe si tu viens m'apporter un bon avis.

—Jour de Dieu, dit Perrinet, je connais ces deux gamins-là : voici le gars à Keiser, et l'autre est le fils de Michel Bart.

—Oui-dà, dit maître Valbué un peu adouci, eh bien! que veulent-ils?

—Vous sauver des embûches de la gabelle, dit Jean ; si vous débarquez vos marchandises, tout est pris, les gardes-côtes sont à quinze pas dans les roches.

—Perrinet, Perrinet, dit maître Valbué, vite, vite, ramasse l'ancre et dit à Rouescron, qui dort comme un fainéant, de déployer de la toile pendant que je vais prendre le gouvernail.

—Oui, mais n'orientez pas au sud, dit Jean, parce qu'il y a une péniche qui vous guette.

—Ah! mille sabords, si tu ne mens pas, petit, je te revaudrai cela, dit Valbué.

— Ce que je vous dis est vrai, dit Jean, et la preuve, voyez cette petite lumière qui grandit là-bas, c'est la péniche qui s'avance pour vous prendre entre deux feux.

— Il a raison, Perrinet ; vite, vite de la toile et filons, ou nous sommes pincés.

— Nous allons vous donner un coup de main, dit Jean. » Et aussitôt il appela Keiser, grimpa au mât avec lui, assujettit une voile, redescendit vivement et dit : « Maître Valbué, vite un aviron et poussez la caravelle au large, car voici les gardes-côtes. »

Au même moment, il partit une décharge de coups de fusils de la plage. Les douaniers, voyant qu'ils avaient été éventés, étaient accourus et avaient tiré sans attendre.

« Hein, maître Valbué, dit Keiser en s'approchant de lui, si Jean ne vous avait pas averti?

— C'est vrai ; pourtant j'ai son coup de gaffe qui me gêne un peu.

— Maître Valbué, dit Jean, je le regrette, mais sachez une chose, c'est que lorsque je vous ai vu battre Keiser, qui ne vous avait rien fait, je vous aurais tué.

— Diable! dit maître Valbué, redevenu de bonne humeur en reconnaissant qu'il échappait aux agents du fisc ; pourtant si tu restes à mon bord, faudra te résigner à voir corriger ceux qui ne marcheront pas droit.

— A votre bord, dit Jean, je m'habituerai à vos manières, mais jamais à voir frapper un innocent.

— Allons, dit Valbué, qui était un butor, un homme dur, mais qui ne manquait pas d'une certaine admiration pour les caractères comme celui que venait de révéler Jean-Bart, dans un âge aussi tendre ; allons, nous nous entendrons ; aussi bien j'avais besoin d'un mousse, et puisque tu viens t'offrir toi-même, nous verrons si la suite justifiera le commencement.

—Ça n'est pas un mousse dont vous avez besoin, dit Jean, c'est de deux, maître Valbué; Keiser restera avec moi, ou nous nous en irons ensemble.

—Oui, oui, c'est ça, Jean, dit Keiser, faut faire nos conditions, tu sais!

—Mille sabords, dit maître Valbué en riant de toutes ses forces, ne va-t-il pas falloir tout à l'heure que je cède le commandement de ma caravelle à ces gaillards-là?

—Non, dit Jean, nous serons vos mousses, mais vous ne nous battrez pas.

—Et pour la nourriture, parle-donc, dit tout bas Keiser à Jean.

—Chut, dit Jean.

—Allons, mes gars, commençons par voir si vous êtes capables de quelque chose, et l'on vous traitera selon votre mérite. Le vent souffle de terre, la brise est bonne, nous nous moquons des gardes-côtes, et nous allons aller débarquer ailleurs. »

C'est ainsi que le petit Jean-Bart et son ami Keiser s'embarquèrent pour la première fois à l'âge de 12 ans environ, sur la caravelle de maître Valbué, corsaire, pêcheur et contrebandier, métiers que faisaient du reste, à cette époque, presque tous les marins de la côte.

Pendant trois ans environ, Jean et Keiser restèrent à bord de la caravelle de maître Valbué, qui était bien un brutal, mais qui s'était laissé dominer par Jean, qui lui montrait en toutes circonstances une capacité et une présence d'esprit qui émerveillaient le vieux loup de mer.

Il y avait donc à peu près trois ans, comme nous le disions, que Jean et son ami étaient à bord du petit bâtiment de maître Jérôme Valbué; pendant ce laps de temps ils avaient acquis toutes les connaissances pratiques nécessaires aux marins. Jean surtout avait étudié avec le plus grand soin toutes les côtes d'Angleterre, de France et de Hollande; toutes les passes, tous les écueils, tous les bancs de sable de cette mer, où il avait sans cesse besoin de cacher pour ainsi dire la marche du petit navire de maître Valbué, qui, bien souvent, lui en laissait l'entière direction.

Mais le genre de vie que menait Jean commençait à lui déplaire. La brutalité de maître Valbué, qui, un jour, fit mourir un de ses matelots sur son bord avec une cruauté inouïe, le décida en 1666 à s'ouvrir à son ami Keiser.

« Je suis las de me trouver sous le commandement d'un homme que je regarde comme bien au-dessous de moi, dit-il un jour à Keiser; avec lui je n'ai plus rien à apprendre, et je ne veux plus rester sur son bord.

—Min-Got, dit Keiser, quoi faire alors?

—Nous en aller en Hollande, dit Jean, et nous engager sur le vaisseau où commande Ruyter. L'on dit que la Hollande a déclaré la guerre à l'Angleterre : c'est le moment de prendre du service chez les Hollandais, et puis je serais bien heureux de servir sous les ordres de Ruyter.

—Va pour la Hollande, dit Keiser, qui n'avait d'autre volonté que celle de son ami. »

En effet, quelques jours plus tard, maître Valbué étant resté malade à Calais, Jean et Keiser se trouvèrent les maîtres de la caravelle, et profitèrent de l'occasion qui se présentait pour se sauver en Hollande.

Après des courses fort périlleuses sur les côtes d'Angleterre, nos deux jeunes marins ayant rencontré la flotte hollandaise réussirent à aborder le vaisseau amiral. Jean demanda la faveur d'un entretien à Ruyter, qui ne put s'empêcher de sourire en voyant la jeunesse de celui qui voulait s'aboucher avec lui.

« Amiral, dit le jeune homme, en abordant le célèbre marin, pendant que Keiser retournait son bonnet de laine dans ses mains; amiral, je suis le capitaine de la caravelle qui vient d'accoster, fils de Michel Bart, et petit-fils de maître Jacobsen, surnommé le renard de la mer; je voudrais obtenir la faveur de servir à votre bord avec mon ami Keiser.

—Comment! dit l'amiral, devenu sérieux de ce que l'on eût osé de le déranger pour entendre des choses aussi peu importantes; est-ce que vous n'aviez que cela à me communiquer?

—Pardonnez, amiral, seulement comme l'honneur de me trouver en votre présence me trouble le cerveau, j'ai commencé par où j'aurai dû finir.

—Alors dépêchez-vous.

—Amiral, savez-vous où est la flotte ennemie?

—Non, et je donnerais quelque chose pour le savoir.

—Eh bien! je le sais, moi, et je vais vous le dire si vous voulez?

—Si je le veux, dit Ruyter, dont les prunelles lançaient des éclairs, si je le veux! mais jeune homme, comment avez-vous fait pour le savoir vous-même? ajouta-t-il.

—Je ne l'ai pas su, amiral, je l'ai vue.

—Vous?

—Oui, moi, avec Keiser que voici.

—Comment avez-vous fait, et où est-elle?

—Le plus pressé est de vous dire où elle est, eh bien! elle se trouve en ce moment sur les Sorlingues, non loin de l'embouchure de la Tamise.

—En êtes-vous bien sûr? dit l'amiral évidemment intéressé à ce que lui disait le jeune homme.

—Oui, amiral; hier, comme j'avais pris la résolution de vous demander du service sur votre bord, j'ai voulu vous apporter une nouvelle utile, et je me suis dirigé vers l'embouchure de la Tamise, et j'ai vu.

—Mais, dit l'amiral d'un air étonné, et les navires anglais?

—Oh! les navires anglais, ils m'ont poursuivi, mais on leur a brûlé la politesse

—Allons, c'est bien, mes enfants, dit l'amiral visiblement intéressé par le récit de Jean-Bart; je crois votre rapport d'autant plus véridique, qu'il coïncide avec les nouvelles que je reçois de mes éclaireurs; mais j'avoue qu'ils ne se sont pas aventurés aussi loin que vous.

—Alors vous nous prenez à votre bord?

—Dame! dit l'amiral, vous y êtes; seulement il y a une petite formalité à remplir, c'est d'aller vous faire inscrire chez maître Léli, mon maître d'équipage.

—Oui, mais mon amiral, dit Jean, j'ai une première faveur à vous demander, ce serait de faire reconduire par la première occasion la caravelle de maître Valbué à Calais.

—C'est bien dit Ruyter, j'en fais mon affaire. »

Jean-Bart et son ami Keiser furent donc trouver maître Léli qui leur fit subir un examen des plus rigoureux auquel Jean-Bart satisfit en tous points. Keiser fut moins heureux, mais ils furent cependant admis tous les deux à servir sur le vaisseau où commandait Ruyter.

Le jour même, l'amiral hollandais se dirigeait vers les parages indiqués par le jeune matelot, et Jean-Bart et son ami, se trouvaient, le lendemain de leur présence sur le bord du vaisseau amiral, acteurs dans l'un des plus terribles combats qui se soient livrés sur l'océan.

Pendant six ans, les deux jeunes Français restèrent au service de la Hollande, se perfectionnant dans leur état de marin; mais, en 1672, les Hollandais s'étant alliés à l'Angleterre, ils firent des préparatifs pour faire la guerre à la France. Le vieux Léli fit tout ce qu'il put pour conserver à la république batave deux marins habiles et intrépides, mais ce fut inutilement. Jean-Bart se révolta à l'idée de servir contre sa patrie, et, un beau jour, ils décampèrent de la Hollande sans en avertir personne et gagnèrent Dunkerque où ils prirent du service sur des corsaires.

Jean-Bart avait vingt-un ans à cette époque, et dès sa première course, il montra tant d'intelligence et de bravoure, qu'il fut remarqué par tous les marins qui étaient avec lui. Les premières expéditions auxquelles il prit part lui ayant procuré un bénéfice, il s'empressa, en 1675, d'armer pour son compte une galiote qu'il nomma *le Roi David* et qu'il pourvut de deux pièces de canon et de trente-six hommes d'équipage. Avec ce faible bâtiment, il eut l'audace d'attaquer dans le Texel une frégate de dix-huit canons dont il se rendit maître après un rude combat.

Des armateurs de Dunkerque firent alors des propositions au jeune marin qui accepta le commandement de la frégate *la Royale* de dix canons pendant que son ami Keiser était pourvu du commandement de la frégate *l'Alexandre*.

En quelques jours, Jean-Bart s'empara de quatre bâtiments qu'il conduisit à Dunkerque. Le 21 janvier, il prit une frégate hollandaise de dix canons qu'il conduisit également à Dunkerque et qui fut le cadeau de noce qu'il offrit à Nicole Gouttière, qu'il épousa cette même année étant âgé de vingt-cinq ans et quatre mois.

Au mois de juillet suivant, Jean-Bart sortit de Dunkerque, en compagnie de Keiser et de Jacobsen qui commandaient comme lui des bâtiments légers. Tous les trois s'en allèrent croiser dans la mer Baltique où ils prirent ou détruisirent un nombre considérable de bâtiments marchands après un terrible combat livré à plusieurs vaisseaux de guerre, bien supérieurs aux leurs.

Les prises nombreuses que faisait journellement Jean-

Bart encouragèrent des armateurs à lui confier un bâtiment, *la Palme*, de vingt-quatre canons et quatre autres navires d'une moindre force.

C'est à cette époque que commencent réellement les exploits de Jean-Bart. Rien qu'en 1675, il captura, brûla, ou coula à fond, 670 navires.

L'année 1676 ne fut guère moins fructueuse pour les armateurs de Dunkerque. Jean-Bart sortit du port en compagnie de navires commandés par Jacobsen, Keiser, Messemaker et Larrie, tous marins de la plus grande bravoure et dignes de s'associer aux entreprises de leur chef. Si dans cette expédition, les prises furent moins nombreuses, elles portèrent sur des vaisseaux plus grands et plus forts.

En 1677, nouvelles courses, nouvelles victoires, rien ne résistait à l'impétuosité de Jean-Bart. Jeune encore, il avait déjà acquis la plus grande renommée, ses équipages étaient toujours nombreux et tous les braves marins demandaient à servir sous ses ordres.

Jean-Bart s'était fait la loi de ne jamais fuir devant l'ennemi, du moment qu'il n'y avait pas un nombre trop considérable de vaisseaux pour le combattre. En homme d'intelligence, il ne suivait pas les errements des marins qui avaient étudié les théories des combats maritimes. Il avait son système à lui. Il se précipitait sur son ennemi comme l'aigle sur sa proie, il montait à l'abordage, et dès qu'il tenait un bâtiment lié au sien par ses terribles grappins, il était à lui. Rien ne résistait à sa furie et à l'élan qu'il savait donner à ses compagnons. Tous ses matelots, du premier au dernier, lui étaient dévoués corps et âme.

Cette notice serait trop longue si nous voulions énumérer les prises que fit l'intrépide corsaire, pendant le cours de sa carrière. Nous nous contenterons de citer les principaux faits d'armes où il s'illustra le plus.

En 1677, Louis XIV, ayant entendu parler de la conduite du terrible corsaire de Dunkerque, lui envoya une médaille et une chaîne d'or. Ce fut aussi en cette année que vint au monde, le 17 juin, son premier né, Cornil Bart, qui fut l'aîné de douze frères ou sœurs qui vinrent dans la suite.

Jean-Bart ayant repris ses courses rançonna plusieurs navires, qu'il préféra mettre à rançon plutôt que de les couler à fond.

Le ministre, ayant été instruit de ce fait, fit faire de sanglants reproches à Jean-Bart qui en conçut un vif chagrin et qui fut plus de six mois sans reprendre la mer. Cependant, cédant aux instances de son ami Keiser, il reprit la course en compagnie de deux autres bâtiments commandés par Keiser et Jean Souteneyer. Ils s'emparèrent dans cette nouvelle campagne d'un nombre immense de navires ennemis et ne se reposèrent que lors du traité de Nimègue. Ce fut vers cette époque que Louis XIV, émerveillé des récits que l'on se plaisait à lui faire des exploits de Jean-Bart, et surtout à la recommandation de Vauban, qui savait si bien apprécier le mérite, que Louis XIV, disons-nous, voulut l'attacher au service de l'État et le nomma le 8 janvier 1679, lieutenant de vaisseau dans la marine royale, malgré qu'il fût roturier.

Envoyé contre les pirates de Salé, Jean-Bart leur fit une terrible guerre, s'empara de l'un de leurs vaisseaux, de seize canons et de cent cinquante hommes d'équipage et força ces pirates à demander la paix. Ce fut au retour de cette croisière, en 1682, qu'il apprit la mort de sa femme, de sa mère, et de l'une de ses filles.

La guerre éclata avec l'Espagne, en 1683. Jean-Bart fit encore des prodiges de valeur. Pendant cette campagne, il fut même blessé à la cuisse, à l'attaque de deux vaisseaux espagnols dont il s'empara.

Ce fut vers cette époque que Jean-Bart fut mis en rapport avec Forbin Janson, homme de mer des plus braves, mais orgueilleux, hâbleur et vindicatif. Ce marin qui avait, comme nous l'avons dit déjà, pas mal de défauts, voulut dans le commencement se moquer de Jean-Bart, dont l'insouciante bonhomie ne pouvait le désarmer.

Pourtant, un jour, le brave marin s'aperçut des plaisanteries de M. Forbin. Alors, sans s'inquiéter des prétentions de ce courtisan, il alla droit à lui devant plusieurs officiers et lui dit avec le plus grand sang-froid : « Monsieur le chevalier, *je n'ai pas le temps, moi, de m'amuser à chercher des puces à vos paroles, mais dans tous les cas je puis vous satisfaire en toute chose.* » Forbin qui avait tort se le tint pour dit et ne récidiva pas. Sans doute que ce premier grief de M. de Forbin influa sur le reste des relations de ces deux hommes ; dans tous les cas, les récits de mauvaise foi, publiés par Forbin, auront sans doute été excités par ce premier sujet de dissentiment.

Jean-Bart, jusqu'ici, s'était montré brave, hardi, entreprenant. Ses courses avaient été fructueuses pour ses armateurs. De corsaire à corsaire, il ne craignait jamais un combat et réussissait toujours à vaincre. Maintenant, nous allons le voir sur une plus grande scène, commandant des escadres, ayant une tactique à lui, et combattant avec plus d'ardeur encore pour l'honneur du drapeau et la gloire de la France qu'il ne l'avait fait pour son intérêt et l'avantage de ses commettants.

Nous ne pouvons suivre Jean-Bart pas à pas dans la glorieuse carrière qu'il a parcourue depuis 1683 jusqu'en 1702, mais nous raconterons les principales phases de cette belle vie d'un homme du peuple devenu, malgré le préjugé, malgré la jalousie, l'une des plus grandes gloires de la patrie.

Si, à l'exemple de Tourville et de Duquesne, il ne commanda pas de nombreuses flottes évoluant comme une seule barque sur les flots en face de l'ennemi ; s'il ne créa pas ces belles dispositions et cette tactique navale qui ont rendu si populaires les noms de Duquesne, cet autre fils du peuple et de Tourville, ce deshérité des biens de la famille, il n'en a pas moins rendu les plus signalés services à son pays qu'il a sauvé par deux fois des horreurs de la famine, et sa tactique à lui, qui consistait à toujours attaquer son ennemi, à l'aborder et à ne laisser de chance pour le dénoûment de l'action qu'à la bravoure et à l'audace, n'est pas moins glorieuse et moins digne d'éloges que celle de ses précurseurs. Ses courses, ses attaques sans paix ni trêve, ont fait certes plus de mal à l'ennemi et contribué à lui faire désirer la paix, plus encore que les grandes batailles navales dont la perte n'atteignait momentanément que les intérêts du trésor public ; pendant que Jean-Bart, tous les jours, à toute heure, faisait courir le frisson dans les veines des riches marchands de la Hollande et des négociants de Londres.

Devenu le compagnon de Forbin Janson, Jean-Bart aurait pu croire que l'espèce de solidarité qui les liait ensemble serait un motif de bienveillance pour son orgueilleux compagnon, comme c'était pour lui-même une cause de dévouement. Il n'en fut rien. Forbin a laissé des écrits où il tourne en ridicule celui qu'il aurait dû honorer, sinon comme un supérieur, du moins comme un camarade qui lui avait donné mille preuves de bonne volonté.

En 1689, Jean-Bart avait été désigné avec Forbin pour transporter à Calais trente milliers de poudre à travers les croisières ennemies. Ils partirent donc tous deux pour cette

Jeanbart fait attacher son fils au mât du vaisseau pendant le combat.

expédition. Le 25 avril, Jean-Bart captura un bâtiment richement chargé de poudre d'or et de sacs d'argent. Le même jour, Forbin en prit un chargé de bois des îles. Le lendemain, Jean-Bart rencontra à son tour un corsaire hollandais. Il fut livré alors un terrible combat, l'ennemi était brave et son vaisseau bien organisé. La victoire fut chèrement achetée.

Ce fut pendant cette affaire que Jean-Bart, qui avait à son bord son fils aîné, François-Cornil, âgé d'une douzaine d'années, qu'il voulait habituer aux terribles épreuves des batailles navales, fit voir combien il tenait à ce que ce fils fût brave comme il l'avait toujours été lui-même. Au commencement de l'action, au moment où les canons se mirent à gronder avec furie et la mitraille à siffler de toutes parts, cet enfant eut un instant de faiblesse, comme cela est facile à s'expliquer. Alors Jean-Bart lui cria :—Corbleu! petit, si nous succombons ici, l'on y est aussi près du ciel que sur la terre ferme.—Puis, saisissant un cordage, il ordonna d'attacher l'enfant au grand mât du navire où il le laissa pendant tout le temps que dura le combat. Cette leçon fut la première et la dernière, car le fils de Jean-Bart montra depuis qu'il avait hérité de l'audace et de la bravoure paternelles.

Ce fut quelque temps après cette affaire que, chargés, Forbin, et lui de convoyer une flottille de bâtiments marchands, ils se trouvèrent dans la nécessité de livrer un combat contre des forces tellement supérieures qu'il était impossible qu'ils fussent vainqueurs ; ils succombèrent, en effet, mais non sans avoir fait une résistance désespérée et donné le temps à la flottille qu'ils convoyaient de se réfugier dans les ports de France. Les Anglais, outrés d'avoir perdu un capitaine, la plupart de leurs officiers et les trois quarts de leurs matelots, pour prendre seulement deux petits bâtiments qui coulèrent bas avant même qu'ils pussent les amariner, traitèrent fort mal Jean-Bart et Forbin, qui furent dépouillés de leurs vêtements et emmenés prisonniers en Angleterre. Les Anglais, qui connaissaient Jean-Bart et Forbin par toutes les pertes qu'ils leur avaient fait éprouver, prirent toutes sortes de précautions pour s'assurer contre l'évasion de ces audacieux prisonniers. On les enferma provisoirement dans la chambre bien grillée d'une petite auberge, avec des gardiens vigilants. Mais cette situation ne pouvait convenir longtemps au caractère des deux marins français. Aussi, formèrent-ils le projet de s'échapper au plus vite pour recommencer leurs bonnes courses sur l'Océan. L'occasion se présenta bientôt. Un Hollandais, parent de la femme de Jean-Bart, étant venu le voir, le marin le gagna en lui promettant de l'argent. Quelques jours plus tard, ils avaient scié les barreaux de leur prison au moyen d'une lime ; puis, ayant attaché leurs draps, ils s'en servirent pour descendre. Une barque avec une boussole était préparée dans un coin du port. A la pointe du jour, Jean-Bart, Forbin, un médecin français et deux mousses, traversaient la rade sur leur barque au milieu d'une escadre anglaise, d'où on les hélait pour savoir où ils allaient. Jean-Bart qui savait l'anglais répondit : « Pêcheur, » et ils continuèrent leur course sans être inquiétés. Moins de quarante-huit heures après, ils abordaient au village de Harqui, à six lieues de Saint-Malo.

Les capitaines des vaisseaux marchands qu'escortaient Jean-Bart et Forbin au moment où ils avaient été faits prisonniers, qui n'avaient dû leur salut qu'à la courageuse défense de Jean-Bart et de Forbin, avaient déjà fait leur rapport, et la réputation de ces deux intrépides marins s'en était encore accrue. Dès que le ministre Seignelay connut leur délivrance, il s'empressa de demander au roi qu'ils fussent promus au grade de capitaine.

Jean-Bart était resté à Saint-Malo pendant que Forbin était allé à Versailles.

. . . .

La nuit commençait à couvrir la mer d'une brume grise et humide, un tout jeune homme se promenait sur les grèves de Saint-Malo en compagnie d'un vieux matelot. Ils causaient tout deux à voix haute, n'ayant point encore aperçu un homme jeune encore, à l'air rude et aux allures de marin qui fumait une courte pipe, assis sur les débris d'une vieille barque, regardant de temps en temps au large ou poussant avec complaisance les légers nuages de fumée qui s'échappaient de sa pipe.

—Tu as beau dire, vieux Kirouet, disait avec feu le jeune homme, il n'est pas moins vrai que je suis d'un âge à commencer la course, et que c'est une honte à moi de rester là les bras ballants, pendant que tous nos gars font de belles prises sur nos ennemis les Anglais. Que tous les saints confondent les gredins !

—Je ne dis pas, mon jeune maître, qu'il ne vaudrait pas mieux tenir le gouvernail ou commander la manœuvre sur un beau bâtiment, que de rester comme des poissons rouges à gober les moucherons qui voltigent à la surface de l'eau ; mais madame votre bonne mère, ma digne maîtresse, ne veut pas entendre raison, elle dit que vous êtes trop jeune.

—Trop jeune ! trop jeune ! voilà plus de deux mortelles années que l'on me répète la même chose. J'aime et je respecte ma sainte et bonne mère, Kirouet, et Monsieur mon frère aussi, mais, par mon saint patron et la bonne Notre-Dame d'Auray ! ça ne peut pas toujours durer comme ça. Trop jeune ! en voilà une belle raison. Quand Tourville a commencé à quatorze ans, Duquesne à seize, Jean-Bart plus tôt encore. Ah ! vrai Dieu ! non, non, je ne veux plus attendre.

—A propos, dit le vieux Kirouet, qui était bien aise de changer la conversation ; à propos, vous savez, notre jeune monsieur, que Jean-Bart et Forbin ont été fait prisonniers par les Anglais.

—Oui, oui, je sais, dit le jeune homme, un de mes cousins avait son navire sous l'escorte de ces braves marins, et c'est grâce à leur dévouement qu'il a pu échapper. Et dire que l'on veut m'empêcher de faire comme eux, de me dévouer, de servir mon pays.

—Oui, mais prisonniers en Angleterre, dit le vieux Kirouet, ça n'est déjà pas si gai.

—Prisonniers, prisonniers ! on ne l'est pas toujours, on se sauve ou l'on est échangé, et alors, on fait payer cher aux ennemis un moment de malheur. Oh ! je voudrais être à la tête d'un navire, si petit qu'il soit. J'irais moi, sur les côtes d'Angleterre, et je tâcherais de communiquer avec Jean-Bart et je l'aiderais à se sauver.

—A propos, se mit à dire Kirouet, le père Méadec m'a dit tantôt que le bruit courait que Jean-Bart s'était sauvé d'Angleterre.

—Jour de Dieu ! Kirouet, pourquoi ne me disais-tu pas ça tout de suite. Bravo ! mon vieux. Alors la danse va recommencer avec les Anglais. A la bonne heure ! Vive Jean-Bart ! En voilà un rude marin ; c'est celui-là, si j'étais son fils, qui ne me refuserait pas une bonne petite corvette pour exterminer nos ennemis.

—Non, non, bien sûr, dit une grosse voix enrouée qui se fit entendre à quelque distance du jeune homme et de Kirouet.

—Tiens, dit avec vivacité le jeune homme, en se tournant vers l'individu qui venait de parler, qui n'était autre que celui que nous avons vu fumant sa pipe assis sur des débris de navires, qu'est-ce que vous faites là, vous?

—Dame! dit l'étranger, je fume ma pipe.

—Oui, mais vous nous écoutiez, dit le vieux Kirouet, et c'est mal, car enfin, vous pouviez surprendre ce que nous disions.

—Min Got! je veux bien être repêché par les Anglais, si j'ai pensé un instant à vous écouter.

—Pourtant, dit le jeune homme, vous avez répondu à ce que je disais au vieux Kirouet, comme si ça vous regardait.

—Min Dieu! c'est pourtant vrai, dit l'étranger en retirant sa pipe de sa bouche pour rire de tout son cœur.

—Allons, camarade, dit sentencieusement le vieux Kirouet, une autre fois soyez plus réservé, car voyez-vous, notre jeune monsieur, sauf le respect que je lui dois, sera un jour un fameux capitaine, bien sûr, et c'est un savant qui a étudié à Caen, sachez cela.

—Qui sait, dit l'étranger, votre jeune monsieur sera peut-être amiral. Il est encore jeune, il a du temps devant lui, et s'il a autant de véritable bravoure que de jactance, il peut arriver aux plus hauts grades. Ça c'est vu ça, mon vieux, à moins pourtant qu'un boulet ne le coupe en deux, ce qui se voit encore tous les jours et ce qui n'est pas le plus agréable, ajouta l'étranger en battant le briquet pour rallumer sa pipe qui s'était éteinte.

—Ma bonne sainte Notre-Dame de Cancale, dit le vieux Kirouet en se signant. Dire que notre jeune maître sera coupé par un boulet, en voilà une de sottise.

—Allons, allons, mon vieux, dit l'étranger en tirant de petits nuages de fumée de ses narines et les dirigeant vers le bonhomme, je n'ai pas dit qu'il serait coupé en deux, mais qu'il pourrait l'être, et ça n'est pas une raison pour qu'il le soit. Puis, j'ai dit aussi qu'il pourrait bien devenir amiral, et ma foi ! c'est un beau grade pourtant, ajouta le fumeur.

Pendant cet entretien, le jeune homme avait plusieurs fois regardé celui avec lequel il causait, puis il avait porté sa vue sur les flots brunis de l'Océan, lorsque tout à coup, il tressaillit.

—Kirouet, as-tu entendu, dit-il, tout frémissant.

— Quoi donc, notre jeune maître.

—Eh bien ! un coup, deux coups, plusieurs coups de canon, dit l'étranger, avec le plus grand calme.

—Je ne me suis donc pas trompé, dit le jeune homme.

—Non, non, mon jeune ami ; c'est bien le canon qui parle tout là-bas. C'est quelque brave corsaire qui livre bataille à l'Anglais sans doute.

—Oh ! dit en bondissant le jeune homme ; mon frère, tous les miens sont sur mer, ce sont peut-être eux qui se battent, et dire qu'il n'y a pas moyen d'aller à leur secours.

—Pourquoi ça, pas moyen, dit l'étranger en se levant d'un air intrépide et en cherchant à percer l'obscurité qui commençait à couvrir l'Océan. Au contraire, mon camarade, le canon se rapproche, la mer monte ; déjà j'aperçois une voile qui paraît poursuivie par deux navires. Min Got, faut aller au secours du bâtiment poursuivi qui se dirige sur la rade.

Boum, boum, boum.

— C'est le canon qui gronde, dit avec feu le jeune homme, oui, oui, il faut aller au secours des nôtres qui sont en péril. Kirouet, une péniche, une barque, n'importe quoi, courons au port, rassemblons des marins et secourons nos compatriotes.

—Bonne sainte Notre-Dame, dit le vieux Kirouet désespéré, notre jeune maître, considérez la défense de notre bonne maîtresse, votre respectable mère.

—Va te promener et laisse-moi en paix, tu n'es qu'une poule mouillée, tu as peur.

—Bravo! dit l'étranger, bravo, mon camarade, puisque le vieux ne veut pas aller avec vous, j'irai moi ; et j'en vaux bien un autre, et Min Got, en avant !

—Oui, oui, en avant! dit le jeune homme en prenant l'étranger par le bras et en l'entraînant.

Le vieux Kirouet, qui n'était ni peureux ni craintif, mais qui, comme tous les vieux serviteurs de ce temps-là, voulait observer quand même la consigne qui lui avait été donnée, se résigna à suivre son jeune maître et son compagnon en grommelant toutefois entre ses dents. Qu'est-ce que va dire notre maîtresse, bonne sainte Notre-Dame! nom d'une écoutille! fallait bien aussi que cet enragé de matelot, car c'est un matelot, se trouvât justement sur notre route.

Le jeune homme et son compagnon avançaient rapidement vers le port où déjà la foule s'était rassemblée.

—Mille sabords! s'écria l'étranger en s'apercevant qu'il ne se faisait aucun préparatif pour aller au secours du bâtiment dont on entendait le canon. Mille sabords! tas de faillis gas, mauvais chiens de mer, marins d'eau douce, poules mouillées ; vous restez là comme des propres à rien, quand vous pourriez être si utiles à l'un des vôtres. Mille diables! en avant donc.

Un murmure de colère se fit entendre et déjà plus d'un rude marin que les injures de l'étranger avaient échauffé, s'apprêtait à riposter, lorsqu'un vieux matelot sortit de la foule et s'écria tout à coup : Vive Jean-Bart! Oui, oui, capitaine, en avant, vive Jean-Bart !

—Jean-Bart, dit en s'arrêtant tout court le jeune homme.

—Eh bien! oui, Min Got, c'est moi qui suis Jean-Bart,

c'est bien moi, mort diable qui ai brûlé la politesse aux Anglais, et je ne serais pas fâché de leur envoyer quelques bordées.

En disant cela, il se précipita dans un petit navire attaché au quai, le jeune homme et plusieurs marins le suivirent, sans compter le vieux Kirouet qui s'était glissé parmi eux. En quelques instants, le bâtiment fut paré et dirigé vers l'entrée port. Mais en ce moment même, l'on vit apparaître une petite corvette dont les voiles étaient trouées par les boulets. Les Anglais n'avaient pas osé la suivre dans le port et s'étaient retirés honteux et confus.

—Bravo ! dit Jean-Bart, en apercevant le bâtiment, notre campagne n'aura pas été longue, pourtant nous y allions tous de bon cœur.

Dès que le navire qui entrait dans le port eut jeté ses ancres, tout le monde voulut connaître ce qui s'était passé. Alors le capitaine raconta qu'il avait été poursuivi par deux vaisseaux d'une force double du sien, mais qu'il était parvenu à s'échapper après avoir désemparé un de ces navires, brisé ses mâts et lui avoir causé des avaries assez considérables.

Le capitaine du navire était un des parents du jeune homme que nous avons vu sur la plage en compagnie du vieux Kirouet. Dès qu'il sut que Jean-Bart était là et qu'il avait voulu aller à son secours, il s'empressa de l'accueillir avec toute la joie possible. La nuit se passa dans un grand festin où il fut décidé que le jeune homme qui avait montré un si grand désir de combattre les ennemis de la France partirait le lendemain même sur un navire qui appartenait à son frère. Ce jeune homme, que nous n'avons pas fait connaître jusque-là, se nommait Duguay-Trouin.

Le jeune Duguay-Trouin, qui devait un jour s'illustrer et rendre de si grands services à la patrie, commença en effet sa carrière maritime pour ainsi dire sous les auspices du plus fameux corsaire de cette époque.

Jean-Bart partit pour Paris où le roi venait de le nommer capitaine, et le brave marin et la jeune gloire qui commençait à poindre à l'horizon se quittèrent après s'être serré la main ; probablement qu'ils ne se revirent guère. Seulement, le jeune Duguay-Trouin se rappela toute sa vie les merveilleux faits d'armes du marin dunkerquois, et, plus d'une fois, il abaissa ses propres belles actions pour rehausser celles de celui qui l'avait précédé dans la carrière qu'il parcourut si glorieusement.

CHAPITRE VII

 ean-Bart, après s'être échappé de sa prison, comme nous l'avons dit, fut nommé capitaine de vaisseau et revint à Dunkerque, où il se maria en secondes noces avec Marie Tugghe. Puis il partit bientôt, appelé par son devoir, auquel il sacrifia sa vie paisible.

Jean-Bart se trouva alors sous les ordres de Tourville, et il montra le plus grand courage au fameux combat de Bevezier. En 1690, il fit plusieurs prises après diverses affaires meurtrières. Ce fut à cette époque qu'il fit écrire au ministre de la marine pour lui démontrer combien il serait avantageux à la France, et de bonne politique, d'armer une petite escadre de bâtiments légers. Phélippeaux, qui avait remplacé Seignelay, approuva les plans de Jean-Bart, et quelque temps après l'intrépide corsaire sortait de Dunkerque à la tête de plusieurs bâtiments légers, malgré une flotte nombreuse qui bloquait l'entrée du port, et à laquelle il lança ses bordées en passant. Les ennemis, surpris de l'audace d'une pareille entreprise, ne poursuivirent même pas l'héroïque marin, qui s'empara, le lendemain de sa sortie, de quatre vaisseaux anglais, richement chargés, et qui brûla ou coula en quelques jours quatre-vingts bâtiments de toutes grandeurs.

Jean-Bart se dirigea ensuite sur les côtes d'Écosse, où il fit une descente, brûla deux cents maisons et s'empara de plusieurs navires. Revenu à Dunkerque avec un riche butin, il n'y resta pas longtemps, et en sortit de nouveau pour aller croiser dans le Nord, où il rencontra bientôt une flotille hollandaise chargée de blé, qu'il attaqua et mit en fuite, après avoir pris un des vaiseaux qui l'escortait, et s'être emparé d'un grand nombre de bâtiments marchands, qu'il conduisit à Dunkerque.

Ce fut pendant cette croisière qu'il s'arrêta à Berghen, port de mer sur la Baltique, et c'est en cette ville que lui arriva, dit-on, l'anecdote suivante, racontée par tous les historiens :

Un fameux corsaire anglais, que le mauvais temps avait forcé de se réfugier à Berghen, ayant appris que Jean-Bart était dans la ville, fut le trouver.

« Il y a longtemps que je vous cherche pour me battre à outrance avec vous, lui dit le corsaire britannique; je suis bien aise de vous rencontrer; si vous voulez, nous nous battrons le plus tôt possible.

—Volontiers, dit Jean-Bart avec le plus grand sang-froid; seulement vous serez obligé de m'attendre quelques jours, afin que mes approvisionnements de poudre soient terminés, alors je serai à vos ordres.

—C'est entendu, dit l'Anglais, et si vous voulez, vous viendrez demain déjeuner à mon bord?

—Des ennemis comme nous, qui vont se couper la gorge, ne doivent pas manger ensemble : pourtant si vous y tenez, ajouta le corsaire dunkerquois, je ne veux pas qu'il soit dit que j'ai refusé quelque chose à un ennemi qui me fait une politesse.

—Alors je vous attends demain matin. »

Le lendemain matin, Jean-Bart, sans défiance aucune, s'en allait seul déjeuner sur le bâtiment de son ennemi.

Après avoir déjeuné, l'honnête marin voulut se retirer. Ce fut alors que le capitaine anglais montra sa perfidie.

—Je suis bien fâché, dit-il, mais vous êtes mon prisonnier; j'ai promis de vous conduire en Angleterre mort ou vif, et je tiendrai ma parole. »

A ces mots, Jean-Bart s'élance sur le pont, renverse tout ce qui s'oppose à son passage, puis il appelle ses hommes à son secours. Avisant un baril de poudre, il se dirige du côté où il se trouve, et menace d'y mettre le feu. Sur ces entrefaites, ses matelots, qui l'avaient entendu, arrivent de toutes parts, et se rendent maîtres du vaisseau anglais. Alors Jean-Bart fait mettre aux fers le traître qui avait voulu le tromper et s'empare de son navire.

Ce fut à la suite de cette campagne que Jean-Bart fut mandé à Versailles et qu'il lui arriva, dit-on, diverses petites aventures, que tous les historiens du corsaire dunkerquois se sont plu à citer. Nous raconterons également ces anecdotes; malgré que l'on se soit amusé à amplifier ou à ridiculiser des actions toutes simples, ou au moins qui étaient toutes naturelles chez l'homme dont nous nous occupons ici.

Jean-Bart, qui ne connaissait aucun des usages de la cour, se présenta un jour de très-bonne heure au palais pour saluer le roi; comme il était trop matin, le marin se mit dans un coin; mais s'ennuyant d'attendre, on rapporte qu'il tira tranquillement sa pipe, l'alluma et se mit paisiblement à fumer. Les courtisans, effrayés d'une pareille audace, lui firent des observations et lui dirent que certainement le roi le punirait d'un pareil oubli des convenances.

« C'est au service du roi que j'ai contracté cette habitude, dit le corsaire, et fumer est pour moi un besoin ; je crois que le roi est trop juste pour trouver mauvais que j'y satisfasse. »

Un officier de garde s'empressa d'aller avertir Louis XIV qu'un homme se permettait de fumer dans ses appartements.

« Je parie que c'est Jean-Bart, dit Louis XIV, qu'on me l'amène. » Et aussitôt qu'il vit le brave marin, assez déconcerté du reste, il lui dit avec bonté : « Jean-Bart, il n'est permis qu'à vous de fumer chez moi. » Puis le roi lui demanda comment il avait fait pour sortir de Dunkerque, malgré la flotte ennemie.

« C'est bien simple, sire, dit le marin, et je vais vous donner un exemple de la manière dont j'ai agi. » Alors il fit ranger les courtisans sur deux rangs ; puis se précipitant tout à coup tête baissée au milieu d'eux, il leur donna des coups de coude et des bourrades qui les envoyèrent rouler sur le plancher. Se tournant alors vers le roi, il lui dit : « Sire, voilà comment je m'y suis pris. »

Louis XIV rit beaucoup de l'à-propos ; mais les courtisans, tout confus, se plaignirent du procédé, disant : « que c'était offenser la majesté royale que d'agir avec autant de grossièreté.

— Jean-Bart, dit le roi, n'a peut-être pas les habitudes de la cour, mais en tout cas il agit bien noblement pour la France et pour moi ; et puis, dites-moi s'il en est un d'entre vous capable de faire ce qu'il a fait tant de fois pour me servir ? » Alors le roi ajouta, en s'adressant au marin :

« Jean-Bart, je voudrais avoir mille hommes comme vous. »

—Je le crois bien, sire, dit le corsaire, se prisant cette fois à sa juste valeur.

—Je vous ai nommé chef d'escadre, ajouta le roi.

—Sire, vous avez bien fait, répondit laconiquement le marin. »

Les courtisans regardèrent de nouveau le roi avec des yeux effarés.

Louis XIV, qui vit leur mine, leur dit simplement : « Messieurs, Jean-Bart a raison de répondre ainsi ; c'est qu'il sait ce qu'il vaut, et qu'il a l'intention de me rendre en belles actions ce que je fais pour lui. »

L'on rapporte que Jean-Bart s'était fait faire, à l'occasion de sa présentation à la cour, une culotte de drap d'or doublée de drap d'argent : ce qui ne laissait pas que de l'incommoder un peu.

On raconte aussi que le roi lui ayant donné un bon de mille écus sur le trésor royal, le brave corsaire crut qu'il n'y avait qu'à se présenter pour toucher sa gratification, et il s'en alla chez M. Pierre Gruin, trésorier, qui demeurait rue du Grand-Chantier. Celui-ci, qui était à dîner, ne se souciant pas de se déranger, rendit le billet pardessus son épaule en disant : « Vous reviendrez demain. »

Jean-Bart, outré du peu d'accueil que l'on faisait à un ordre du roi, dégaîna son grand sabre et dit avec colère : « Paye de suite ou sinon... »

Un convive, qui était à la table du trésorier, ayant reconnu le corsaire dunkerquois, dit à l'oreille de M. Gruin : « C'est Jean-Bart, payez, croyez-moi. »

M. Gruin, convaincu qu'il n'avait rien de mieux à faire, se leva et s'exécuta sur-le-champ ; mais voulant se venger un peu, il remit trois gros sacs d'écus au marin, qui les lui rendit aussitôt en disant : « Payez-moi en or, je ne suis pas une bête de somme. » Le trésorier ne se le fit pas répéter, et paya en or.

Jean-Bart, de retour à Dunkerque, apprit bientôt la triste nouvelle du désastre de la Hougue, où les Anglais avaient brûlé et détruit une partie de la flotte française, sous les ordres de Tourville.

Ce fut aussi à cette époque que Forbin, jaloux des prévenances que l'on avait eues à la cour pour Jean-Bart, demanda à passer dans une autre division.

En 1693, Jean-Bart, commandant *le Glorieux*, qui faisait partie de l'escadre sous les ordres de Tourville, prit part à la brillante affaire de Lagos, où la marine française vengea les désastres de la Hougue, en prenant vingt-sept vaisseaux ennemis et en en brûlant quarante-cinq.

Jean-Bart, séparé de la flotte, brûla pour son compte six navires richement chargés.

Le 15 décembre de la même année, étant à la tête d'une petite escadre, il captura trois frégates anglaises; quelque temps après, à la tête de quatre frégates, il attaqua trois vaisseaux de guerre hollandais qui convoyaient une flottille de navires marchands, chargés de blé, etc. Il prit un des vaisseaux de guerre, deux se sauvèrent et Jean-Bart s'empara de dix-huit vaisseaux marchands qu'il conduisit à Dunkerque.

Cette même année, Jean-Bart reçut l'ordre de se mettre à la tête de six vaisseaux et d'aller chercher un grand nombre de bâtiments français, chargés de blé, qui se trouvaient dans les ports de Suède et de Norwége. Il remplit cette mission avec la plus grande intelligence et rentra à Dunkerque à la tête de la flottille, malgré les escadres ennemies qui sillonnaient la mer. Cette expédition fut d'un grand secours pour la France, où le blé était hors de prix.

Aussi, le roi nomma-t-il Jean-Bart, chevalier de Saint-Louis.

Plus de cent vaisseaux français, chargés de blé, étaient restés dans les ports de Suède et de Norwége, à cause des glaces. Jean-Bart eut ordre d'aller à leur rencontre pour les convoyer, et il repartit le 28 juin avec six vaisseaux. Le 29 juin, il aperçut une flotte considérable. Il envoya un de ses éclaireurs pour savoir ce que c'était. Celui-ci vint lui rapporter qu'une flotte hollandaise, forte de huit vaisseaux de guerre, s'était emparée de la flottille marchande chargée de blé, au-devant de laquelle il était envoyé et l'emmenait en Hollande. A cette nouvelle, le marin commande le branle-bas de combat et se jette sur les Hollandais avec une fureur irrésistible.

Trois vaisseaux de l'escadre hollandaise furent pris après un terrible combat et les cinq autres se sauvèrent pendant que Jean-Bart faisait rassembler la flotte marchande et la ramenait en triomphe à Dunkerque avec les marins hollandais qui se trouvaient dessus.

Pendant le combat livré pour reprendre nos navires, un jeune marin provençal donna un exemple de courage qu'il est bon de citer.

Ce jeune homme, excité par la conduite de Jean-Bart, s'était élancé au grand mât d'un vaisseau ennemi, pour s'emparer du pavillon. Un Hollandais l'aperçoit et lui tire deux coups de fusil ; l'un lui traverse la main et l'autre la cuisse. Le jeune homme enveloppe sa main dans un morceau de toile et se bande la cuisse avec son mouchoir ; puis il continue à grimper, s'empare du pavillon et se le noue autour du corps ; alors, il redescend, va sur la dunette pour s'emparer du pavillon de poupe. Là, il est attaqué de nouveau et forcé de combattre ; il terrasse son adversaire, s'empare du second pavillon et vient, après l'action, apporter ces trophées à son capitaine.

Dès sa rentrée à Dunkerque, Jean-Bart envoya son fils à Versailles annoncer l'heureuse nouvelle de son retour avec la flottille chargée de blé. M. de Pontchartrain, ministre de la marine, s'empressa d'emmener le jeune Bart avec lui à Saint-Germain où se trouvait la cour, et le présenta en arrivant à Louis XIV.

—Sire, dit le ministre, j'ai l'honneur de vous présenter le fils de Jean-Bart qui vient vous annoncer que son père a repris aux ennemis votre flotte chargée de blé.

Le roi demanda au jeune homme s'il était monté à l'abordage.

—Oui, sire, avec mon père, dit le fils de Jean-Bart.

—Vous êtes bien jeune, dit le monarque (il avait dix-sept ans) ; au reste, ajouta le roi, il n'est pas étonnant que le fils de Jean-Bart soit brave.—Dites à Monsieur votre père que je lui donnerai des marques de ma satisfaction.

Le lendemain, le fils de Jean-Bart était nommé enseigne de vaisseau et son père recevait des lettres de noblesse, écrites de la manière la plus flatteuse.

Le 13 juillet 1694, Jean-Bart sortait de nouveau de Dunkerque avec quatre vaisseaux et coulait à l'embouchure de la Meuse un vaisseau hollandais, chargé d'or et d'argent, et forçait deux autres bâtiments ennemis à s'échouer.

Au mois de novembre, il reçut l'ordre d'aller chercher dix-sept vaisseaux chargés de grains, dans les ports de Norwége et les ramena à Dunkerque.

Le nom seul de Jean-Bart était devenu un épouvantail pour les ennemis de la France, qui fuyaient dès qu'ils supposaient avoir affaire à lui.

En 1695, les Anglais et les Hollandais résolurent de détruire Dunkerque, comme ils avaient tenté de le faire deux ans plus tôt pour Saint-Malo ; mais ils en furent pour leurs frais et ne réussirent pas plus d'un côté que de l'autre.

Vingt-deux vaisseaux ennemis vinrent bloquer le port de Dunkerque pour empêcher la sortie de ses terribles corsaires, et surtout pour y retenir enfermé Jean-Bart qu'ils craignaient par-dessus tout. Pourtant le célèbre marin sortit de Dunkerque pendant la nuit du 17 au 18 mars 1696, à la tête d'une petite escadre.

Quelques jours après avoir gagné la pleine mer, l'escadre de Jean-Bart rencontra une flotte hollandaise de plus cent bâtiments marchands qui naviguaient sous l'escorte de cinq vaisseaux de guerre. Jean-Bart la suivit quelque temps et l'attaqua en vue des ports de Hollande, prit à l'abordage, avec l'aide de ses autres navires, les cinq vaisseaux de guerre hollandais, détruisit plus de trente bâtiments de la flottille et en ramena quinze richement chargés à Dunkerque. Le roi, en apprenant ce nouveau fait d'armes, donna au marin de nouvelles marques de son contentement. Jean-Bart, à cette époque, avait quarante-six ans et était devenu la terreur des armateurs hollandais, qui assuraient qu'il était le diable en personne.

L'année suivante, les Hollandais n'osèrent envoyer leurs navires marchands dans les mers du Nord, dans la crainte de Jean-Bart, ce qui leur occasionna de grandes pertes. Puis ils armèrent cinquante-deux vaisseaux de guerre, qu'ils partagèrent en trois escadres pour poursuivre à outrance le corsaire dunkerquois ; mais celui-ci, comme toujours, se moqua d'eux et rentra au port après leur avoir causé un grand préjudice.

A cette époque, le gouvernement français, voulant faire élire le prince de Conti roi de Pologne, chargea Jean-Bart de le conduire dans un port de la Baltique. Pendant ce voyage, le vaisseau qui portait le prince se trouva tout à coup en vue d'une escadre ennemie. Alors Jean-Bart devint sombre et taciturne, contre son ordinaire ; il donna des ordres à voix basse à son fils qui servait sous son commandement et resta sans cesse la lunette braquée sur la flotte ennemie. La nuit étant venue fort heureusement, le navire qui portait le prétendant au trône de Pologne parvint à échapper à ceux qui le poursuivaient.

Le lendemain on était en vue du port, il n'y avait plus de risques à courir et Jean-Bart avait repris sa gaieté habituelle.

Le prince de Conti, qui la veille avait examiné avec anxiété la physionomie du marin, lui demanda pourquoi il avait été soucieux.

—Dame! dit Jean-Bart, on l'aurait été à moins, j'apercevais une flotte dix fois plus forte que la nôtre.

—Si on nous avait attaqués et que nous eussions eu le dessous, dit le prince, qu'auriez-vous fait?

—Ce que j'aurais fait, dit Jean-Bart en se redressant avec dignité, j'avais prévu cette circonstance, mon prince, et j'avais donné des ordres en conséquence.

—Je désire savoir ce que vous auriez fait, Monsieur le chef d'escadre, dit le prince de Conti.

—Eh bien! je n'aurais jamais souffert qu'un prince du sang fût pris par les ennemis sur mon bord, et si nous avions eu le dessous, mon fils avait ordre de mettre le feu à la sainte-barbe et de nous faire sauter tous.

Le prince et ses courtisans, tout braves qu'ils étaient, pâlirent affreusement en entendant raconter le péril qu'ils venaient de courir et M. de Conti dit avec vivacité à Jean-Bart: «Vous êtes un brave, monsieur, mais on ne traite pas un prince français comme le premier venu, et je pense que vous auriez attendu mes ordres pour faire ce que vous dites; au reste, telle chose qui arrive, je vous défends à l'avenir de rien faire sans mon avis. »

Jean-Bart, après un muet salut, tourna le dos au prince

en grommelant entre ses ses dents : « Sur mon bord, il n'y a d'autre maître que moi. »

Le prince ayant échoué en Pologne se rembarqua, mais en faisant promettre à Jean-Bart de ne pas mettre à exécution, telle chose qui arrivât, les terribles projets qu'il avait eus en venant.

Le traité de Ryswick ayant été signé, le brave marin put alors se reposer un instant.

La guerre s'étant rallumée en 1702, Jean-Bart fut appelé à commander *le Fendant* de soixante-dix canons. Le marin, déjà las du calme dont il jouissait, voulut presser l'armement de son navire ; il se donna trop de peine, attrapa une pleurésie et mourut le 27 avril 1702, à l'âge de cinquante-deux ans. Il fut enterré dans le chœur de l'église Saint-Éloi, à Dunkerque.

La marine française entière ressentit la perte qu'elle faisait en cet homme qui n'avait jamais cessé d'être bon et loyal, malgré ses airs de rudesse.

Le roi en éprouva une vive douleur. De pareils hommes sont rares et ne se rencontrent pas tous les jours, et l'Europe entière s'occupa de la perte du plus terrible chef d'escadre que la France ait possédé.

JEAN D'ESTRÉES.

Jean d'Estrées, d'une famille noble, parvint par son courage et les nombreux services qu'il rendit à la France aux plus hautes dignités. Après avoir combattu sur terre, avec la plus grande intrépidité, depuis 1647 jusqu'en 1659, il embrassa tout à coup la carrière de marin. Après différents combats en Amérique contre les Anglais, il fut fait vice-amiral en 1670. En 1677, le vice-amiral d'Estrées battit la flotte de l'amiral Binck à Tabago et reprit cette île aux

Hollandais. Il servit encore dans diverses circonstances et fut enfin nommé gouverneur de Bretagne, où il mourut à l'âge de quatre-vingt-trois ans.

Victor-Marie d'Estrées, fils du précédent, commanda aussi les flottes de Louis XIV. Il fut fait maréchal de France, du vivant même de son père et il rendit de signalés services à la France, surtout pendant la guerre de la succession d'Espagne.

LE COMTE DE TOULOUSE.

Louis-Alexandre de Bourbon, comte de Toulouse, né en 1678, fut nommé amiral de France à l'âge de cinq ans. Cet amiral, devenu homme, se distingua sur mer en plusieurs circonstances. Il mourut en 1737, après avoir rempli sa charge comme un chef intrépide et habile.

PONÇON DE LA BARBINAIS.

Un capitaine de corsaire de Saint-Malo, nommé Ponçon de la Barbinais, ayant été pris par les Barbaresques après un combat acharné, fut conduit au dey d'Alger. Celui-ci, qui voulait traiter de la paix avec Louis XIV à des conditions avantageuses, fit venir la Barbinais et lui dit : J'ai résolu de te faire couper la tête, à toi et à plusieurs autres Français, mes prisonniers. Pourtant, je veux te donner une chance de salut. Tu vas aller de ma part proposer des conditions de paix à ton sultan. Avant de partir, tu me jureras de revenir quel que soit le résultat de tes démarches. Si tu réussis, je t'accorderai la liberté, si au contraire tu échoues, tu seras impitoyablement mis à mort. Pars donc, mais sache qu'au cas où tu manquerais à ton serment, les têtes de six cents de tes compatriotes répondent pour toi.

C. Vallet lith.   Imp. Godard.

Duguay-Trouin et Cassard.

Ponçon de la Barbinais partit et remplit sa mission, mais le gouvernement français n'ayant pas pu accepter les propositions du dey, il se prépara à retourner à Alger, malgré les supplications de ses amis et de sa famille. Inébranlable dans sa résolution, il répondit à ceux qui l'engageaient à manquer à son serment qu'il pourrait sans doute sauver sa vie en restant, mais que le manque à sa parole entraînant la mort d'une foule d'innocents, certainement sa conscience et Dieu ne lui pardonneraient pas, et il retourna à Alger où l'impitoyable dey, en apprenant l'insuccès de ses démarches, le fit mettre à mort.

En vérité, Ponçon de la Barbinais, dont l'histoire parle à peine, était-il moins grand que Régulus dont on nous a tant entretenus.

DUGUAY-TROUIN.

Le jeune Duguay-Trouin, qui figure déjà dans notre récit, s'était distingué depuis le moment où il était entré dans la marine. C'est sur lui que nous allons reporter l'attention de nos lecteurs. La vie des hommes de mer qui ont illustré la France est un anneau qui s'enchaîne tellement à l'histoire générale de nos prospérités et de nos revers, qu'il vaut mieux, croyons-nous, personnifier et unir dans l'histoire de quelques hommes illustres tout ce qui se rattache aux annales de la marine française.

Né à Saint-Malo, en 1673, d'une famille d'armateurs, Duguay-Trouin fit ses premières armes dans la marine, en 1689; il avait dix-sept ans, comme nous l'avons dit dans un chapitre précédent.

Embarqué en qualité de volontaire sur une frégate nommée *la Trinité*, Duguay-Trouin, dès son début, prit part à un combat où le navire qu'il montait amarina un vaisseau ennemi. Sa première croisière le rendit spectateur des plus terribles épisodes qui se rencontrent ordinairement dans les combats de mer. Ayant sauté à l'abordage, le maître d'équipage de son navire tomba entre les deux vaisseaux ennemis qui l'écrasèrent en se rapprochant tout d'un coup ; la cervelle de ce malheureux jaillit jusque sur le jeune homme ; puis le feu prit au bâtiment. Enfin il surmonta ces premières épreuves et comme il avait une véritable vocation, il continua à servir sur mer.

En 1690, il contribua à s'emparer de trois navires et manqua périr en tombant à la mer pendant le combat.

En 1691, Duguay-Trouin reçut de la confiance des armateurs de Saint-Malo le commandement d'un petit vaisseau de quatorze canons. Alors, il alla faire une descente à l'embouchure de la rivière de Limerick.

En 1692, Duguay-Trouin se trouvant en compagnie d'un autre corsaire prit un vaisseau de guerre, en fit fuir un autre et s'empara de douze bâtiments marchands.

En 1696, il entra dans la marine royale et fut nommé au commandement du *Profond,* de trente canons.

Vers la fin de cette année, qui n'avait pas jusque-là été heureuse pour Duguay-Trouin, il changea de navire et fut croiser sur la frégate *l'Hercule* de vingt-huit canons. Après trois mois d'attente, il allait rentrer de sa course sans avoir rien fait, lorsqu'une certaine voix intérieure, en laquelle il avait confiance, dit-il dans ses Mémoires, lui dit d'attendre encore. En effet, quelques jours après, il s'emparait de sept ou huit bâtiments richement chargés et rentrait triomphant au port.

En 1694, envoyé à Lisbonne pour prendre l'ambassadeur français à son bord et le ramener en France, il montait *la Diligente,* frégate de quarante canons ; ayant rencontré quatre vaisseaux hollandais de trente à quarante canons, il les attaqua, en prit un, en coula un second pendant que les deux autres se sauvaient.

Cette même année, ayant été en course, il livra plusieurs combats, dont il se tira assez bien, quoiqu'il eût toujours affaire à des forces doubles des siennes. Cependant, il rencontra le vaisseau le *Monck*, beaucoup plus fort que son navire. Un combat à outrance s'engagea aussitôt entre ces deux adversaires. Le bâtiment de Duguay-Trouin désemparé et près de sombrer, ses matelots morts, blessés ou découragés, il résistait encore, lorsqu'un boulet étendit l'intrépide chef sur le pont. Alors seulement, le navire se rendit aux Anglais.

A l'exemple de Jean-Bart, Duguay-Trouin ne resta pas longtemps prisonnier en Angleterre. Un beau jour, comme lui, il parvint à tromper ses geôliers, prit une barque et traversa la flotte anglaise en répondant à ceux qui le hélaient qu'il allait à la pêche ; puis il arriva sain et sauf sur les côtes de France.

Quelques jours plus tard, il reprenait la mer sur *le Saint-François*, de quarante-huit canons, et s'en allait pour une nouvelle croisière où il livrait un terrible combat à deux navires anglais dont il s'emparait ; ces navires se trouvaient les mêmes qui, quelques années plus tôt, étaient sous le commandement des capitaines qui avaient fait prisonniers Jean-Bart et Forbin et, en effet, Duguay-Trouin retrouvait sur ces navires les brevets de ces deux intrépides marins, que les capitaines anglais avaient conservés à bord comme un trophée ; étonnants effets de la fortune et du hasard des batailles qui offraient à l'émule du plus héroïque de nos marins l'honneur de le venger.

Le roi, en apprenant ce nouvel exploit du jeune marin (il n'avait que vingt-deux ans), lui envoya une épée d'honneur.

En 1695, il prit plusieurs vaisseaux, et, en 1696, il fit

prisonnier le baron de Wasnaër, vice-amiral de Hollande, après un combat des plus acharnés.

La paix de Ryswick étant survenue, Duguay-Trouin passa dans la marine royale avec le grade de capitaine de frégate.

Mais laissons un moment Duguay-Trouin pour nous occuper un peu d'un de nos marins qui aurait pu devenir un second Jean-Bart, si la plus odieuse des injustices n'était venue le frapper.

CASSARD.

L'une des actions les plus indignes du règne de Louis XV, ce fut le déni de justice et l'horrible persécution qu'éprouva, sous le ministère du cardinal Fleury, l'un des plus braves marins de la France

Cassard s'embarqua à quinze ans à Saint-Malo. Monté sur l'un des vaisseaux de l'escadre de M. de Pointis, Cassard se fit remarquer par un zèle, une intelligence et une audace incroyable. Bientôt même il se rendit célèbre, et Louis XIV voulut le voir et lui dit :

« Monsieur Cassard, vous faites beaucoup parler de vous ; j'ai besoin dans ma marine d'un officier de votre mérite ; je vous ai nommé lieutenant de vaisseau, et je vous donne une gratification de 2,000 livres. »

Cassard remercia le souverain, et pour lui prouver sa reconnaissance il s'en alla prendre le commandement d'une corvette, avec laquelle il détruisit ou prit une foule de corsaires anglais ou hollandais qui infestaient la Manche. Puis il rentra à Dunkerque trois mois après, ramenant avec lui plusieurs bâtiments qu'il avait capturés.

En 1708, Cassard alla attaquer une flottille anglaise, composée de trente-cinq bâtiments convoyés par un vaisseau de guerre ; le vaisseau prit la fuite, et Cassard s'empara de cinq bâtiments richement chargés qu'il conduisit à Saint-Malo.

Lors de la disette de 1709, la famine faisait des ravages à Marseille, et l'État n'était point en mesure de secourir cette malheureuse ville; Cassard alors arma à ses frais plusieurs bâtiments de l'État pour préserver et amener à Marseille vingt-six bâtiments chargés de grains. Il revenait avec la flottille lorsqu'il fut rencontré par une escadre de cinq vaisseaux de guerre anglais. La partie n'était pas égale; pourtant Cassard n'est pas intimidé de son infériorité; il attend les ennemis de pied ferme, et, après une lutte acharnée de deux heures, il les met tous en fuite; pendant ce temps la flottille s'était mise en sûreté.

En 1710, quatre-vingts vaisseaux venant de Smyrne, chargés de blé, sous l'escorte de deux vaisseaux de guerre seulement, avaient été obligés de se réfugier dans les ports de la Sicile. Cassard eut ordre d'armer quatre vaisseaux à Toulon pour aller les dégager. Il met à la voile, rallie le convoi. Alors les Anglais l'attaquent avec une escadre plus forte que la sienne. Cassard s'empare de deux vaisseaux ennemis et met le reste en fuite après un combat acharné, puis il conduit son convoi à Toulon.

Deux mois après, il va croiser vers Gibraltar et s'empare de dix bâtiments anglais et du vaisseau de guerre qui les convoyait. Le roi alors le nomma capitaine de frégate.

En 1711, la France, qui souffrait toujours beaucoup de la disette, manquait de blé. Cassard est chargé de conduire cinquante bâtiments pour prendre des grains à Constantinople. Il obtient tout ce qu'il veut du sultan et du grand vizir, et revient en France avec une provision de grains.

En 1712, Cassard, qui poursuivait un procès contre les Marseillais qu'il avait sauvés de la famine en 1709, et qui lui disputaient le payement des dépenses qu'il avait faites pour les secourir, reçut l'ordre de prendre le commandement d'une escadre destinée à agir contre les colonies portugaises. Il arriva bientôt au cap Vert. Là il débarqua mille hommes, prit plusieurs villes et somma les autorités de lui payer une rançon. Les populations s'étaient réfugiées dans les bois, et malgré qu'il y eût un corps d'armée de douze mille hommes dans l'île, personne ne répondit au marin. Alors il fit piller et incendier les villes qu'il avait conquises, et il se rembarqua après avoir fait un tort énorme aux Portugais; ce qui, entre nous, pouvait être de bonne guerre, mais n'était pas très-humain.

De là, Cassard alla ravager les autres colonies portugaises.

En 1713, il s'empara de Curaçao, que le gouverneur racheta du pillage moyennant 600,000 réis. Une balle atteignit Cassard pendant cette expédition, lui traversa le pied, ce qui ne l'empêcha pas de continuer son service.

De retour à la Martinique, Cassard reçut l'ordre du commandant de l'île de joindre son escadre à la sienne et de partir avec lui pour la France. Ayant rencontré une flotte anglaise en route, Cassard voulut la combattre. Le commandant s'y opposa en disant qu'il avait des ordres précis à ce sujet.

Cassard, entraîné par sa bouillante ardeur, répondit que partout où il rencontrait des ennemis de la France, son devoir était de les combattre, et déclara qu'il méprisait des ordres dictés par la lâcheté. Puis il attaqua les Anglais, s'empara de deux vaisseaux et dispersa le reste de l'escadre ennemie.

Arrivé en France, il reçut sa nomination au grade de capitaine et de chevalier de Saint-Louis. Cependant on le blâma de son indiscipline; alors Cassard voulut se battre avec le chef d'escadre, qu'il accusait de l'avoir dénoncé. La paix d'Utrecht étant survenue, Cassard en profita pour continuer ses poursuites contre les Marseillais, mais il perdit son procès. Alors il vint demander justice au roi, qui le renvoya au ministre. Le ministre, ennuyé des réclamations du brave marin, meilleur soldat que courtisan, ordonna qu'on l'enfermât à Ham, où il mourut quelques années plus tard.... Singulier moyen de payer les dettes de l'État et de récompenser d'honorables services.

Cassard avait une telle réputation de bravoure, que Duguay-Trouin lui-même lui rendait justice, et nous citerons comme preuve de cette assertion l'anecdote suivante :

Un jour, Duguay-Trouin, passant dans les antichambres du ministre de la marine, aperçut tout à coup un homme, usé par les fatigues et la maladie, qui attendait, dans un coin avec un air sombre et triste, que le ministre voulût bien lui donner audience. Personne ne faisait attention à cet homme lorsque tout à coup Duguay-Trouin l'envisagea et s'écria : « Vous ici dans ce dénûment, Cassard, et que venez-vous faire? » A ce nom, les courtisans s'approchèrent. « Messieurs, dit Duguay-Trouin à tous ceux qui étaient présents, l'homme que vous voyez ici est un des plus grands marins que la France possède, et je donnerais toutes mes belles actions pour une des siennes. » Puis, prenant Cassard par la main, il le fit entrer chez le ministre, qui promit tout ce que l'on voulut, mais qui ne tint jamais rien, et qui, comme nous l'avons dit, trouva plus commode de faire enfermer un brave que de lui rendre justice.

Duquesne était mort, Tourville n'existait plus, Jean-Bart venait de rendre son âme à Dieu. De tous ces marins populaires et fils de leurs œuvres, il ne restait donc plus que Duguay-Trouin. Il y avait bien encore Forbin et d'autres hommes de mer d'un très-grand mérite mais tous appartenaient à la noblesse, à cette grande coalition des orgueils et des vanités titrés, qui ne voulaient reconnaître aucun mérite à ceux qui n'étaient pas descendus de hauts et puissants personnages comme eux, et qui étaient imbus de l'idée qu'il suffisait pour commander aux autres d'être né dans les grandeurs. Louis XIV était vieux, les hommes qui l'avaient servi et qui avaient jeté tant de gloire sur son règne étaient disparus, frappés par la mort ou réduits à l'impuissance par les années. Un grand vide de célébrités s'était fait autour du monarque, et pourtant, plus que jamais, il allait avoir besoin du dévouement, de la bravoure et de l'intelligence des hommes auxquels il confiait des emplois. Une guerre nouvelle, plus terrible et plus haineuse encore que celles qui avaient rempli jusque-là le règne de ce monarque, allait éclater.

Un petit-fils du vieux roi venait d'être nommé souverain de l'Espagne. Louis XIV ne pouvait laisser échapper une semblable occasion d'acquérir un allié puissant et d'amoindrir l'ambitieuse maison d'Autriche. Aussi accepta-t-il avec empressement le testament de Charles II et les vœux d'une portion des Espagnols. Mais l'Europe entière, à laquelle le roi de France avait tenu tête, et qu'il avait souvent vaincue et humiliée, prit prétexte de ce fait pour se coaliser contre la France que chaque potentat en particulier exécrait à cause de ses grandeurs.

C'est ici que commence une lutte terrible, sinon tout à fait désastreuse pour nous, du moins souvent malheureuse, mais en tous cas toujours glorieuse pour notre drapeau.

Au motif politique que nous venons de citer, qui ameuta l'Europe contre la France à l'occasion de la succession d'Espagne, vint se joindre une grande faute du gouvernement français. Louis XIV, habitué à braver tout aussi bien l'opinion des potentats, ses égaux, que celle de ses sujets, voulut reconnaître comme roi d'Angleterre le fils du prétendant ; cet espèce de défi jeté au souverain de la Grande-Bretagne ne resta pas sans porter ses fruits amers.

A ces causes diverses, qui portèrent la France au penchant de l'abîme, il faut joindre une autre cause, bien minime en apparence, mais qui cependant pesa bien fort dans la balance de nos désastres.

Un jeune officier, Eugène de Savoie, s'était présenté autrefois à la cour du grand roi et avait offert son épée. Dédaigné par Louis XIV, il était passé au service de l'Autriche. Ce fut l'intelligence et la haine énergique de ce jeune capitaine qui conduisirent un instant la monarchie des Bourbons sur une pente qui aboutissait à sa ruine.

Mais revenons à Duguay-Trouin. Toujours infatigable et toujours au plus fort de la lutte, l'année 1704 le vit triompher d'un vaisseau anglais de soixante-douze canons, quoiqu'il n'en eût qu'un de cinquante-quatre. Louis XIV le nomma chevalier de Saint-Louis en récompense de ce nouveau fait d'armes. En 1707, il fut nommé chef d'une escadre de six vaisseaux ; alors il se joignit au chevalier de Forbin, qui avait un même nombre de navires sous ses ordres, et ils allèrent ensemble à la rencontre de l'ennemi. Ce fut en cette circonstance qu'il éprouva le mauvais vouloir du jaloux de Forbin, qui le laissa un instant combattre seul des forces bien supérieures aux siennes, et engagé dans une lutte acharnée où Duguay-Trouin combattit longtemps les Anglais avec des chances diverses. Pourtant il vainquit et leur fit éprouver une grande perte, malgré le concours tardif qu'il reçut des vaisseaux aux ordres de M. de Forbin.

Duguay-Trouin continua de servir avec distinction et fit encore de nombreuses prises. Son expédition la plus célèbre, qu'il fit du reste à ses frais ou avec l'argent de divers armateurs, fut la conquête de Rio-Janeiro, ville riche du Brésil qui appartenait aux Portugais, et qu'il prit en 1611 après divers combats. La perte des Brésiliens fut estimée 25 millions. Louis XIV lui accorda au retour une pension de 2,000 francs.

Après la mort de Louis XIV, le Régent, que les clameurs d'une noblesse envieuse ne déconcertaient pas, donna les plus grandes marques de confiance à Duguay-Trouin, qui fut nommé membre du conseil de la Compagnie des Indes.

En 1728, Duguay-Trouin fut mis à la tête d'une escadre qui fit rentrer les pirates de la Méditerranée dans le devoir. Puis, après ces derniers succès, le brave marin s'éteignit à Paris, le 27 septembre 1736.

Duguay-Trouin était un homme d'une grande capacité, d'une haute intelligence et d'une bravoure à toute épreuve. Ce grand homme croyait à une voix intérieure qui l'avertissait dans toutes les grandes occasions de sa vie.

En 1741, la guerre était imminente avec l'Angleterre; pourtant elle n'était pas encore déclarée, seulement on s'observait de part et d'autre. Une escadre anglaise de la mer des Indes ayant rencontré, au mois de janvier, quatre vaisseaux français, les Anglais feignirent de croire que ces quatre vaisseaux étaient espagnols, malgré leur pavillon et leurs signaux, et ils les attaquèrent avec fureur. Leur supériorité numérique ne leur servit de rien, car ils furent battus et obligés de fuir honteusement.

Au mois d'avril, un nouveau combat eut encore lieu avec les mêmes circonstances, vers l'entrée du détroit de Gibraltar : les Anglais furent encore battus.

Le 19 avril, le marquis de Boulainvilliers, commandant le vaisseau *le Bourbon*, voyant qu'il allait couler bas, fit embarquer le plus de monde qu'il put, et resta à son bord malgré l'imminence du péril. Quelques instants plus tard, le navire coulait avec son intrépide capitaine.

Les premières années du règne de Louis XV avaient été marquées, comme nous l'avons vu, par des escarmouches continuelles entre notre marine et la marine anglaise, sans cependant amener une rupture ouverte. Notre puissance navale était bien diminuée, il est vrai; les autres nations elles-mêmes n'avaient plus cette fièvre de combats et de courses sur mer qui s'était montrée sous le règne précédent. Les grandes guerres sous Louis XIV avaient tout épuisé, tout ruiné. Les gouvernements, à cette époque, ne combattaient plus qu'avec les restes de forces navales qui avaient coûté trop cher pour essayer de les renouveler. Pourtant le roi Louis XV dépensa encore quelque argent pour aider le prince Édouard, le prétendant au trône d'Angleterre, qui était débarqué en Écosse, et qui était parvenu à y rassembler une armée qui fit un instant chanceler le roi d'Angleterre sur son trône. Mais les succès du jeune conquérant furent éphémères, et la bataille de Culloden, qu'il perdit, ruina sa cause à tout jamais.

Notre marine avait bien essayé de jouer un rôle agressif dans ce drame, mais les occasions ne se présentèrent pas, et l'escadre aux ordres de M. de Roquefeuille, envoyée sur les côtes d'Angleterre, ne fit rien et dut rentrer dans nos ports.

Les Anglais, qu'une insatiable ambition et une jalousie inouïe poussaient sans cesse à nous nuire et à nous poursuivre partout, faisaient de leur côté une guerre sourde à la France: pillant, brûlant nos navires sous toutes sortes de prétextes, et agissant souvent plutôt comme des pirates que comme des hommes dirigés par un gouvernement organisé. La France dut enfin s'émouvoir d'un pareil état de choses; aussi fit-on des efforts considérables pour réorganiser notre marine si déchue sous la Régence et pendant les premières années du règne de Louis XV. Nos arsenaux, assez mal fournis, purent cependant donner encore les moyens d'armer une flotte respectable : trois escadres furent organisées, l'une destinée à porter des renforts en Amérique, l'autre gardée en réserve à Brest, et la troisième préparée à Toulon pour opérer dans la Méditerranée. Quatre-vingt mille hommes furent envoyés sur les côtes, et un nombre prodigieux de barques et de bâtiments de transport furent rassemblés au Havre dans la prévision d'un coup de main contre l'Angleterre. A l'annonce de ces armements, la Grande-Bretagne s'émut et fit d'immenses préparatifs de toutes sortes pour s'opposer à une invasion.

Le 11 mars 1756, M. Duchaffau, commandant d'une frégate de trente-quatre canons, qui faisait partie de l'escadre aux ordres de M. Daubigny, s'empara dans les environs de la Martinique du vaisseau de guerre anglais de soixante-quatre, le *Warwick*.

Pendant le combat, le commandant de l'escadre française, par un motif chevaleresque aussi puéril qu'il nous paraît ridicule, n'avait pas voulu qu'aucun vaisseau alla au secours de M. Duchaffau. Je ne sais si cette conduite paraîtra louable à quelques personnes; quant à nous, nous ne pouvons nous empêcher de la blâmer, et de dire que ce triste exemple de démence et d'orgueil fut, sans cesse, de la part des officiers nobles qui commandaient notre marine, un motif de périls et d'insuccès pour nos armes.

En 1757, après diverses escarmouches, l'escadre anglaise, sous les ordres des amiraux Bing et West, parut devant Mahon. M. de la Galissonnière, qui commandait l'escadre française, lui livra bataille, et la contraignit à chercher un refuge à Gibraltar.

A la suite de cette affaire, les Anglais rappelèrent l'amiral Bing, qu'un conseil de guerre condamna à mort, comme si toutes les petites déceptions qu'éprouvèrent nos ennemis pendant le cours de cette campagne provenaient du fait de ce pauvre amiral qui fut bel et bien exécuté!

La France reprenait pourtant l'offensive ; le brave de la Galissonnière continuait les traditions des Tourville et des Duguay-Trouin ; cela suffit pour effrayer les Anglais, qui ordonnèrent des prières publiques et un jeûne général pour se préserver de nouvelles défaites.

En 1757, les Anglais ayant tenté un débarquement sur les côtes de Normandie, entièrement dégarnies de troupes et de marins, ce furent les femmes de la *Couarde*, au nombre de cent vingt, qui, s'étant habillées en hommes, et chargées du peu d'armes qu'elles avaient pu trouver, les repoussèrent victorieusement et les forcèrent à se rembarquer.

Les gouvernements français et anglais formaient de tous côtés des escadres qu'ils envoyaient dans l'Inde ou l'Amérique, avec des troupes de débarquement. L'Angleterre envoya même une expédition à l'embouchure de la Charente. Dix mille Anglais débarquèrent dans l'île d'Aix, mais ils se rembarquèrent au bout de huit jours.

La guerre traînait en longueur et se passait en escarmouches ou en expéditions dans les colonies.

Les Anglais essayèrent plusieurs fois encore de débarquer sur nos côtes ; ils s'emparèrent de quelques canons à Cherbourg, ville qui était loin de ressembler à ce qu'elle est aujourd'hui ; mais ayant débarqué treize mille hommes sur les côtes de Bretagne, le duc d'Aiguillon, à la tête des volontaires bretons, leur livra bataille le 11 septembre 1758, à Saint-Cast, et les força à se rembarquer après leur avoir fait éprouver des pertes considérables. En 1858, l'autorité a fait élever à Saint-Cast un monument commémoratif de la victoire remportée par les volontaires bretons.

Vers cette époque, un brave capitaine de corsaire de Dunkerque, nommé Thurot, ayant été rencontré sur les côtes d'Angleterre par deux vaisseaux de guerre, ne voulut pas se rendre malgré l'infériorité des forces qu'il commandait. Il combattit les deux vaisseaux anglais avec tant de bravoure et d'intelligence qu'il les réduisit, au bout de quatre heures d'une lutte acharnée, à le laisser s'en aller librement.

Les hostilités continuèrent pendant les années 1759, 1760, 1761; malheureusement notre marine n'était pas en état de soutenir une lutte avec avantage contre nos ennemis qui s'appliquaient sans cesse à augmenter leur puissance navale.

Dans l'Inde et l'Amérique nous soutenions encore l'honneur de notre drapeau avec énergie ; mais nos forces étaient si disproportionnées, que les résultats pouvaient en être prévus.

Au Canada, le brave Montçalm périssait en défendant pied à pied les possessions de la France, pendant que dans l'Inde, Dupleix, malgré sa bravoure et son énergie, nous préparait des désastres attirés par son orgueil. Pendant que le malheureux Lally payait de sa tête les déceptions de cupides jalousies, notre puissance navale s'en allait s'affaiblissant tous les jours.

La paix, un instant sur le point de se conclure, avait été rompue de nouveau, et il fallait pourvoir aux éventualités d'une reprise immédiate des hostilités.

Les affaires intérieures de la France allaient assez mal, le trésor public, livré à des dilapidations inouïes, ne suffisait plus pour fournir aux besoins de nos armements. Ce fut en cette circonstance que l'on vit tous les ordres de l'État, toutes les corporations se cotiser volontairement pour fournir des vaisseaux et des armes. Noble exemple de patriotisme que l'on est heureux d'enregistrer, mais qui ne pouvait suffire aux besoins de la France.

Les Espagnols, qui s'étaient alliés à nous, furent encore plus maltraités que nous dans la lutte nouvelle ; ils éprouvèrent des pertes considérables. Enfin la paix fut conclue en 1764.

L'Angleterre qui s'était enrichie pendant la guerre, et qui avait augmenté ses possessions coloniales et sa puissance d'une manière surprenante, semblait devoir pour longtemps jouir d'une prospérité inaltérable et dominer à jamais sur les mers. Pourtant une circonstance vint tout d'un coup déranger cette belle perspective.

L'Angleterre qui avait, à force de procédés souvent peu glorieux, accaparé une partie de l'Amérique, avait colonisé ces pays arrachés à des nations diverses. Mais les colonies qu'elle avait formées, devenues puissantes elles-mêmes, ne voulurent plus se soumettre aux injustes prétentions de la métropole. Alors l'Angleterre, toujours hautaine et impitoyable, voulut sévir avec la plus grande rigueur contre ceux qui osaient la braver. Les colonies, alors, se révoltèrent, et la guerre éclata entre les fils de la même famille.

THUROT.

Thurot, dont nous avons déjà parlé, corsaire dunkerquois, qui de simple mousse était parvenu, par son mérite et sa bravoure, au grade de commandant d'une petite escadre, était un des plus intrépides marins du règne de Louis XV. Thurot, après s'être distingué dans plusieurs batailles, voulut tenter une descente sur les côtes d'Irlande ; mais il fut surpris par une escadre supérieure à la sienne. Forcé de livrer un combat qu'il soutint avec la plus grande intrépidité, un boulet l'atteignit au plus fort de l'action, et il succomba glorieusement, en 1760, à l'âge de trente-cinq ans.

LOUIS-PHILIPPE DE RIGAUD.

Louis-Philippe de Rigaud, comte de Vaudreuil, né à Québec en 1691, était l'aîné de onze garçons.

Cette famille a produit nombre d'officiers de distinction qui ont servi leur pays avec le plus grand zèle.

Louis-Philippe, entre autres, prit part à tous les combats maritimes qui se livrèrent depuis 1698 jusqu'en 1763.

Pendant cette longue et brillante carrière, de Vaudreuil passa par tous les grades, et devint lieutenant général des armées de mer.

Le combat, où Rigaud de Vaudreuil acquit le plus de gloire, fut celui qu'il soutint le 25 octobre 1747. Il montait à cette époque *l'Intrépide*, et se trouvait dans la division que commandait M. de l'Étenduère.

Attaquée par les Anglais qui avaient dix-neuf vaisseaux de guerre, pendant que l'escadre de M. de l'Étenduère n'en comptait que six, la flotte française soutint le choc avec intrépidité, et donna le temps au convoi qu'elle escortait de se sauver. Les Français perdirent quatre vaisseaux ; mais *le Tonnant,* que commandait M. de l'Étenduère, et *l'Intrépide,* sous les ordres de de Vaudreuil, repoussèrent victorieusement la flotte anglaise, et rentrèrent dans le port de Toulon après avoir préservé notre flottille marchande.

Rigaud de Vaudreuil mourut à Rochefort en 1763.

MAHÉ DE LA BOURDONNAIS.

Mahé de la Bourdonnais peut figurer ici comme marin

habile et comme chef intrépide, mais il doit figurer surtout, dans notre histoire nationale, comme l'un de ces hommes héroïques, de ces natures exceptionnelles qui ne se rencontrent qu'à de rares intervalles, et puis comme l'une de ces victimes mémorables de l'injustice et de la calomnie des courtisans.

Mahé fit son premier voyage aux Grandes Indes à l'âge de dix ans. Ce fut, dit-on, pendant la traversée que le jeune enfant, qui s'était lié avec un savant jésuite, prit goût aux mathématiques, et il les étudia avec une telle ardeur, que son professeur, en débarquant, lui dit :

« Mon jeune ami, il est fort heureux que nous soyons arrivés ; car, un mois de plus, et les rôles changeaient, et, de professeur, je devenais élève, n'ayant plus rien à vous enseigner. Vous auriez fini par m'en remontrer. »

Mahé de la Bourdonnais était profondément instruit et possédait les plus nombreuses et les plus belles qualités. Nommé gouverneur de l'île de France et de l'île Bourbon, il fit dans ce poste des choses incroyables pour le bien de ces colonies. En 1746, possédant un seul vaisseau, il apprend que la guerre est déclarée à l'Angleterre. Aussitôt il entreprend de se créer une petite escadre. Il fait construire des vaisseaux, les arme ; puis il fait un appel à tous les hommes de cœur, blancs ou hommes de couleur, qui veulent servir la France. Il forme des équipages, les instruit, et un matin il part avec sa petite flottille pour combattre la flotte anglaise. Une terrible tempête le rejette à la côte. Il fait radouber ses navires et reprend la mer avec plus de courage. Il rencontre alors l'escadre anglaise bien plus forte que la sienne, la bat, s'empare de Madras, principal comptoir des Anglais dans l'Inde, et rentre triomphant au port. Eh bien ! croirait-on que cet homme héroïque, au lieu de recevoir une récompense digne de ses œuvres, fut indignement accusé de haute trahison ! Plus jaloux de sa gloire que de sa fortune, Mahé arrive à Paris, veut confondre ses accusateurs, mais une lettre de cachet l'envoie à la Bastille. Alors la conscience de l'héroïque marin se révolte, il fait tout au monde pour se disculper. Il se fabrique de l'encre et compose divers écrits qu'il parvient à faire sortir de son cachot et dans lequel il faisait appel à l'opinion publique et à la justice. Enfin, au bout de quatre ans de la plus abominable captivité, l'innocence de Mahé est reconnue, il sort de prison. Mais hélas ! il expire quelques temps après sa mise en liberté.

LA GALISSONNIÈRE.

Roland-Michel Barrin, marquis de la Galissonnière, né à Rochefort en 1693, entra au service en 1710.

La Galissonnière est un des bons marins du règne de Louis XV. Son mérite et sa valeur lui valurent de grandes distinctions. Sa carrière maritime fut des plus brillantes, et il mourut en 1756, regretté par tous ceux qui l'avaient connu.

En 1695, le sieur de Genne, avec six vaisseaux, prit et rasa le fort de Gambie, sur la côte d'Afrique, et fit un butin considérable, emporta cent deux canons, cinq cents quintaux d'ivoire, etc., etc., et pour plus de deux cent mille écus d'autres marchandises.

En 1690, un nommé Lalande, commandant d'un corsaire malouin de trente-six canons, ayant appris à la Martinique que les Anglais s'étaient emparés du fort du Forillon, en Amérique, et avaient commis toutes sortes de cruautés, voulut les punir. Avec son seul vaisseau, il entra bravement dans la rade du Forillon où il y avait un vaisseau anglais, s'en empara, et détruisit la forteresse malgré une énergique résistance, puis se retira chargé de butin, et rentra à Saint-Malo avec quatre autres prises qu'il avait faites en route.

En 1759, l'escadre, sous les ordres du maréchal de Conflans, éprouva une défaite dans les eaux de Quiberon, grâce à la mauvaise discipline de quelques-uns des commandants et à la lâcheté de quelques autres.

Une partie de la flotte que commandait M. de Conflans se réfugia à Rochefort; quelques vaisseaux de cette escadre avaient été coulés, deux brûlés au Croisic, et onze étaient entrés dans la rivière la Vilaine. Ces onze vaisseaux restèrent longtemps dans cette rivière, parce que les commandants prétendaient qu'il était impossible de les tirer de la vase où ils étaient enfoncés. Pourtant, un simple capitaine d'un bâtiment marchand se chargea de l'entreprise, et réussit.

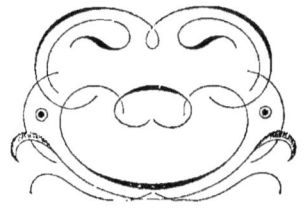

CHAPITRE VIII

Louis XVI était monté sur le trône le 10 mai 1774. Ce monarque, honnête homme, qui succédait à un règne qui avait entraîné la France dans un abîme, se voua tout entier à améliorer l'affreuse position dont il avait hérité. Mais trop bon et trop peu énergique pour saper le mal à sa base et réédifier quelque chose de possible, il ne fit et ne put faire que des efforts infructueux. Cependant, il donna quelques soins à la marine.

Les Anglais, de plus en plus arrogants sur mer, ne laissaient échapper aucune occasion de nous humilier et de nous amoindrir. Aussi, Louis XVI, malgré son amour de la paix, s'empressa-t-il de reconnaître le nouveau gouvernement qui venait de surgir dans les anciennes colonies anglaises, et bientôt la France fit un traité d'alliance avec les États-Unis. Alors, l'Angleterre nous déclara la guerre, et il fallut commencer une lutte nouvelle avec des ressources bien insuffisantes. Pourtant, malgré notre infériorité, notre marine eut bien souvent le dessus : nos corsaires, surtout, eurent de grands succès, et nous revenons sur notre idée, que de vaisseau à vaisseau, à force égale, nos marins ont toujours eu l'avantage, et nous répétons que la constitution de notre marine entra souvent pour beaucoup dans nos désastres.

Le règne de Louis XVI ne fut pas sans gloire pour notre marine. La guerre, qui éclata contre les Anglais en 1778 et se continua jusqu'en 1784, montra combien la France avait de ressources, et combien il lui était facile de créer ou de réparer des flottes puissantes.

La France, en 1778, avait, comme nous l'avons dit, reconnu le gouvernement des États-Unis et avait contracté un traité d'alliance avec eux. Cependant Louis XVI n'avait point encore déclaré la guerre à la Grande Bretagne. L'Angleterre, qui n'avait cessé, depuis la fin de la Régence, de contrarier notre marine, partout et toujours, sinon ostensiblement, du moins avec toute la ténacité, toute la jalousie et toute la mauvaise foi d'un ennemi déloyal, l'Angleterre, disons-nous, couvrit les mers de ses flottes nombreuses, parfaitement organisées, munies de tout ce qui leur était nécessaire, et montées par des marins aguerris et habitués aux travaux et aux fatigues du métier.

La France, au contraire, entrait dans la lutte avec une infériorité en toutes choses. La fin du règne de Louis XV avait été des plus déplorables, et nos arsenaux et notre marine se trouvaient dans le plus triste état à l'avénement de Louis XVI. Le personnel de nos flottes ne répondait point non plus à ses besoins : des marins braves, mais dont beaucoup n'étaient point habitués à la mer ; des chefs héroïques sans doute, mais remplis d'eux-mêmes, tous nobles et formant une caste à part. Pourtant, c'est avec ces éléments, si peu susceptibles de donner la victoire, que la France osa entamer une lutte suprême avec la puissante

Angleterre. Eh bien ! malgré tous ces motifs d'infériorité elle soutint avec énergie, et non sans gloire, cette lutte qui lui formait des marins sans malheureusement discipliner beaucoup les officiers.

D'Estaing, de Grasse, Guichen, La Motte-Piquet, et une foule d'autres capitaines bravaient la puissance anglaise et l'attaquaient partout avec audace.

De nombreux succès couronnèrent les efforts de nos marins. Pourtant, chaque fois que nos flottes se trouvèrent en face de l'ennemi, et qu'il fallut livrer une bataille rangée, si nous n'éprouvâmes pas d'échec, nos avantages furent toujours amoindris par quelque manque de discipline ou d'inintelligentes manœuvres.

De 1778 à 1784, les mers de l'Europe et de l'Inde furent un vaste champ de bataille où de nombreux combats se livrèrent journellement.

Dans l'impossibilité où nous sommes de raconter tous les événements qui se sont passés sur mer pendant cette période à cause de l'exïguité de notre cadre, nous nous contenterons de donner les faits les plus remarquables de nos annales maritimes, et la biographie de quelques-uns de nos marins qui ont le mieux mérité de leurs concitoyens.

Une flotte française sous les ordres de d'Orvilliers sortit en 1778 du port de Brest. La frégate *la Belle-Poule*, commandée par M. de La Clochetterie, qui faisait partie de cette expédition, fut envoyée en éclaireur pour reconnaître la position de l'ennemi. Ce fut ce vaisseau qui commença les hostilités.

La frégate *la Belle-Poule*, attaquée par un bâtiment ennemi bien supérieur, soutint la lutte, et le brave commandant La Clochetterie déploya en cette circonstance une bravoure et une intelligence dignes des plus grands éloges, pendant que tous les marins sous ses ordres se comportaient avec le plus héroïque courage. Le combat se termina à notre avantage. La France entière applaudit à ce petit succès, et Louis XVI récompensa généreusement les officiers et les marins de *la Belle-Poule*.

Le 24 juillet, l'escadre française, forte de trente-deux voiles, sous les ordres de d'Orvilliers, se trouva en présence de la flotte anglaise, de pareille force, commandée par l'amiral Keppel.

De continuelles tempêtes empêchèrent les deux escadres de commencer l'action. Pourtant le duc de Chartres, depuis Philippe, duc d'Orléans, qui était sur cette flotte, s'impatientant des retards que le mauvais temps apportait au désir qu'il avait de voir commencer l'attaque, fut trouver d'Orvilliers pour lui demander de commencer la bataille malgré les difficultés de manœuvrer. M. Duchaffau, qui commandait une partie de la flotte, se joignit au duc de Chartres. Mais d'Orvilliers tint bon, et ne voulut point faire la faute de risquer une action pendant la tempête. Enfin, les vents s'étant un peu apaisés, l'on put en venir aux mains avec les Anglais.

Par malheur, la résistance du chef de notre escadre aux instances du duc de Chartres avait contrarié plusieurs officiers, et le prince tout le premier. Alors les ordres et les signaux du commandant des forces françaises furent interprétés tout de travers ou ne furent pas exécutés du tout, et le duc de Chartres, en donnant l'exemple de l'indiscipline, fut cause que cette action qui pouvait être décisive et glorieuse pour nous, se réduisit sinon à un échec, du moins à une affaire insignifiante, pendant que la bravoure de nos marins et les habiles manœuvres commandées par les chefs donnaient l'assurance d'une victoire. La France fut indignée en apprenant la cause de l'insuccès de notre flotte, et l'Angleterre elle-même fut épouvantée du péril que ses vaisseaux avaient couru.

D'Estaing, dans l'Inde, soutenait l'honneur de la marine française pendant que de La Pérouse donnait en plusieurs circonstances des marques de la plus grande valeur.

Le comte de Guichen et la Motte-Piquet, de leur côté, combattaient avec des avantages divers, mais toujours avec intrépidité.

Vers la fin de mars 1780, le chef d'escadre, Destouche, remporta un succès sur les Anglais dans les mers d'Amérique sans en tirer un grand profit.

En 1780, le comte de Grasse livra de nouveaux combats dans les parages de la Martinique sans aucun avantage. Pourtant les Anglais, qui comptaient sur des succès, furent mortifiés du peu de résultats de leurs efforts.

Les Espagnols, qui s'étaient joints à nous, nous furent, comme toujours, plus nuisibles qu'utiles.

Cette même année, le comte de Guichen, commandant l'une de nos escadres, ayant voulu livrer bataille aux Anglais dans la Manche, en fut empêché par l'amiral espagnol qui commandait avec lui, et qui malgré la supériorité des flottes alliées n'avait point voulu livrer le combat. Cette occasion perdue ne se retrouva plus.

En 1782, une flotte avait été expédiée dans les mers de l'Inde sous le commandement du comte de Guichen, qui avait été rejoint par le comte de Grasse. Cette flotte qui convoyait une nombreuse expédition de navires marchands, fut attaquée par une escadre anglaise qui lui fit éprouver un échec assez considérable en enlevant vingt bâtiments français richement chargés, malgré la présence de notre flotte.

Duquesne, Tourville, Jean-Bart, Duguay-Trouin, Cassart, on voyait bien que vous n'existiez plus!...

De son côté, M. de Bouillé, aux Antilles, battait les Anglais et leur faisait éprouver de grandes pertes.

Le comte de Grasse combattait également nos ennemis avec des succès divers. Malheureusement ce chef d'escadre, qui pourtant était un intrépide marin, était détesté de presque tous les officiers qui servaient sous ses ordres. Pour quelle cause? Nous n'en savons rien. Cependant cette circonstance influa sans doute beaucoup sur les malheureuses opérations qui se succédèrent pendant l'année 1782.

Le bailli de Suffren, de son côté, tenait tête aux Anglais dans les mers de l'Inde, et soutenait l'honneur de la France, si non avec de grand succès, du moins avec une grande bravoure et beaucoup d'intelligence.

Plusieurs de nos simples capitaines soutenaient également l'honneur du drapeau de la France avec intrépidité.

Kergariou de Locmaria, entre autres, s'immortalisa par un combat des plus glorieux, qu'il livra en janvier 1783, contre les Anglais.

Le corsaire Charles Cornic de Morlaix s'illustra aussi sous Louis XVI, et rendit son nom célèbre par les actions les plus intrépides et les plus téméraires.

ENTRECASTEAUX.

Joseph-Antoine Bruni d'Entrecasteaux est plutôt un intrépide et habile navigateur, qu'un guerrier célèbre.

Né à Aix en 1739, on le destina d'abord à l'état ecclésiastique; mais à l'âge de quinze ans il entra dans la marine où il servit avec honneur. Il fit alors plusieurs voyages dans diverses parties du monde, entre autres en Chine, d'où il revint en France. Plus tard il fut envoyé à la recherche de La Pérouse ; l'expédition partit de Brest au mois de septembre 1791.

Après de nombreuses fatigues et quelques découvertes utiles, d'Entrecasteaux revenait en France en 1793, lorsqu'il mourut en mer.

DUCOUEDIC KERGOUALER.

Ducouëdic est une de nos gloires militaires les plus pures et les plus dignes d'être données en exemple à la jeunesse.

Ducouëdic, né en 1740, entra dans la marine à l'âge de seize ans. Sa carrière fut des plus honorables, et sa bravoure n'avait d'égale que son humanité. C'est lui qui avait l'habitude de dire à ses marins au moment de l'action :

« Enfants, qu'on meure pour la patrie ou pour sa foi, Dieu récompense tous les martyrs. »

Mais ce qui a rendu la mémoire de Ducouëdic chère à tous les Français et à l'humanité tout entière, c'est le dernier combat qu'il livra en octobre 1779, avec la frégate *la Surveillante* qu'il commandait, contre la frégate anglaise le *Quebec*, commandée par le commodore Palmer.

Les deux navires, de force à peu près égale, et montés tous deux par des chefs intrépides et des marins d'une bravoure à toute épreuve, commencèrent le combat le plus acharné qui se soit peut-être vu sur mer.

Les deux navires, presque bord à bord, ressemblaient à deux volcans ; la mitraille sous toutes les formes couvrait leurs ponts de blessés, de morts et de mourants. Les deux chefs, déjà grièvement atteints, n'avaient point quitté leur poste, et les marins, noirs de poudre et couverts de sang, continuaient sans interruption le combat.

Tout à coup une balle détache le pavillon de *la Surveillante* qui tombe à la mer. L'équipage anglais pousse un hurra de victoire ; mais aussitôt un pilote, nommé Le Manq, prend un nouveau pavillon et grimpe dans les cordages pour le mettre en place. Les Anglais l'aperçoivent et dirigent sur lui la plus terrible fusillade qui se soit vue.

Le Manq est blessé, son sang coule, mais il continue son ascension sans avoir l'air de s'en apercevoir. Il attache son pavillon et redescend prendre part au combat.

Les deux vaisseaux, troués et mutilés de toutes les manières, sont près de sombrer ; la bataille continue toujours. Tout à coup, et au même moment, les mâts des deux navires tombent avec un fracas épouvantable. Alors Ducouëdic, dont le sang coule à flots, s'écrie : « *Enfants, à l'abordage !* » A ces mots les grappins sont jetés, et les restes mutilés de l'équipage de *la Surveillante* s'élancent sur le pont du *Quebec*. Mais un spectacle affreux s'offre aux regards des marins français : des monceaux de cadavres s'élèvent de tous côtés, puis une immense gerbe de flammes jaillit tout à coup, et le sinistre cri : le feu est à bord ! se fait entendre. Ducouëdic fait retirer son équipage, détache ses grappins et s'éloigne de quelques toises. Puis admirant le courage héroïque du commodore Palmer et de ses braves marins, il essaye de les arracher à la terrible mort qui les menace. Mais hélas ! il n'a plus ni un canot ni une barque, tout a été mis en pièces. Alors Ducouëdic s'arrache les cheveux et pleure comme un enfant ; puis il fait rapprocher son navire au risque de sauter avec le *Quebec*, et supplie les Anglais de chercher un refuge à son bord.

Le brave Palmer, mortellement blessé, écoute ces paroles de paix, et fait embarquer le plus qu'il peut de ses marins et de ses officiers, disant : « Allez, enfants, pour

moi, je dois sortir le dernier du *Quebec* ou périr avec lui. »
Quelques secondes après ce commencement de sauvetage, une explosion terrible se faisait entendre, le *Quebec* sautait et s'engloutissait dans les abîmes de la mer, avec son brave commandant et les trois quarts de son équipage. Quarante-cinq matelots et trois officiers furent tout ce que Ducouëdic put sauver de cette épouvantable catastrophe.

« Venez, dit avec noblesse le commandant de *la Surveillante* à ces héroïques ennemis, vous avez admirablement fait votre devoir, et comme votre frégate a péri sous pavillon flottant, vous serez traités non comme des prisonniers de guerre, mais comme des frères recueillis après un naufrage. »

La Surveillante elle-même était si maltraitée qu'il était bien difficile de la conduire au port. Pourtant Ducouëdic, dont les blessures sont des plus graves, continue à donner ses ordres. Le navire est plein de morts et de blessés, l'équipage est affaibli par tant de pertes : les Anglais alors prennent part à la manœuvre, et tous ces hommes qui, quelques instants avant, se massacraient sans pitié, travaillent en commun, se donnant les marques de la plus grande estime. Enfin, l'on arrive en vue de Brest. Là, toutes les barques du port s'empressent de prendre le glorieux navire de Ducouëdic à la remorque.

La Surveillante alors fait une entrée triomphale au milieu des navires pavoisés et aux cris enthousiastes des équipages et des habitants qui viennent prendre et porter en triomphe le brave Ducouëdic.

Louis XVI ratifia les conditions du commandant de *la Surveillante*. Les marins anglais furent renvoyés en Angleterre sans conditions, avec des ressources de route. Mais Ducouëdic de Kergoualer expira des suites de ses blessures le 7 janvier 1780.

L'État lui fit élever un modeste mausolée sur lequel on grava l'inscription suivante :

JEUNES ÉLÈVES DE LA MARINE,
ADMIREZ ET IMITEZ L'EXEMPLE DU
BRAVE DUCOUËDIC.

LA PÉROUSE.

La Pérouse est plutôt un grand navigateur, un savant illustre, qu'un guerrier célèbre. Pourtant La Pérouse donna en plusieurs circonstances des preuves de sa bravoure et de son énergie.

Jean-François Galaup de La Pérouse naquit à Albi en 1741. Il s'embarqua à seize ans comme garde-marine, et fit plusieurs campagnes pendant lesquelles il donna des preuves de son courage. Fait prisonnier par les Anglais, il profita de sa captivité pour se livrer à l'étude.

Promu au grade d'enseigne en 1764, à son retour en France, il prit part à diverses campagnes.

Fait capitaine en 1780, il continua ses glorieux services et contribua à la prise de différents navires.

Choisi en 1782 pour commander une expédition chargée de détruire le commerce anglais dans la baie d'Hudson, il déploya dans cette mission autant de bravoure et de capacité que d'humanité, et le roi Louis XVI, à son retour, lui marqua sa vive estime en lui proposant un grand voyage de circumnavigation.

La Pérouse partit le 1er août 1785. Pendant près de deux ans on reçut de ses nouvelles et diverses communications intéressantes. Puis on n'en entendit plus jamais parler à partir de 1788. On a fait beaucoup de recherches pour savoir ce qu'était devenu le brave marin, son navire et son équipage. Jusqu'ici un voile impénétrable couvre le sort qui leur a été réservé.

LA MOTTE-PIQUET.

Né à Rennes en 1720, le comte Toussaint-Guillaume de La Motte-Piquet commença ses premières armes à quinze ans. Comme les Jean-Bart, les Tourville, les Duquesne, etc., il avait la vocation de la mer; aussi, fut-il l'un des marins les plus remarquables de son époque. Nul plus que lui ne livra autant de batailles et ne montra autant de véritable bravoure alliée à autant d'intelligence et d'énergie.

En 1746, le bâtiment *la Renommée,* sur lequel il était en qualité de lieutenant, se trouva au milieu d'une escadre ennemie. Attaqué par un vaisseau anglais, il le maltraita si fort, qu'il s'en débarrassa bientôt ; un second et un troisième l'attaquèrent avec furie. Le capitaine alors proposa de se rendre pour éviter une destruction presque certaine. Mais le jeune lieutenant La Motte s'exprima avec tant d'énergie contre cet avis, que le combat continua. Le capitaine, blessé mortellement sur ces entrefaites, La Motte prit le commandement. Excitant alors son équipage, il continua la lutte sans faiblir, et parvint à sauver son navire pendant l'obscurité.

De 1735 à 1784, pendant cinquante ans, La Motte-Piquet se trouva à presque toutes nos grandes batailles navales ou en croisière contre l'ennemi. Jamais existence de marin ne fut mieux ni plus héroïquement remplie. Aussi, reçut-il à bien juste titre de grandes faveurs du gouvernement.

La Motte-Piquet mourut en 1791, lieutenant général et grand-croix.

La paix avait été conclue en 1784, et le roi Louis XVI, pour occuper la marine à d'utiles travaux, avait chargé

Bougainville d'un voyage scientifique autour du globe. Puis La Pérouse avait reçu la même mission. Cependant la plus grande partie de nos vaisseaux de guerre rentrés dans nos arsenaux ne furent malheureusement pas entretenus, et plus tard le pays dut subir les fâcheux effets de cette imprévoyance.

SUFFREN.

Suffren fut un marin habile, un homme éminent. Mais il ne fut pas toujours favorisé par la fortune et la victoire pendant les trois quarts de sa carrière maritime.

Né en 1726, au château de Saint-Cannat, en Provence, Suffren Saint-Tropez entra de bonne heure dans la marine. Fait prisonnier une première fois par les Anglais, il ne revint en France qu'en 1748. Ce fut alors qu'il entra dans l'ordre de Saint-Jean de Jérusalem, où il reçut le titre de bailli. La guerre ayant été déclarée, il rentra au service de son pays en 1755 ; mais il fut fait prisonnier une seconde fois par les Anglais, et ne rentra en France qu'en 1763. Nommé capitaine de vaisseau, il serait probablement resté longtemps dans ce grade sans le besoin que l'on eut à cette époque d'un homme capable et expérimenté pour une mission difficile. Il fut alors nommé chef d'escadre pour une expédition dans les mers de l'Inde.

Suffren partit en mars 1782 à la tête de cinq vaisseaux.

Ce fut à cette époque que la fortune sembla vouloir récompenser le brave marin des déceptions qu'il avait eues jusque-là. Ce fut aussi le moment de sa vie où il put montrer ses belles qualités, sa bravoure et son intelligence. Il fit une guerre terrible aux Anglais, les vainquit partout, et leur fit un tort considérable. L'on raconte que pendant l'un des terribles combats qu'il livra aux Anglais à cette époque, le capitaine d'un bâtiment de son escadre, nommé Sévère, voulut rendre aux Anglais le navire qu'il commandait; mais le lieutenant nommé Dieu rassembla l'équipage, se révolta contre les ordres de son chef, continua le combat, et força les Anglais à fuir. Ce qui fit dire alors que *le capitaine Sévère avait voulu se rendre, mais que Dieu l'en avait empêché.*

Les matelots idolâtraient Suffren, qui les traitait avec la plus grande bonté.

Après avoir battu les Anglais dans plusieurs rencontres, il venait de les forcer à lever le siége de Gondelour et à fuir devant son escadre lorsque la nouvelle de la paix lui arriva.

A son retour en France il fut nommé vice-amiral, et il conserva l'estime de son souverain jusqu'à sa mort, arrivée en 1788.

BOUGAINVILLE.

Bougainville est plutôt un savant, un illustre voyageur qu'un grand guerrier ; pourtant il se trouva dans plusieurs batailles navales où il montra un grand courage et des connaissances éminentes. Ce fut son voyage autour du monde, qu'il termina en 1769, qui établit sa réputation.

Bougainville, honoré de tous ceux qui le connurent, fut nommé sénateur par Napoléon Ier, et mourut en 1811.

D'ESTAING.

Charles-Hector d'Estaing vit le jour en 1729, au château de Ruvel, en Auvergne.

A défaut de grandes qualités scientifiques, d'Estaing avait une haine invétérée contre les Anglais. Ce fut peut-être ce qui en fit un marin célèbre.

Pris une première fois par les Anglais, il se sauva malgré la parole qu'il avait donné.

Repris quelque temps après, les Anglais le traitèrent avec la plus grande sévérité ; ce qui était justice, car l'on ne doit jamais manquer à sa parole, même avec ses ennemis.

Outré des rigueurs qu'il avait éprouvées, d'Estaing jura de se venger, et saisit toutes les occasions pour prouver son inimitié aux Anglais.

En 1778, d'Estaing fut nommé vice-amiral, et envoyé dans les mers d'Amérique pour combattre la flotte anglaise et protéger contre eux leurs colonies en révolte.

Les amiraux Biron et Howe s'apprêtaient à lui livrer bataille lorsqu'une terrible tempête les sépara tous.

d'Estaing rallia sa flotte, et s'empara de Saint-Vincent et de Grenade. Quelques jours après, attaqué à son tour par une flotte ennemie bien supérieure à la sienne, il combattit à outrance, et força l'escadre anglaise à faire sa retraite après des pertes considérables.

La paix ayant été conclue en 1783, d'Estaing rentra en France, où il fut loin de rencontrer les sympathies et la reconnaissance que méritaient ses nombreux services. Dégoûté des procédés de la cour, il se jeta dans la révolution, mais il périt sur l'échafaud en 1794.

En 1789, de graves questions se débattaient en France ; le roi Louis XVI, impuissant pour détourner une tempête que mille complications et d'anciennes fautes avaient amassée, se trouvait écrasé sous ses bonnes intentions, et enfin périssait, en 1793, victime des fautes de ceux qui l'avaient précédé au pouvoir. Mais comme nous n'avons qu'à nous occuper de la marine française, nous n'entrerons pas dans des détails historiques en dehors de notre sujet!...

Les résultats de la révolution se firent bien plus sentir parmi le personnel de notre marine que dans les armées de terre. Les officiers, tous nobles, tous jaloux de leurs prérogatives, et sous le coup d'une égalité qui leur déplaisait, ou sous l'influence d'un parti qui dominait parmi leur caste, ou poursuivis par des haines ou des rancunes souvent injustes, émigrèrent presque tous.

Ainsi, notre marine se trouva tout d'un coup privée des hommes spéciaux qui seuls pouvaient présider à une organisation quelconque.

Nos voisins d'outre-Manche eurent une grande joie en voyant la dissolution de notre puissance navale, et employèrent tous les moyens possibles pour encourager les officiers français à abandonner leurs commandements, s'apprêtant, au moyen de nos dissensions, à profiter de cette circonstance pour établir leur suprématie sur nos désastres. Pourtant leurs projets ne réussirent pas entièrement. Parmi nos marins, il y avait des enfants du peuple dignes de reprendre l'épée abandonnée par la noblesse; ils la saisirent et la soutinrent avec courage. Il est vrai que l'on n'improvise pas une forte marine et des flottes nombreuses en quelques jours, et sans des hommes rompus aux exigences du métier. Mais à défaut d'escadres en état de se mesurer avec les forces navales anglaises, il surgit tout à coup de tous nos ports de mer des corsaires intrépides qui ruinèrent le commerce de nos ennemis. Un moment les idées philosophiques et humanitaires de l'Assemblée française interrompirent, à la grande joie de nos antagonistes, le cours des succès de nos valeureux marins en décrétant l'abolition de la course, comme si la guerre était une affaire de sentiment et de philanthropie. S'il en était ainsi, alors pourquoi se battre et s'entre-détruire ?

Une action mémorable eut lieu cependant en 1794 : les restes de nos flottes, sous les ordres de Villaret de Joyeuse, livrèrent un combat terrible aux Anglais. Ce fut pendant cette bataille que les marins du vaisseau *le Vengeur* donnèrent l'exemple du plus grand héroïsme.

Ce bâtiment attaqué de toutes parts soutint le combat jusqu'à la dernière extrémité ; enfin, près de s'engloutir dans les flots, le pavillon fut cloué au navire, et l'équipage se laissa entraîner dans les abîmes de l'Océan plutôt que de se rendre. Belle et sublime action qui remplit la France d'admiration et galvanisa tous les défenseurs de la patrie !

VILLARET DE JOYEUSE.

Voici l'un des grands marins de la France pendant nos désastres maritimes ; sa renommée n'est point supérieure aux services qu'il a rendu et à la bravoure qu'il a montré.

Louis-Thomas Villaret de Joyeuse est né à Auch en 1750. Destiné par sa famille à l'état ecclésiastique, il préféra la carrière des armes, quitta le séminaire pour entrer dans les gardes où il ne resta pas longtemps ayant eu le malheur d'avoir un duel.

Entré dans la marine, il y commença de bonne heure une carrière des plus glorieuses. Sa réputation comme marin habile était faite lorsqu'arriva la révolution.

Tout le monde sait qu'à cette époque presque tous les officiers nobles de notre marine quittèrent le service, et même il y en eut quelques-uns qui firent servir contre leur patrie les talents qu'ils tenaient d'elle. L'on se rappelle Toulon livré à l'Angleterre, Saint-Jean-d'Acre, et bien d'autres épisodes malheureux de cette époque. Villaret, lui, comme un noble cœur, ne voulut pas sacrifier l'honneur au ressentiment, et il ne prit conseil que de sa conscience pour continuer à servir bravement son pays.

En 1794, le gouvernement d'alors était fort en peine d'une flottille qui devait rapporter des grains en France, craignant avec juste raison que les Anglais ne s'emparassent des précieuses ressources que l'on espérait recevoir. Villaret fut mis à la tête de notre flotte, et sortit de Brest pour se porter à la rencontre de nos navires et les convoyer.

Le 9 mai la flotte française se trouva en présence de la flotte anglaise qui était plus forte du double. Villaret, qui montait *la Montagne* où se trouvait le représentant du peuple Jean-Bon Saint-André, fit les signaux pour rallier ses vaisseaux, et lui donner des ordres pour se préparer au combat.

Le 9 mai au soir le combat commença, mais il ne put être continué à cause de la nuit.

Le 10, le 11 et le 12, l'on ne put que se donner des coups de canon, la mer étant trop mauvaise pour se gouverner, puis une brume épaisse sépara les deux flottes qui ne se retrouvèrent que le 13 juin. Ce jour-là l'action recommença avec une fureur inouïe. Le vaisseau *la Montagne*, que montait Villaret, fut entouré par six vaisseaux ennemis qui l'assaillirent comme une citadelle, et le couvrirent de feu et de mitraille. Villaret se battit en désespéré, sans faiblir. Tout l'équipage de *la Montagne*, y compris Jean-Bon Saint-André, se conduisit avec un héroïsme digne des temps antiques. Jamais pareil combat n'avait été livré. Les marins se battaient en désespérés.

LE VENGEUR.

Pendant que Villaret se défendait sur *la Montagne*, les autres vaisseaux de la flotte combattaient sur toute la ligne avec un égal courage et avec une énergie qui fit plus d'une fois réfléchir les Anglais.

Le vaisseau *le Vengeur*, entre autres, donna un exemple de la grandeur sauvage qui exerçait son influence en ce moment sur tous les acteurs de cette bataille acharnée.

Le Vengeur, attaqué par des forces bien supérieures, se défendit avec la plus grande bravoure : mais troué, haché, mis en pièces par les boulets et la mitraille des Anglais, il s'emplissait d'eau, les munitions étaient mouillées, et il allait sombrer lorsque les ennemis crièrent aux marins français de se rendre. Ceux-ci, loin d'accepter les propositions des Anglais, clouèrent leur pavillon au mât de leur vaisseau et se laissèrent engloutir, plutôt que de subir la loi d'un vainqueur détesté, aux cris de *vive la France!* Quelques hommes seulement surnagèrent et parvinrent à se sauver.

Les Anglais, presque effrayés d'une semblable résolution, restèrent confondus.

Un autre vaisseau français, *le Terrible,* en fit autant, et l'équipage préféra périr dans la mer plutôt que de survivre à sa défaite.

Alors les Anglais, fort maltraités et effrayés de la bravoure de nos marins, se retirèrent de leur côté pendant que les restes mutilés de notre flotte rentraient au port.

Cette bataille toute glorieuse fit éprouver de grandes pertes à la France, mais elle servit à donner le temps à nos vaisseaux marchands de rentrer au port sans accident, et à rendre l'abondance à nos populations affamées.

Villaret continua à servir sur nos flottes, et fut nommé

membre des Cinq-Cents, puis condamné à la déportation. Rappelé plus tard par Napoléon, il commanda l'expédition de Saint Domingue, fut nommé gouverneur de la Martinique, et mourut en 1812, gouverneur de Venise.

La trahison vint à son tour porter un coup des plus funestes à notre marine. Toulon, l'un de nos plus importants arsenaux, fut livré aux Anglais. Là, nos ennemis purent à leur aise détruire ou enlever nos dernières ressources navales, et ce n'est pas sans une certaine honte pour l'humanité que nous rappellerons que les Anglais, chassés de Toulon, voulurent détruire tout ce qu'ils ne pouvaient emporter, et que ce furent les forçats qui, au péril de leur vie, sauvèrent une partie du matériel qui restait encore dans nos magasins.

La Convention, mieux éclairée alors, distribua de nouvelles lettres de marque, et aussitôt de tous nos ports sortirent d'innombrables corsaires.

Marseille en envoyait trente-trois sus aux Anglais, Saint-Malo dix-sept, le Havre vingt-huit, Dunkerque vingt-quatre; Calais, Boulogne, et toutes les villes du littoral donnèrent également leurs derniers écus pour armer en course dans l'espoir de pouvoir venger la France des implacables ennemis qui se servaient de tous les moyens pour la ruiner.

Parmi les braves qui se distinguèrent à cette époque, et qui combattirent pour la France si rudement éprouvée, nous pouvons citer en première ligne Surcouf et Copel, de Saint-Malo, Mordeille et Charabot, de Marseille, Dubédat, de Bordeaux, Léveillé, de Nantes, Lefèvre, Pinel et Lantonne, du Havre, Belhomme, de Dieppe, Carry et Fourmantin, de Boulogne, Vandezande, de Dunkerque, Margolle, de Calais, etc., etc.

Mais parmi tous ces intrépides marins, il en est un surtout dont les actions éclatantes ont surpassé tout ce qui s'était vu jusque-là.

ROBERT SURCOUF.

L'on était en 1784, l'*Angélus* matinal venait de sonner, les chiens de Saint-Malo, sentinelles vigilantes, n'avaient pas encore été relevés (car vous saurez que depuis un temps immémorial les chiens gardaient la nuit les approches de Saint-Malo; et, si le vieux dicton populaire qui s'adresse à ceux qui ont des tibias peu fournis existe encore, c'est que les molosses de Saint-Malo ont en maintes circonstances happé bel et bien cette partie charnue à certains individus assez imprudents pour franchir les limites ou braver la consigne des gardiens).

L'*Angélus*, disons-nous, bruissait encore dans les clochers de la bonne ville de Saint-Malo. Le soleil paraissait à peine, que déjà un petit bonhomme de dix à onze ans se dirigeait vers les fondrières qui bordent la cité. Les chiens de garde, bien loin de poursuivre le diligent promeneur de leurs aboiements comme ils le faisaient pour tout le monde, semblaient joyeux au contraire de le voir, et marchaient à sa suite comme s'il eût été leur maître. Arrivé sur la grève, l'enfant se dirigea vers une espèce de hutte bâtie dans l'anfractuosité des rochers. A cette heure matinale la hutte paraissait encore plongée dans le silence le plus complet. Alors le jeune garçon frappa bien fort à un petit volet en criant :

« Hé! père Lehonec, êtes-vous mort que vous n'êtes pas encore debout? »

Après avoir frappé à plusieurs reprises inutilement, l'enfant commençait à s'impatienter lorsque la porte s'ouvrit enfin, et qu'un petit vieillard parut sur le seuil.

Robert Surcouf et les Chiens de St Malo.

« Ah! ça n'est pas malheureux, dit l'enfant, car j'allais décrocher votre auvent et faire sauter Jonh-Bull chez vous. C'est lui qui vous aurait donné un drôle de réveil!

—Qu'est-ce que tu me dis, petit? cria le vieillard de toute la force de ses poumons, je ne t'ai pas entendu.

—Ah! c'est vrai, dit le jeune drôle avec une grimace assez significative que le vieillard ne vit pas, je ne pensais plus que vous étiez sourd comme un saumon, père Lehonec? »

Alors il s'approcha du vieillard qui restait bouche béante, se fit un porte-voix de ses deux mains, et se mit à lui crier de toutes ses forces dans l'oreille :

« Père Lehonec, les Anglais sont à Saint-Malo. .

—Les Anglais, dit le bonhomme en laissant tomber ses bras le long de son corps, à Saint-Malo! Ah! mon sauveur, les gredins, par où sont-ils venus? Ah! mon Dieu, qu'est-ce que tu me dis là, petit?

—Allons, allons, père Lehonec, cria de tous ses poumons le petit bonhomme, n'allez pas expirer de male-mort, ça ne les empêcherait pas de piller la ville.

—Ah! mon Dieu! ah! mon Dieu! Ils pillent la ville! ah! les faillis chiens, si encore je n'étais pas si vieux, je pourrais en tuer quelques-uns!

—Eh bien! ne pleurez pas, dit d'un air narquois le petit espiègle, parlant toujours très-haut pour que le vieux sourd l'entendît ; les chiens en ont mangé cette nuit plus de trois mille.

—Trois mille! les chiens! Ah! bon Dieu! Ici, vous autres, ici, mes camarades, mes amis, mes vengeurs. Ici, que je vous embrasse! Ah! les bons chiens! Ah! bonne Notre-Dame, trois mille!

—Vous feriez bien mieux de leur donner un morceau de pain, dit l'enfant; l'Anglais, ça ne nourrit pas, et ils ont encore faim.

—Faim! après avoir dévoré trois mille Anglais, dit le père Lehonec, en ouvrant démesurément ses petits yeux et en humant l'air de toute la force de ses narines. Ah! Robert, ah! mauvais moussaillon, je m'aperçois que tu veux me tromper. Tu n'es qu'un menteur alors, et je suis bien bête d'écouter toutes tes bourdes. Je devrais pourtant être sur mes gardes avec toi. Ah! c'est mal de tromper un pauvre vieux comme moi, et de lui faire une fausse joie; oui, c'est mal; laisse-moi alors, et ne me reparle plus jamais. »

Et le vieillard, en disant cela, rentra chez lui, ferma sa porte, et laissa notre espiègle tout surpris se morfondre sous la brise qui n'était pas chaude du tout. Le jeune Robert voulut parlementer à travers la porte, mais ce fut inutile, l'huis resta hermétiquement fermé. Alors le dépit s'empara de l'enfant, et aussitôt il essaya, mais inutilement, de forcer l'auvent. Désespéré de ce contre-temps, il se hissa avec une adresse merveilleuse sur le toit de la hutte, y fit grimper l'un des chiens, et l'introduisit par le tuyau de la cheminée.

Le père Lehonec qui s'était recouché fut fort surpris à l'aspect de l'hôte qui lui tombait aussi inopinément du ciel. Le bonhomme fit entendre des cris de colère qui ne parurent pas émouvoir le moins du monde le petit Robert; bientôt la porte s'ouvrit et le vieillard en sortit tout courroucé.

Lorsqu'il aperçut Robert grimpé sur sa maisonnette, il lui adressa une terrible remontrance.

« Robert, lui cria-t-il, tu ne seras jamais qu'un vaurien; ta mère veut faire de toi un curé, et elle a bien raison, ce sera le seul moyen pour toi de faire ton salut. Il ne tient à rien vraiment que je ne te culbute dans la mer, mauvais chenapan.

—Allons, allons, père Lehonec, ne vous fâchez pas, je vous aiderai à conduire votre barque, et je vous raconterai l'histoire de Bras-de-Fer et de Dur-Acier, qui ont fricassé et mangé plus de treize douzaines d'Anglais en deux jours.

—Non, non, je ne veux rien de toi, mauvais gars, tu me fais des contes comme si j'étais assez sot pour tomber dans la calle de tes hableries.

—Je ne vous tromperai plus, père Lehonec; j'ai de la repentance, et je vous jure qu'à l'avenir je ne vous dirai plus que des histoires véritables.

—Voyons, dit le vieillard, après un moment de réflexion, est-ce vrai que les Anglais sont à Saint-Malo?

—Non, père Lehonec, c'était une frime pour vous faire monter dans les haubans de mes contes.

—Et les chiens n'en ont pas dévoré trois mille comme tu disais?

—Non, père Lehonec, c'était encore une invention pour vous mettre en panne.

—Ah! mauvais rat de cale, tu mériterais bien une correction, mais je laisse ce soin-là à la Providence. N'en parlons plus, et descends de dessus mon toit, car tu pourrais bien le défoncer. »

Aussitôt Robert dégringola, et vint près du bonhomme qui avait oublié déjà ses mauvais tours.

— « Écoute, petit, dit le père Lehonec après s'être assis sur une pierre qui était devant la maisonnette, écoute, petit, il faut que je te raconte pourquoi j'en veux tant aux Anglais; fais attention.

Sache donc qu'en 1693, dans la nuit du 30 novembre au 1ᵉʳ décembre, mon grand-père, qui était sonneur et guetteur de la paroisse Saint-Paul, se trouvait en faction sur les tours du clocher, examinant les Anglais qui assiégeaient Saint-Malo, et qui en ce moment attiraient le plus près possible des remparts un énorme bâtiment, lorsque tout à coup une explosion horrible fit trembler la ville toute entière, toutes les vitres des maisons volèrent en éclats, et le clocher sur lequel se trouvait mon pauvre grand-père s'écroula avec fracas.

Pendant trois jours son fils, mon père, le chercha dans les décombres où l'on finit par le retrouver, mais broyé, aplati comme une punaise.

Mon père hérita de sa charge de sonneur; mais comme il n'y avait plus de clocher, il n'y avait plus de besogne pour lui, et il fut obligé de se livrer à une autre profession.

La guerre ayant éclaté de nouveau, mon père, qui s'était fait marin, eut une jambe emportée à la première affaire, et fut réduit à retourner sur le plancher des vaches. J'étais bien petit alors, pourtant je me rappelle que ma mère me faisait répéter matin et soir une malédiction contre ceux qui nous avaient fait tant de mal. Devenu assez fort pour travailler, je dus à mon tour me livrer à la mer, tout le monde ici est matelot. Il y avait onze ans que je naviguais lorsqu'un jour le bâtiment sur lequel j'étais fut attaqué sans rime ni raison par un vaisseau anglais. Nous eûmes beau nous battre comme de braves gens, il fallut se rendre et devenir les prisonniers de nos adversaires. Prisonniers des Anglais! tu ne sais pas ce que c'est, toi, petit, que d'être prisonnier des Anglais? Eh bien! que le saint bon Dieu te préserve d'un tel malheur, et si jamais tu es marin, et que tu te vois près à être pris par les Anglais, eh bien! vois-tu, petit, glisse-toi tout doucement du mieux de ton possible du côté de la soute aux poudres, et fais-toi sauter plutôt que d'être le prisonnier de ces requins-là. Ah! je m'en rappelle, moi qui suis resté pendant dix ans leur martyr. Dieu de Dieu! Oui, il vaut mieux ne pas vivre du tout que de vivre avec eux dans ces conditions-là!

Après avoir essayé de me sauver au moins quinze fois, je ne pus y réussir, et mon saint patron sait les coups de corde et de bâton que j'ai reçus. Enfin grâce à Dieu, et par bonheur, je suis devenu sourd à la suite de ma dernière entreprise, après être resté trente-six heures dans un marais, enterré jusqu'aux hanches, par un froid de quatorze degrés.

—Vous appelez ça du bonheur, vous, père Lehonec, d'être sourd comme vous l'êtes, cria le jeune Robert?

—Oui, oui, c'est encore du bonheur, dit le vieillard, puisque ce fut ce qui servit à me faire échanger. Pourtant, j'ai regretté bien des fois d'être infirme, car, vois-tu, petit, sans cela, j'aurais pris ma revanche, bien sûr. Mais toi, Robert, qui est jeune, fais-toi marin, et venge-moi, venge mon père et mon grand-père.

—Oui, pour devenir sourd comme vous, dit Robert en riant, ça n'est déjà pas si pressé.

—Tout le monde ne devient pas sourd, petit, et je t'assure que le métier de marin est un bon métier, surtout quand on trouve l'occasion de taper sur l'ennemi.

—Dites donc, père Lehonec, si vous êtes sourd, vous n'êtes pas aveugle pour sûr. Eh bien! voyez, comme moi, si ça n'est pas un bâtiment anglais qui s'approche là-bas.

—Jour de Dieu! Robert, dit le petit vieillard en faisant un soubresaut, je crois que tu as raison. Oui, c'est un anglais; va en ville, petit, cours, fais sonner le tocsin, fais battre la générale, appelle au secours, va vite.

—Pourquoi faire? dit l'enfant tout fier de rencontrer l'occasion de montrer sa bravoure au vieux marin. Ne voyez-vous pas que le bâtiment n'est guère monté que par huit ou dix hommes?

—Eh bien! eh bien! huit ou dix hommes, ça n'est donc pas déjà de trop contre nous deux?

—Attendez, attendez, père Lehonec, dit Robert, n'ayez pas peur, vous allez voir quelque chose de drôle qui vous amusera joliment. » Et alors il se mit à siffler de toutes ses forces. Aussitôt une trentaine de molosses à l'air sauvage et indompté arrivèrent de toutes parts.

« Diable, diable, dit le père Lehonec en sauvegardant ses jambes, je n'ai guère plus de confiance dans tes alliés que dans les Anglais, ils m'ont assez souvent mordu pour que je m'en méfie. » Et il rentra dans sa hutte dont il ferma la porte, puis il ouvrit son petit auvent, et se mit à considérer ce qui allait se passer.

Le navire anglais s'était mis à faire des bordées pendant que trois ou quatre hommes embarqués dans la chaloupe s'approchaient de la côte à force de rames.

— « Robert, Robert, sauve-toi, dit le père Lehonec, en vérité ce sont des Anglais.

—C'est ce que je vais savoir tout à l'heure, dit Robert qui maintenait autour de lui, par la voix et les gestes, la meute qu'il venait de rassembler. »

Les Anglais commençaient à aborder sans défiance lorsque Robert lança tout à coup ses chiens sur eux. Les chiens furent accueillis à coups de pierre et de bâton; mais les indomptables bêtes, loin de reculer, se jetèrent à la gorge des Anglais, et déjà le sang coulait lorsque plusieurs soldats ou employés de la douane arrivèrent en courant pour faire cesser le combat.

Le père Lehonec, qui était resté spectateur impassible de cette lutte sauvage, se frottait les mains et criait à tue-tête : « Bravo! Robert, bravo! les chiens, bravo! mes camarades; hardi, tayau, étranglez-moi toute cette vermine-là, et vous aurez une récompense. » Aussi, fut-il scandalisé lorsqu'il vit les douaniers et les soldats tomber sur les chiens et les forcer à se sauver, puis prendre le jeune Robert par le collet et l'arrêter, pendant que l'on faisait toutes sortes d'excuses aux Anglais.

— « Mais, malheureux, disait un douanier à Robert, ne sais-tu pas que la paix est faite, et que ce sont des amis que tu viens de faire mordre par nos chiens ?

—Des amis ! dit l'enfant exaspéré de se voir dérangé dans le combat qu'il livrait aux Anglais, des amis ! non, jamais. Allez demander au père Lehonec si ce sont ses amis à lui !

—Allons, drôle, dit un personnage qui arriva sur ces entrefaites, tu seras puni sévèrement.

—Puni, moi, dit l'enfant rouge de colère ; attendez ! — et aussitôt il se mit à siffler de nouveau, et, comme la première fois, vingt-cinq ou trente chiens de forte taille s'élancèrent autour de lui.

—Lâchez-le, cria le père Lehonec qui, sans entendre, avait compris ce qui se passait ; lâchez-le, ou il va arriver quelque malheur. Ne savez-vous pas qu'il a ensorcelé les chiens de garde, et qu'ils lui obéissent comme des esclaves?

—Oui, lâchez-moi, dit Robert, il en est temps. »

Les employés de la douane un peu intimidés lâchèrent le jeune garçon en lui annonçant qu'ils le retrouveraient, et le laissèrent aller.

Robert profita de la liberté pour s'élancer dans les rochers, toujours suivi par son escorte de molosses, et il cria au père Lehonec : « Dites donc, vieux sourd, je déteste les Anglais tout autant que vous, et s'ils m'ont attiré des ennuis aujourd'hui, ils me le payeront cher. »

Ce jeune enfant n'était autre que Robert Surcouf, de Saint-Malo, qui devait, quelques années plus tard, se venger d'une si terrible manière de ses ennemis les Anglais.

Destiné à l'état religieux par ses parents, le jeune Robert ne rêvait que voyages et combats maritimes; aussi, sa famille ne put-elle l'empêcher de suivre la vocation qui le poussait si fort vers la mer. Sa première campagne ne lui fut cependant guère favorable. Embarqué comme volontaire sur un bâtiment nommé *l'Aurore,* ce navire fit naufrage, et Robert Surcouf eut toutes les peines du monde à échapper à la mort. Cette catastrophe ne le découragea pas. Il fit plusieurs nouveaux voyages, revint à Saint-Malô, et se rembarqua en 1792, comme commandant de *l'Émilie.* Sa première course eut un succès presque incroyable; il s'empara, malgré les croiseurs anglais, de six bâtiments richement chargés.

En 1798, commandant de *la Clarisse*, il prit un navire chargé de toutes sortes de richesses qu'il conduisit au port. Ayant repris immédiatement la mer, il s'empara de nouveau, en très-peu de temps, de sept vaisseaux anglais.

En 1800, Surcouf avait vingt-six ans; c'était alors un homme de cinq pieds six pouces, avec des formes herculéennes, terrible pendant le combat et doux comme un agneau dès que l'action était terminée. Il montait alors la *Confiance*, joli navire de dix-huit canons. Il n'y avait que quelques jours qu'il avait repris la mer, lorsqu'il rencontra un bâtiment hollandais, *le Rota,* dont l'équipage mourait de faim; Surcouf donna des vivres à ces malheureux et les laissa continuer leur chemin. Pour lui, il reprit sa course, et captura six navires dans l'espace d'un mois.

Le 7 août il s'empara, après un terrible combat, du *Kent,* vaisseau de la Compagnie des Indes de trente-huit canons, avec un équipage de quatre cent quarante hommes, pendant qu'il ne comptait que cent trente hommes sur son bord.

A la suite de ce combat, Surcouf revint en France où il se maria et fut fait chevalier de la Légion d'honneur.

Le corsaire ne reprit la mer qu'en 1807. Ce fut sa dernière course; il rentra au port après de nouveaux succès, et, las des batailles, il se consacra exclusivement à armer des navires en course, et continua de son foyer une terrible guerre contre les Anglais. Puis, la paix étant survenue en 1815, Surcouf, que tout le monde aimait et estimait à Saint-Malo, fut nommé colonel de la milice.

Robert Surcouf mourut en 1827, honoré de tous ceux qui l'avaient connu.

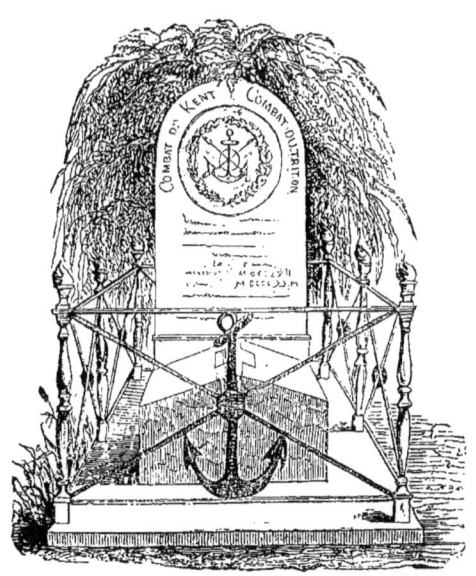

Du Petit Thouars au combat d'Aboukir.

CHAPITRE IX

PENDANT que nos dernières ressourses navales s'épuisaient en vains efforts, les armées françaises de terre soutenaient glorieusement la lutte avec l'Europe entière en repoussant les hordes étrangères du sol de la France, et en conquérant la Hollande et l'Italie.

Après le retour du général Bonaparte de la campagne d'Italie, le Directoire, qui était bien aise d'éloigner de la France le jeune général, lui confia la fameuse expédition d'Égypte. Alors de grands préparatifs furent faits, et bientôt une flotte nombreuse partit du port de Toulon.

La malheureuse bataille d'Aboukir vint porter un coup des plus funestes à nos dernières ressources navales.

DUPETIT-THOUARS.

Aristide Aubert Dupetit-Thouars naquit en 1760, au château de Boumois, près Saumur. Destiné à l'état militaire, il entra fort jeune à l'école de la Flèche. Mais la lecture de *Robinson-Crusoé* lui tourna la tête, et il ne rêva plus que voyages et découvertes. Il écrivit même un roman dans ses idées de ce temps-là. Enfin, il fit accepter ses projets à un de ses camarades, et se sauva de l'école avec lui. Réintégré à l'école, il en sortit pour entrer dans l'armée.

Après avoir servi dans le régiment de Poitou, Dupetit-Thouars obtint, en 1778, de passer garde-marine. Plus tard, s'étant distingué dans divers combats, il sollicita l'honneur d'aller à la recherche de La Pérouse. L'État n'ayant pas voulu fournir les fonds nécessaires à cette entreprise, Dupetit-Thouars vendit, du consentement de son frère, leur héritage, et employa l'argent qu'il en retira à l'armement d'un navire, et partit. Après une navigation périlleuse, n'ayant rien appris sur le sort de l'infortuné La Pérouse, il revenait en France, lorsqu'il sauva quarante Portugais naufragés sur l'île du Sel. Le gouverneur portugais de l'île Fernand, où il atterrit ensuite, le fit arrêter, s'empara de son navire, et l'envoya prisonnier à Lisbonne. Le gouvernement portugais le retint longtemps prisonnier, puis enfin le relâcha sans rien lui rendre de ce qui lui appartenait... Étonnante façon de récompenser un homme qui avait sauvé la vie à quarante de ses nationaux !

De retour à Paris, Dupetit-Thouars accepta du service, et prit le commandement du vaisseau *le Tonnant*, faisant partie de l'escadre qui portait l'expédition d'Égypte, sous les ordres de l'amiral Brueys.

ABOUKIR.

Nos troupes avaient été débarquées sur le sol égyptien malgré les flottes nombreuses de l'Angleterre. Lorsque le 1ᵉʳ août 1798, l'amiral Nelson apparut en vue de notre escadre avec des forces bien supérieures, alors un terrible combat s'engagea. L'amiral Brueys, qui montait *l'Orient*, fut coupé en deux par un boulet.

Ce brave officier, malgré sa fin qui approchait, ordonna à ses marins de le laisser à la place qu'il occupait en s'écriant : « Qu'un amiral français devait mourir sur son banc de quart. » Son capitaine de pavillon, Casa-Bianca, tomba également frappé mortellement à ses côtés, puis le feu se déclara sur le vaisseau amiral. Malgré cela l'équipage continua de se battre avec la plus grande énergie et à couvrir les Anglais d'une pluie de mitraille ; mais le feu pénétra bientôt à la Sainte-Barbe, et le vaisseau *l'Orient* sauta avec un bruit épouvantable, couvrant les vaisseaux anglais et français de ses débris fumants et des troncs mutilés de ses héroïques défenseurs.

Le Tonnant, où commandait Dupetit-Thouars, était défendu avec la même valeur. La lutte qu'il soutenait contre des ennemis trois fois plus forts ne se ralentit pas un instant. Le vaisseau français percé par les boulets, ses mâts brisés, ses manœuvres hachées, personne ne parla de se rendre. Dupetit-Thouars a les deux bras coupés par la mitraille, il reste à son poste. Un boulet lui fracasse les deux jambes, il conserve encore assez d'énergie pour ordonner qu'on le mette dans un tonneau de son, et il continue à commander le feu contre les ennemis. Mais hélas ! la défense se ralentit, les canons français se taisent faute de servants, la mitraille a tout anéanti. Dupetit-Thouars jette un regard héroïque autour de lui en apprenant la position dans laquelle se trouve son vaisseau, puis il s'écrie : « Matelots du *Tonnant*, jetez mon cadavre à la mer ! Matelots du *Tonnant*, ne vous rendez pas ! Clouez votre pavillon ! » Et il expire... Un long cri de *vive la France* répond au dernier soupir du commandant du *Tonnant*, qui meurt à l'âge de trente-huit ans.

La perte de la bataille d'Aboukir porta un coup funeste à notre marine. Désormais, nous n'avions plus d'escadre à opposer aux flottes nombreuses de l'Angleterre, et la destruction de nos vaisseaux en cette circonstance fut un malheur qui pesa pendant longtemps sur la France.

Napoléon, qui prit les rênes du gouvernement à son retour d'Égypte, n'économisa rien pour tenir tête aux Anglais. Mais il lui manquait le temps et les matériaux, ces deux éléments suprêmes de toute entreprise.

Pourtant la France comptait encore parmi ses marins : Truguet, Morard, Troude, Decrès, Lacrosse, Linois, Sercey, Villeneuve, Renaud, Martin, Vaultier, Cosmao, Gantheaume, etc., etc., etc. Mais le temps manquait pour édifier. Ce fut ce qui rendit tous les efforts du nouveau souverain de la France infructueux, malgré le zèle, la bravoure et l'intelligence de quelques-uns des chefs de notre marine.

La France, toujours vivace, luttait cependant sans faiblir contre un ennemi devenu trop puissant pour espérer de le vaincre ; mais l'Empereur des Français ne voulut jamais désespérer de l'avenir, et ne cessa d'encourager nos marins.

Trafalgar, où notre flotte combattit avec un courage, une persévérance et une énergie dignes d'un meilleur sort, vint encore aggraver la pénurie de nos ressources navales.

TRAFALGAR.

Napoléon, qui avait fait des efforts inouïs pour armer une puissante flotte, avait donné ordre, en 1805, à l'amiral Villeneuve, qui était dans la Méditerranée, de rallier l'escadre espagnole et de se rendre avec toute la flotte dans l'Océan.

Villeneuve obéit à cet ordre, mais il fut rencontré par Nelson, près du cap Trafalgar.

Les Anglais ne nous étaient pas supérieurs en nombre, mais nous avions avec nous l'escadre espagnole, qui ne devait pas nous être d'une grande utilité. En effet, le 21 octobre 1805, la bataille commença sur toute la ligne. Malheureusement une partie de l'escadre espagnole manœuvra mal et se trouva éloignée du combat.

L'action fut terrible. Villeneuve, Gravina, Magon, Lucas, Infernet, tous capitaines intrépides, soutinrent avec les vaisseaux qu'ils commandaient l'honneur de la France. Pourtant, malgré la bravoure de ces vaillants chefs et de leurs marins, la flotte française éprouva un grand désastre. Les forces que nous avions en ligne se trouvèrent trop disproportionnées par l'absence de la plus grande partie des vaisseaux espagnols, et la lutte nous fut fatale.

Une grande partie de nos plus braves marins périt, et la plupart de nos vaisseaux furent coulés ou durent se rendre après des prodiges de valeur. Cependant les Anglais achetèrent assez chèrement cette victoire qui se changea en deuil pour eux. Nelson, l'implacable ennemi de la France, fut tué pendant le combat, et la flotte anglaise elle-même éprouva de telles pertes et des avaries si considérables qu'elle fut obligée de rentrer au port. Mais les Anglais pouvaient réparer la destruction de leurs vaisseaux pendant que la France était épuisée par ce dernier malheur, et incapable de longtemps de relever sa puissance sur mer.

Cependant Napoléon, qui haïssait l'Angleterre par instinct, continuait ses efforts pour préparer une expédition contre la Grande-Bretagne.

Boulogne vit se rassembler dans son port, en 1806, plus de douze cents navires de toutes grandeurs ; mais encore cette fois ces efforts et ces dépenses furent en pure perte. L'or de l'Angleterre suscita des ennemis à la France sur le continent, et le rassemblement de Boulogne fut inutile.

C'est pendant que Napoléon visitait le port de Boulogne, que Fulton lui fit remettre un mémoire sur la puissance de la vapeur et sur la manière dont on pourrait l'employer pour diriger les navires.

Napoléon, trop occupé pour étudier lui-même ce mémoire, l'envoya à Paris pour avoir l'avis de gens qu'il croyait compétents en pareille matière. Nos savants lui répondirent que Fulton était fou!...

Quelque années plus tard, Napoléon, vaincu et prisonnier, voyait du haut du *Bellérophon*, le premier navire à vapeur, voguer sur l'Océan, et s'apercevait alors de la faute qu'il avait faite de ne point accueillir les propositions de Fulton.

LE JOILLE.

Le Joille, Louis-Jean-Nicolas, né à Saint-Valéry-sur-Somme, en 1759, commença de bonne heure à naviguer. Ses connaissances et sa bravoure lui méritèrent de l'avancement. Nommé capitaine de vaisseau en 1795 à la suite d'une brillante affaire où il prit un vaisseau anglais de soixante-quatorze canons, le *Berwick*, il se trouvait à Aboukir où il avait si mal mené le vaisseau anglais le *Bellérophon*, que celui-ci amena son pavillon. Mais un officier, envoyé pour amariner cette prise, agit avec tant de mollesse, que les Anglais eurent le temps de reprendre ce navire. Le Joille, à la suite de la funeste affaire d'Aboukir, parvint à sauver son vaisseau et à rentrer à Corfou, après avoir combattu et pris sur sa route un vaisseau anglais de cinquante-quatre canons.

Le Joille périt le 9 avril 1799, à l'attaque de Brindes.

BRUEYS-D'AIGALLIERS.

Brueys-d'Aigalliers, François-Paul, né à Uzès, en 1753, fit sa première campagne à l'âge de 13 ans. Sa carrière commencée sous les plus brillants auspices, se termina d'une manière bien fatale le 1ᵉʳ août 1798 au combat d'Aboukir où il fut coupé en deux par un boulet, et le vaisseau *l'Orient*, qu'il commandait, sauta pendant la bataille au moment où Brueys disait à ses officiers qu'un amiral français devait mourir sur son banc de quart.

VILLENEUVE.

Villeneuve, Pierre-Charles-Jean-Baptiste-Sylvestre, né à Valensoles, Basses-Alpes, en 1763.

Villeneuve possédait les qualités essentielles du marin ; pourtant il manquait d'une certaine persévérance indispensable à ceux qui sont appelés à commander. Villeneuve débuta comme garde-marine en 1778 et montra un grand courage pendant toute la guerre. Lorsqu'arriva la révolution, Villeneuve resta à son poste et monta bien vite en grade. Sa carrière, sans doute, aurait été des plus brillantes sans la fatale affaire de Trafalgar, où la flotte qu'il commandait fut battue par celle de Nelson, malgré l'intrépidité des marins français et de leurs chefs. Villeneuve fait prisonnier fut emmené en Angleterre d'où il revint sur parole pour se défendre contre les accusations portées contre lui. Arrivé à Rennes, il s'arrêta dans cette ville et il écrivit au ministre de la marine pour se disculper, mais on le trouva mort dans son lit, le 22 avril, percé de cinq coups de poignard. La mort de Villeneuve fut un moment attribué à la vengeance de l'un des capitaines qui servaient sous ses ordres à Trafalgar, puis l'on fit remonter plus haut encore cette mort mystérieuse ; mais plus tard, une enquête prouva que Villeneuve lui-même s'était donné la mort.

COUDÉ.

Coudé, Louis, né à Auray, en 1752.

Coudé est encore un fils de ses œuvres. Embarqué jeune, il combattit sans cesse les ennemis de la France et il parvint au grade de contre-amiral, grâce à son intelligence et à sa bravoure.

Coudé est mort à Pontivy, en 1822.

VANSTABEL.

Vanstabel, Pierre-Jean, né à Dunkerque en 1746, mort en 1797 contre-amiral, fut encore un de ces fiers marins de la vieille école des Jean-Bart, qui servit son pays avec tout le patriotisme d'un cœur dévoué.

MORARD-DE-GALLE.

Morard-de-Galle, Justin-Bonaventure, né à Goncelin, en 1741. Bien peu de marins ont fourni une carrière aussi remplie que Morard-de-Galle, qui, depuis 1758 jusqu'en 1809, ne cessa de combattre et de servir la France. Il mourut en 1809, après avoir fait trente-sept campagnes, assisté à quinze batailles navales et reçu huit blessures.

BOURAYNE.

Bourayne, César-Joseph, né à Brest, en 1768, s'est distingué de bonne heure dans la marine. Sa carrière a été honorablement remplie. Il est mort en 1817.

DÉCRÈS.

Décrès, Denis, né à Chaumont, en 1761, commença très-jeune à servir dans la marine.

Brave, entreprenant, il fit plus d'une action d'éclat que sa modestie laissa dans l'ombre. Napoléon l'honora de son estime et en fit son ministre de la marine. Il est mort à Paris en 1820.

TROUDE.

Troude, Amable-Gille, né à Cherbourg, en 1762.

Troude est encore une de nos gloires maritimes. Embarqué jeune, il ne cessa de donner des marques de son courage. Napoléon lui-même le surnomma l'Horace français en 1801, après son fameux combat contre toute une flotte anglaise qu'il força à s'éloigner après lui avoir détruit un vaisseau.

LUCAS.

Lucas, Jean-Jacques-Étienne, né à Marennes, en 1764, encore un des hommes qui illustrèrent notre marine pendant la révolution et l'Empire.

Nommé capitaine en 1803, Lucas reçut l'ordre de monter *le Redoutable* et se trouva au funeste combat de Trafalgar. Lucas se comporta dans cette affaire d'une manière héroïque et il ne rendit son vaisseau aux Anglais, qu'après leur avoir fait un mal épouvantable et au moment où *le Redoutable* coulait sous ses pieds.

Envoyé sur les pontons par les Anglais, Lucas revint bientôt en France où Napoléon le nomma commandeur de la Légion d'honneur et lui donna le commandement du *Régulus* qui faisait partie de l'escadre aux ordres du vice-amiral Alleman. Au mois d'avril 1809, la flotte de l'amiral Cochrane, forte de soixante vaisseaux, ayant attaqué l'escadre dont faisait partie le *Régulus*, dans la rade de l'île d'Aix, Lucas se défendit avec une opiniâtreté inouïe ; voyant que son navire allait être pris ou incendié, il coupa ses câbles et s'échoua. Alors il soutint un nouveau combat, releva *le Régulus* et gagna l'entrée de la rivière de Rochefort où il s'échoua de nouveau. Ce fut alors que durant dix-huit jours, il soutint les attaques de plusieurs vaisseaux anglais qui furent cependant forcés de le laisser rentrer en triomphe dans le port de Rochefort.

Lucas mourut en 1819.

DUBOURDIEU.

Dubourdieu, Bernard, né à Bayonne, en 1773, entra jeune au service et se fit remarquer par sa bravoure, son énergie et son intelligence.

En 1793, il se trouvait à bord de *la Topaze*, lors de l'infâme trahison qui livra le port de Toulon aux Anglais. Le jeune Dubourdieu qui avait énergiquement protesté contre la conduite des marins de la Grande-Bretagne, fut emmené avec une foule d'autres marins à Gibraltar et enfermé dans un ponton. Dubourdieu, dont le courage n'était point abattu par les mauvais traitements de ses ennemis, s'ouvrit à vingt de ces codétenus pour former un complot et s'échapper de prison. Ce fut lui qui, après avoir fait un trou au ponton, se chargea pendant une nuit orageuse, d'aller prendre à la nage une chaloupe attachée à un navire assez éloigné. Ayant réussi, il revint chercher ses compagnons qui eurent le bonheur de s'embarquer sans que l'on se doutât de leur fuite. Mais le plus difficile n'était pas fait, il s'agissait de s'emparer dans le port même, au milieu d'une foule de vaisseaux de guerre, d'un bâtiment et de sortir du port. Aucun des prisonniers n'avait d'armes; les avirons en servirent. Dubourdieu, le premier, sauta à bord du *Temple*, fort bâtiment anglais appartenant au commerce, ses compagnons le suivirent et bientôt l'on fut maître du navire, le câble fut coupé et, le poignard sur le cœur, le capitaine anglais fut forcé de répondre d'une manière convenable aux interpellations des commandants des navires de guerre.

Dubourdieu et ses compagnons eurent le bonheur d'arriver sains et saufs avec leur prise au port de Lorient.

En récompense de sa belle conduite, Dubourdieu, qui n'avait que vingt-deux ans, fut nommé le 21 mars 1796, enseigne de vaisseau. A partir de ce moment, Dubourdieu ne cessa de servir la France et de combattre les Anglais.

Dubourdieu était une de ces natures d'élite, douées d'une grande intelligence qui ne marchandent pas leur vie, lorsqu'il s'agit de protéger celle de leurs semblables.

Dans maintes circonstances, le commandant Dubourdieu donna la mesure de la générosité de son caractère et de son humanité, soit en sauvant des marins tombés à la mer, soit en bravant lui-même des périls pour les éviter aux autres.

Après avoir parcouru toute l'échelle des grades, il fut nommé capitaine de vaisseau.

Choisi par Napoléon pour être mis à la tête d'une division formée à Venise pour protéger le commerce français dans l'Adriatique, il déploya la plus grande énergie et la plus grande habileté dans ce nouveau poste.

En 1810, il s'empara du port de Lissa, où il détruisit douze corsaires anglais et prit ou détruisit nombre de bâtiments. Plus tard, chargé de s'emparer de l'île de Lissa, il fut forcé de livrer une terrible bataille à une flotte anglaise. Il périt dans cette affaire en 1811, au moment où il criait à ses marins : Enfants, à l'abordage !...

L'HERMITTE.

L'Hermitte, Jean-Marthe-Adrien, né à Coutances, en

1766, entra dans la marine à quatorze ans. Depuis 1780 jusqu'en 1814, L'Hermitte ne cessa de combattre et de rendre des services à son pays. Ses camarades lui avaient donné le surnom de Brave, qui lui resta. L'Hermitte passa par tous les grades; il avait été corsaire pendant la révolution, et les marins de Dunkerque se souviennent encore des prises nombreuses que l'intrépide L'Hermitte fit sur les Anglais. Il devint contre-amiral. Sa campagne des mers de l'Inde lui valut surtout de grands éloges. Il prit ou détruisit plus de cinquante bâtiments aux Anglais et fit un tort de plus de dix millions à leur commerce.

L'Hermitte prit sa retraite en 1815 et mourut en 1826.

ROSILY.

Rosily-Mesros, François-Étienne, né à Brest, en 1748, entra dans la marine à l'âge de quatorze ans. Sa carrière maritime est des plus honorables. Il passa par tous les grades et mourut en 1832, vice-amiral.

BRUIX.

Bruix, Eustache, né à Saint-Domingue, en 1761, entra dans la marine à l'âge de quinze ans. Il fit naufrage à son premier voyage et ne fut pas dégoûté pour cela de la carrière maritime. Bruix était instruit et a rendu de grands services à notre marine. Il parvint par son mérite et sa bravoure au grade de vice-amiral. Il est mort en 1805.

ROLLAND.

Rolland, Pierre-Nicolas, né à Dieppe, en 1761, s'embarqua à l'âge de treize ans. Son premier voyage lui fut funeste. Le bâtiment sur lequel il était fit naufrage et il manqua périr. Rentré sous le toit paternel, après avoir souffert bien des misères, cela ne l'empêcha pas de reprendre la mer et de continuer la carrière de marin. Rolland resta à son poste en 1793 et fut nommé au commandement de la *Babet*. En 1805, il montait *l'Atlas* dans la division de l'amiral Villeneuve. Ayant été attaqué par un vaisseau anglais, il se défendait avec intrépidité et il était en train de donner des ordres, monté sur un caisson rempli de cartouches, lorsqu'un boulet ennemi pénétra dans le caisson et le fit sauter avec un bruit épouvantable. Rolland fut lancé en l'air, mais fort heureusement pour lui, il fut arrêté par le filet de casse tête et il retomba dans le caisson enflammé d'où on le retira grièvement blessé. Malgré cela, Rolland ne cessa pas de donner ses ordres. Napoléon le fit venir à Paris, dès qu'il put faire le voyage, le félicita et le nomma officier de la Légion d'honneur.

Rolland commandait *le Romulus*, sous les ordres de Cosmao, lors du combat que soutint l'escadre dirigée par ce brave chef, au mois de février 1814, contre une flotte anglaise plus forte du double. Rolland fit des prodiges de valeur : renversé sans connaissance par un biscayen, on le crut mort, mais bientôt il remonta sur le pont et continua le combat contre trois vaisseaux anglais, auxquels il échappa pourtant, après leur avoir rendu avec usure les coups de canon dont ils avaient troué *le Romulus*.

L'amiral anglais, Pelew, qui commandait les trois vaisseaux qui avaient combattu *le Romulus*, donna la liberté à un prisonnier français pour l'envoyer féliciter le commandant Rolland.

Mis à la retraite par les Bourbons en 1815, Rolland mourut presque de chagrin en 1825, d'avoir été forcé de quitter une carrière qu'il avait si bien remplie pendant quarante-deux ans. Il avait fait trente-trois campagnes et exercé huit commandements. Il avait le grade de contre-amiral.

COSMAO-KERJULIEN.

Cosmao est un des plus braves et des plus intelligents marins qu'ait possédé la France. Sa carrière maritime, aussi longue que brillante, quoi qu'elle ait été brisée à une époque où cet intrépide marin pouvait encore rendre de signalés services à son pays, est une des mieux remplies et des plus glorieuses de nos annales.

Cosmao, né à Châteaulin en 1761, entra dans la marine à l'âge de quinze ans. Depuis 1776 jusqu'en 1815, l'existence de cet héroïque soldat s'est passée sur mer.

Il débuta comme volontaire sur la frégate *l'Aigrette*, avec laquelle il fit une campagne à la Martinique; puis il passa successivement par tous les grades en se battant sans cesse sur divers vaisseaux.

Promu au grade de lieutenant de vaisseau en 1792, il continua à servir son pays sans s'occuper des changements qui survinrent dans le gouvernement. Nommé capitaine, puis chef de division après divers combats où il déploya la plus grande bravoure et une capacité incontestable, il fit la guerre aux Anglais sur toutes les mers, et les combattit sans relâche. Aussi rempli de cœur et de dévouement qu'infatigable, Cosmao ne laissa jamais échapper l'occasion de secourir un frère d'armes. Au combat de Trafalgar, si funeste à nos armes, Cosmao, qui commandait *le Pluton*, fit des prodiges de bravoure, et parvint à sauver son vaisseau après avoir fait éprouver les plus terribles pertes à ses ennemis. Le lendemain même de cette bataille il sortait de Cadix avec cinq vaisseaux, et livrait un nouveau combat aux Anglais, auxquels il arrachait deux vaisscaux de guerre espagnols qu'ils avaient pris la veille, et il aidait plusieurs de nos navires capturés à s'échapper des mains des ennemis. Fait baron et grand-croix de la Légion d'honneur avec une dotation de 4,000 francs de rente, Cosmao continua de servir jusqu'en 1814. En 1815, ayant repris du service sous Napoléon, les Bourbons à leur retour le proscrivirent, comme si le devoir d'un soldat n'était pas de rester inébranlablement attaché au drapeau de son pays.

Cosmao, comme tous les hommes d'élite, comme tous les hommes de cœur, n'avait jamais pensé à sa fortune; son devoir et l'amour de son pays l'avaient seuls occupé pendant toute sa carrière; aussi, lors de sa proscription, fut-il réduit à la plus grande misère. Lui, le soldat généreux, le chef d'escadre intrépide qui avait pris et tenu dans ses mains des trésors considérables qu'il avait généreusement abandonnés à son pays, il n'avait pas même de parti.

Toute la marine murmura en apprenant l'indigne traitement qui avait récompensé les innombrables services de Cosmao. Aussi Louis XVIII le fit-il réintégrer sur les contrôles en 1817, et lui donna-t-il sa pension de retraite. Il n'avait alors que cinquante-deux ans, avait servi près de trente-huit ans, et, chose étonnante, lui qui avait tant de fois bravé la mitraille et la mort dans plus de cent combats, il n'avait pas reçu une seule blessure.

Cosmao s'était retiré à Brest, où il mourut le 17 février 1825.

SEGOND.

Adrien-Joseph Segond, né à Montluçon en 1769, est encore un des marins intrépides qui soutinrent ferme le drapeau de la France pendant la révolution et sous l'Empire.

Segond mourut en 1813, après s'être distingué dans divers combats.

MILIUS.

Pierre-Bernard Milius, né à Bordeaux en 1773.

Milius est encore une des gloires de la révolution et de l'Empire. Embarqué à l'âge de treize ans, il dut tous ses grades à sa bravoure et à son intelligence. Milius, après une carrière des mieux remplies, mourut en 1829 contre-amiral.

RIGNY,
VICE-AMIRAL.

Henri de Rigny, né à Toul en 1782, est un de nos marins modernes qui ont fourni une belle carrière. Entré jeune au service, il se distingua et fit promptement son chemin. Instruit, brave, intelligent, il ne dut son avancement qu'à ses qualités. C'est de Rigny qui commandait l'escadre française au combat de Navarin. Nommé ministre de la marine après 1830, il montra dans ce poste de véritables qualités. De Rigny est mort en 1835.

TRUGUET.

Encore un de nos braves amiraux qui a traversé les phases diverses des différents gouvernements qui se sont succédés en France, sans oublier que le soldat se doit avant tout au pays, et que son honneur est lié à celui du drapeau qu'il sert.

Truguet a commencé à servir à douze ans. Sa carrière

maritime a été longue et glorieuse. Compris un moment parmi les suspects, sous la Terreur, il fut incarcéré ; mais il sortit bientôt de prison pour reprendre la défense de ce gouvernement qui avait été sur le point de le sacrifier.

Plus tard, sans s'opposer au vote pour un pouvoir à vie en faveur de Napoléon Ier, il écrivit une lettre pleine de bons sentiments et de respectueuses observations au Premier Consul qui le destitua.

Par la suite, Napoléon, comprenant mieux les sentiments de Truguet, le rappela au service, et lui rendit ses grades et ses honneurs. Nommé amiral, Truguet continua à servir la France, et est mort en 1839.

JOSEPH COLLET.

Joseph Collet, né à l'île Bourbon en 1768, fut un des plus braves marins de son temps. Embarqué à l'âge de douze ans, il servit depuis 1781 sur une foule de navires où il montra la plus rare intrépidité jointe à la plus grande intelligence. Après une campagne sur les côtes de la Chine et dans le détroit de la Sonde, son père, qui commandait *l'Éclair* et qui était aussi un excellent marin, le prit avec lui en qualité de second. Quoique bien jeune, Collet montra dans ce poste des qualités précieuses. Enfin des armateurs lui confièrent des navires, et il devint commandant à son tour dans un âge où d'autres commencent à peine à aller à l'école.

En 1790, Collet s'engagea comme volontaire sur la corvette de l'État *la Bourbonnaise*, avec laquelle il fit une campagne qui dura plus d'une année sur les côtes de l'Inde.

La bravoure et les qualités de Collet l'ayant fait remarmarquer, il fut fait officier, et passa tour à tour par tous les grades.

Collet fut fait capitaine de frégate en 1804. Dans ce nouveau grade Collet continua à se battre avec la plus grande intrépidité et à rendre les services les plus signalés.

En 1806 Collet commandait *la Minerve*, qui faisait partie de la division du capitaine Soliel.

Le 24 septembre cette division appareilla de l'île d'Aix, et se trouva le lendemain en présence d'une escadre anglaise plus forte du double. Un combat acharné s'engagea aussitôt. Nos marins se battirent comme des lions, mais les forces qui leur étaient opposées étaient trop considérables pour espérer un succès. Cependant *la Minerve*, aux ordres de Collet, résista seule à plusieurs vaisseaux anglais qui furent repoussés et maltraités de telle sorte qu'ils abandonnèrent un instant le bâtiment français ; mais il fut bientôt attaqué de nouveau par deux vaisseaux anglais. Malgré cela, Collet continua sa défense héroïque. Pourtant il fallut abaisser le pavillon tricolore, *la Minerve* coulait et il n'y avait plus de marins pour servir les pièces.

Le commandant Collet fut emmené en Angleterre d'où il ne revint qu'en 1811.

En 1815, lors de la rentrée des Bourbons, Collet commandait, dans la Méditerranée, *la Melpomène*.

Un navire anglais vint alors le sommer d'abaisser le pavillon tricolore et d'arborer le drapeau blanc.—Collet répondit qu'il n'avait pas d'ordres à recevoir des Anglais et conserva le pavillon aux trois couleurs.

Alors le vaisseau anglais, *le Rivoli*, ouvrit le feu contre *la Melpomène*.

Collet soutint l'attaque et résista tant qu'il put ; mais enfin forcé d'amener, il fut de nouveau fait prisonnier par les Anglais et emmené en Angleterre où il resta six mois.

Revenu en France, on le laissa quatre ans sans l'occuper, puis enfin il rentra en activité en 1819.

Collet alors fut employé sur les côtes d'Espagne, en 1823, puis contre les barbaresques, en 1828.—A cette époque, il fut fait vice-amiral, mais il mourut à Toulon vers la fin de la même année. Joseph Collet était un marin aussi intrépide qu'intelligent.

SAIZIEU (Louis-François-Richard-Barthélemy).

Né à Tunis en 1773, Saizieu était fils du baron de Saizieu, consul général de France, à Tunis.

Le jeune Saizieu reçut une éducation soignée au collége de Sorrèze et il entra dans la marine en 1792. Il fit sa première campagne sur *la Badine*, puis il passa sur *la Vestale*. Embarqué sur *la Guerrière*, en 1795, il passa de là tour à tour sur *l'Alceste*, *le Hasard* et *la Justice* ; enfin, en 1798, Saizieu passa sur la frégate *la Diane*, et à cette époque, il dut concourir à la défense de Malte.

Ce fut pendant le siége de cette ville qu'il reçut une balle qui lui traversa la poitrine.—Saizieu guérit de sa blessure et reçut un fusil d'honneur du général Vaubois pour sa belle conduite.

Saizieu continua à servir la France dans diverses circonstances, puis il fut nommé officier dans le nouveau corps des marins de la garde que l'on venait de former. Puis, réintégré dans la marine, il fut nommé aide de camp du ministre Decrès, en 1807. Il fut quelque temps après appelé au commandement du vaisseau *le Duguesclin* de soixante-quatorze canons.

En 1810, Saizieu fut nommé au commandement d'un petit corps spécial de marins et d'ingénieurs que l'on envoyait en Espagne. Dans cette nouvelle position, Saizieu acquit la plus belle réputation de bravoure et d'intelligence, notamment pendant le siége de Cadix où il déploya une intrépidité et des connaissances hors ligne. —Nommé en 1813 baron et colonel des marins de la garde, Saizieu, dans ce nouveau poste, se montra ce qu'il avait toujours été, brave et intelligent. Lors du rétablissement des Bourbons, il quitta le service, malgré qu'il n'eût que quarante-deux ans et qu'il fût encore plein d'activité. En 1830, l'on offrit à Saizieu de reprendre du service, il refusa et n'accepta que sa nomination au grade de commandeur de la Légion d'honneur.

LACROSSE (Jean-Raimond).

Lacrosse est encore une de nos gloires maritimes ; descendant d'une bonne et honorable famille, il prit jeune encore du service dans la marine : s'il est parvenu à un grade éminent, il n'a rien dû à la faveur.

Il était le fils de ses œuvres ; élève du collége de Juilly, il acquit dans cette institution des connaissances aussi nombreuses que variées. Il débuta à l'âge de dix-huit ans sur *la Friponne*, en 1780.

Depuis 1780 jusqu'à 1815, pendant trente-cinq ans, Lacrosse a rendu des services signalés à son pays dans toutes les parties du monde ; les détails de ses nombreux combats seraient trop longs à donner pour ce recueil. Aussi nous contenterons-nous de dire que Lacrosse est un des hommes qui ont rendu sur mer le plus de services à la France.

Homme intelligent, marin intrépide, sa carrière fut aussi honorable que glorieuse.

Lacrosse est mort en 1829 avec le grade de contre-amiral.

MISSIESSY (Édouard-Thomas),
NÉ A TOULON EN 1756.

Missiéssy, comme tous nos grands hommes de mer, commença jeune le métier de marin. A dix ans seulement, le père de Missiéssy le fit embarquer et lui fit faire un voyage dans les Échelles du Levant qui dura vingt-huit mois.

Nommé garde de marine en 1770, il n'avait que quatorze ans. A partir de cette époque, Missiéssy donna des preuves d'une très-grande intelligence et d'une bravoure à toute épreuve. De 1770 à 1776, il servit tour à tour à bord de *la Topaze*, de *l'Engageante* et de *la Flore*. Promu au grade d'enseigne de vaisseau en 1777, il passa sur la frégate la *Sultane,* puis en 1778, il monta sur *le Vaillant* et passa en 1779 sur *la Surveillante* qui livra dans cette même année un terrible combat à un vaisseau anglais, l'*Ulysse*, qui fut obligé de se retirer fort maltraité. Missiéssy montra pendant ce combat la plus grande bravoure.

Missiéssy fut fait capitaine en 1792, puis contre-amiral le 1er janvier 1793.

Le contre-amiral Missiéssy a rendu de véritables services à son pays outre les combats sur mer qu'il soutint pendant une carrière des plus glorieuses. — Il écrivit aussi une foule de bons ouvrages sur la marine.

CHAPITRE X

LES QUATRE FOURMOURMENTIN.

JE passais en 1838 sur les quais de Boulogne-sur-Mer, lorsque je vis cheminer près de moi un grand vieillard à l'air martial, décoré de la Légion d'honneur, que tout le monde saluait. Ne sachant à quoi attribuer l'espèce de respect que l'on portait à cet homme, je voulus savoir qui il était. Alors, avisant un vieux calfat qui se chauffait au soleil, assis sur des cordages, je m'adressai à lui pour satisfaire ma curiosité.

—Dites donc, mon brave, dis-je au marin, seriez-vous assez bon pour me dire le nom de ce grand monsieur décoré qui vient de passer là tout à l'heure?

—Pardon, excuse, me dit le calfat, mais voyez-vous, bourgeois, pour vous répondre, je vous demande la faveur de siroter mon dernier petit bout de carotte.— Et sans m'en dire davantage, mon homme se mit tranquillement à passer d'un côté à l'autre de l'intérieur de sa vaste bouche, un énorme morceau de tabac qu'il suçait avec toute la satisfaction d'un gourmet.

Pendant qu'il se livrait à ce doux passe-temps, il regardait de temps en temps avec tendresse une vieille pipe toute jaune posée sur ses genoux.

J'attendis patiemment que mon vieux marin eut opéré son travail de mastication. Lorsque cela fut terminé, il s'essuya la bouche du revers de sa main, et saisit sa pipe comme s'il avait hâte de remplacer un plaisir par un autre. Pensant avec effroi qu'il me faudrait attendre encore que la pipe fut vide, puis qu'à la pipe succéderait peut-être un nouveau morceau de carotte, j'arrêtai tout court le matelot.

—Ah ça! camarade, lui dis-je, on est Français ou on ne l'est pas, et l'on a sa parole ou on jette sa langue aux chiens. Voyons, vous m'avez promis de me dire le nom de ce monsieur qui vient de passer, et j'attends que vous réalisiez votre promesse.

—C'est pourtant vrai ce que vous dites là, dit le matelot en ouvrant une énorme mâchoire assez mal garnie de petits os aussi noirs que du charbon; c'est ma foi vrai, oui, je vous ai promis, et Jacobus n'a qu'une parole.

—Vous vous appelez Jacobus?

—Jean-Cyprien-Messidor-Floréal Jacobus, c'est mon nom.

—Eh bien! Jean Jacobus, j'attends votre réponse.

—Bien, malgré que vous mangiez les trois quarts de mon nom, je vous apprendrai tout de même ce que vous désirez savoir, si j'en suis capable. Vous disiez donc?

—Je vous priais de me dire le nom de ce monsieur qui...

—Ah! oui, de ce vieux, grand, maigre, mais encore solide au poste. Eh bien! c'est Jacques donc.

—Ah! c'est Jacques? dis-je d'un air impatient au vieux marin. Eh bien! me voilà aussi avancé qu'avant que vous ne m'ayez parlé.

—Ah ça! mais de quel pays êtes-vous donc, que vous ne sachiez pas ce que c'est que Jacques?

—Je suis étranger à cette ville, dis-je, et par conséquent je n'en puis connaître les habitants.

—C'est encore vrai, ce que vous dites là; oui, vous avez raison, puisque vous ne le connaissez pas, c'est que vous n'en avez jamais entendu parler; c'est juste. Pour lors je vais vous satisfaire en deux mots. Le vieux sec qui vous intéresse s'appelle Jean-Jacques, et il doit approcher de ses quatre-vingts ans. C'est un vieux dur à cuir qui a tapé ferme sur l'Anglais dans son temps. C'est-il compréhensible ça?

—Ah! dis-je, bien décidé à ne pas me fâcher, et après?

—Après? Ah! oui, je me rappelle, vous ne le connaissez pas. Eh bien! attendez, je vais vous le faire connaître un peu, si j'en suis capable. Écoutez-moi un instant.

—Pour lors, il y a bientôt cinquante bonnes années de cela, je crois que c'était vers 1795, il y avait à Boulogne une bonne famille de braves gens, je ne sais pas trop même s'ils n'étaient pas un peu nobles, mais dans ce temps-là on ne se vantait pas de ces choses-là : au contraire, chacun disait qu'il était venu au monde comme Polichinelle, tout nu, les mains dans ses poches, sans tambour ni trompette, et surtout sans titres de noblesse et sans aïeux titrés. Cette famille était composée de la mère et de quatre garçons, sans compter les filles s'il y en avait, ce que je ne me rappelle pas; mais cela ne fait rien à l'affaire, laissons le reste de la famille pour la bonne mesure; quant au père, je crois qu'il était mort. Enfin, ça ne fait rien. Je disais donc qu'il y avait sur le quai de Boulogne une honnête famille où se trouvaient quatre garçons. Ces quatre garçons étaient tous des gaillards qui ne se faisaient pas faute de s'amuser à l'occasion. Pourtant c'était rangé comme des quartiers-maîtres de la marine royale. Mais voilà qu'un jour le pain devient cher; le vin, la viande, etc., etc., sont tout aussi chers que le pain; les Anglais nous faisaient une guerre acharnée, et nous n'avions plus guère de gros vaisseaux à leur opposer; aussi, fallait voir la détresse qui existait dans nos ports à cette époque-là. Je n'étais encore qu'un pauvre moussaillon gros comme le poing; mais je me rappelle cela comme si c'était aujourd'hui : les gabiers du port m'avaient surnommé Grain-de-Poivre, et je méritais mon nom, car j'étais pétulant et assez mauvais sujet pour faire monter la moutarde au nez de quiconque aimait à vivre en paix. Enfin, n'importe, j'étais ce que j'étais, ça n'est pas ça que vous voulez apprendre. Je continue.

J'étais donc tout petit encore, et j'avais mes entrées partout. Un matin, c'était ma foi en... voyons que je me rappelle. Ah! oui, c'est ça, je viens de le dire déjà, c'était en 1795; le pain était rare, et l'Anglais nous faisait tirer la langue longue comme le cordage d'une maîtresse ancre, comme disaient les matelots. Un matin donc que j'avais le ventre creux, j'entrai sans cérémonies dans une maison qui était au bout du quai de Boulogne, sachant que s'il y avait du pain dans cette maison, j'en aurais un morceau. C'était là où demeurait Jacques avec ses frères et tout le restant de la famille.

—Tiens, c'est Grain-de-Poivre, dit Jacques en m'apercevant.

—Oui da! dis-je, c'est moi.

—Eh bien! petit, qu'est-ce que tu veux? dit Jacques sans bouger de place non plus que sa mère et ses trois autres frères qui étaient tous assis en face les uns des autres comme qui dirait des poissons dans une nasse.

—Dame! dis-je, je suis venu vous voir parce que, voyez-vous, le boulanger a oublié de nous apporter du pain depuis deux jours, vu qu'il n'y a pas de numéraire à la maison, et ma foi je suis entré pour voir si par hasard il n'y aurait pas une croûte de trop chez vous. Ça n'est pas tant pour moi, mais pour la mère qui a bien faim.

—Ah! mon pauvre Grain-de-Poivre, dit Jacques avec un air triste que je ne lui avait jamais vu et un gros soupir; ah! mon pauvre Grain-de-Poivre, je suis bien désolé de te refuser, mais nous étions là tous à nous demander nous-mêmes comment nous allions faire pour vivre, car la gamelle est vide, la huche aussi, et les espèces nous font faute.

—Ah! dis-je, en tournant mon bonnet de laine dans mes doigts, pourtant vous êtes fort, vous, Jacques, et vos frères aussi?

—Eh bien! dit Jacques, qu'est-ce que ça fait d'être fort? l'on mange plus, et voilà tout.

—Ah bien! ma foi, dis-je, moi, si j'étais fort comme vous, je sais bien ce que je ferais pour avoir du pain pour la mère.

—Qu'est-ce donc que tu ferais, petit, pour avoir du pain si tu étais fort?

—Ah! dame! dis-je d'abord, je ne m'enfermerais pas comme ça dans ma cambuse.

—Et puis? dit Jacques presque colère.

—Et puis? j'irais emprunter de la farine, du lard et de la monnaie aux Anglais qui en regorgent.

Après avoir prononcé ces mots, je restai un instant indécis sans savoir si j'allais me sauver ou rester. Il se fit un grand silence, puis tout à coup Jacques releva la tête et dit:

—Il a raison, le petit, oui, il a raison, il faut aller demander du pain aux Anglais.

—Demander du pain aux Anglais! dit en se levant avec indignation la mère de famille. Non, non, pas de bassesse, plutôt mourir de faim, et puis nous sommes en guerre avec l'Angleterre, et nous n'avons aucun secours à attendre des Anglais.

—Je ne dis pas, mère, que les Anglais nous donneront quelque chose de bonne volonté, dit Jacques en se levant, les yeux étincelants et la parole saccadée. Non, non, les gueux, ils aimeraient mieux nous voir mourir tous de faim. Mais je dis qu'il faut aller leur en demander, et leur prendre à la force du poignet s'ils ne s'exécutent pas de bonne volonté. Dites donc, vous autres, ajouta Jacques en s'adressant à ses frères, êtes-vous de cet avis-là?

—Jour de Dieu! dit Denis qui se leva aussi de son siége, Jour de Dieu! nous avons déjà trop tardé.

—Oui, oui, dirent les deux autres garçons en se levant à leur tour; oui, nous sommes des lâches d'être restés là les bras croisés à voir périr la famille quand nous pouvions ramener l'abondance au logis.

—Eh bien! dit Jacques, il est encore temps de commencer; mais faut faire le serment de ne rentrer ici qu'avec des vivres et autre chose encore.

—Nous le jurons, dirent les trois autres frères, oui, guerre aux Anglais!

—Hélas! mes pauvres fils, dit la mère de famille, je ne vous désapprouve pas, car vous êtes des hommes, et de père en fils les gens de notre famille ont toujours été braves. Mais vous n'êtes pas des poissons pour espérer faire la course sans un bon navire sous vos pieds?

—Bah! dit Jacques, le vieux Durdoir a une péniche qui jauge bien vingt-cinq tonneaux, il nous la prêtera. Nous avons nos pistolets, des piques, des haches, puis nous emprunterons un ou deux pierriers ; avec cela nous tenterons la fortune.

—C'est ça, dirent les trois autres frères, oui, et il faut partir de suite.

—La marée est basse, dit Denis, aurons-nous assez d'eau pour sortir?

—Nous aurons assez d'eau, dit Jacques, le flot soulèvera le bateau, et nous sortirons du port.

—Alors en avant, mes frères, dit Denis, et gare à l'Anglais si nous en rencontrons.

—Un instant, dit Jacques, demandons à notre mère qu'elle nous donne sa bénédiction et qu'elle prie Dieu pour nous.

Sans rien répondre, les trois frères de Jacques ainsi que lui se mirent à genoux devant la brave femme.

La mère alors leva les yeux au ciel, étendit ses mains sur la tête de ses enfants et dit : « Dieu vous protége, mes fils » ; mais la pauvre femme n'en put dire davantage, deux ruisseaux de larmes partirent de ses yeux et elle tomba sans connaissance.

Alors Jacques prit sa mère dans ses bras, la porta sur son lit, puis les quatre fils la baisèrent au front. Jacques, après cet acte de piété filiale, se tourna vers ses frères et dit : « partons ».

Les quatre jeunes gens jetèrent un dernier regard sur leur mère, puis s'apprêtèrent à sortir lorsque je m'écriai tout à coup :

—Et moi, et moi donc !

—Eh bien! dit Jacques, reste avec la mère et soigne-la bien.

—Votre mère, dis-je, n'est pas malade, elle est comme la mienne, elle a plus besoin d'une miche de pain que d'une tasse de tisane.

—Alors? dit Jacques.

—Eh bien ! je voudrais aller avec vous donc.
—Frères, dit Jacques, il est bien petit.
—Qu'il vienne, dit Denis, il grandira.
—Oui, qu'il vienne, dirent les deux autres frères, il s'habituera à la fatigue.
—Alors viens, Grain-de-Poivre, dit Jacques, Dieu, pendant notre absence, prendra soin de notre mère et de la tienne.

Et voilà comme quoi, moi, Grain-de-Poivre, je fus engagé comme mousse pour courir sur les Anglais avec Jacques et ses frères.

En moins de deux heures, la pauvre petite péniche du père Durdoir fut parée et mise en état de prendre la mer.

Le vent soufflait fort, le ciel était gris et les flots de la mer déferlaient en longues lames couleur de plomb contre les estacades de la jetée, et cela pouvait suffire à la rigueur pour soulever le bateau qui pouvait gagner la pleine mer s'il n'était pas défoncé sur les galets avant d'avoir franchi la passe.

Lorsque les promeneurs virent notre péniche s'orienter pour gagner l'entrée du port, les uns se demandèrent si nous n'étions pas fous, les autres si c'est que nous avions envie de nous faire périr.

Le père Durdoir qui était sur la jetée, nous vit aussi et reconnut son bateau. Le vieux brave homme alors entra dans une grande colère, vu que Jacques avait oublié de lui demander la permission de se servir de sa barque. Mais cela ne nous arrêta pas. Malgré les injures du père Durdoir, malgré les quolibets des uns et les *hélas!* des autres malgré les grosses lames nous sortîmes du port et nous disparûmes bientôt à tous les yeux.

Les premiers moments de notre sortie furent pénibles et nous ne rencontrâmes d'abord que des vaisseaux de guerre anglais qui nous chassèrent, mais qui nous méprisèrent assez pour ne plus s'occuper de nous.

On devait être bien inquiet sous le toit de ma mère et au logis des quatre frères : il y avait plusieurs jours que nous étions en mer et nous n'avions pas encore trouvé l'occasion de faire un bon coup et pourtant nous n'avions eu pour toute nourriture pendant ce temps-là que quelques morceaux de biscuit avarié. Enfin nous vîmes arriver un gros navire qui en aurait contenu quinze comme le nôtre dans sa cale ; aussi le gros navire ne fit-il pas grand cas de nous.

—Attention, les frères, dit Jacques, pas de fausses embardées et tirons nos bordées de manière à nous trouver sous la hanche de cette grosse baleine-là au moment où les Anglais y penseront le moins.

—Parez-vous et loffez droit, dit Denis.

En rien de temps nous fûmes sous la hanche du gros bâtiment anglais, puis ayant rencontré par hasard des bouts de corde qui traînaient, en un clin d'œil les quatre frères furent sur le pont du navire. Les Anglais en apercevant quatre hommes armés jusqu'aux dents, eurent un moment de stupeur, mais reprenant courage, ils voulurent se défendre. Cela fut inutile, car Jacques et Denis tombèrent comme la foudre sur les plus hardis, les abattirent et donnèrent une telle épouvante aux autres qu'ils se réfugièrent dans la cale. Aussitôt Denis ferma le panneau et les quatre frères furent les maîtres du navire.

Nous apercevions au loin plusieurs croiseurs britanniques et nous avions tout à craindre de leur approche. Aussi Jacques se mit-il lui-même au gouvernail, les trois autres frères orientèrent les voiles, je montai aussi sur le navire, on prit la péniche à la remorque et voilà comment nous fîmes notre entrée triomphale dans le port de Boulogne juste seize jours après en être sorti.

—Ah çà ! mais dis-je, c'est très-drôle ce que vous me racontez-là ; mais vous ne m'avez pas dit le nom du personnage qui vient de passer.

—Ça c'est vrai, dit le calfat ; eh bien ! pour lors, puisque vous tenez à savoir le nom au juste de ce grand vieux sec, décoré, qui vient de passer, sachez qu'il s'appelle Jean-Jacques Fourmentin, baron de Buccaille, et que malgré ses quatre-vingts ans, s'il y avait encore un coup de peigne à se donner avec les Anglais, il ne bouderait pas pour sûr.

Puis le vieux marin continue :

—Mais puisque j'ai commencé à vous narrer l'histoire des Fourmentin, écoutez-moi que je vous la dise tout entière.

Après avoir essayé de la course, les quatre frères prirent du goût pour le métier et ils s'y livrèrent avec toute l'ardeur d'hommes intrépides.

Jean-Jacques, celui que vous venez de voir, a été le Jean-Bart de Boulogne. Il montait *le Furet*, petit lougre, qui portait bien son nom, il a pris aux Anglais, dans le cours de ses courses, quatre-vingt-dix-neuf bâtiments, sans compter ceux qu'il a coulés ou meurtris. Seulement il regrette aujourd'hui de ne pas avoir complété le cent ; pourtant, quatre-vingt-dix-neuf bons petits navires bien chargés, ça n'est pas mal.

—Et les autres frères, dis-je, que sont-ils devenus ?

—Ah ! dame ! dit le calfat en branlant la tête, ah ! dame ! c'est que le métier de corsaire n'est pas sain, les prunes que l'on y attrappe ne se digèrent pas facilement. Enfin c'est au petit bonheur, si l'on en réchappe, si l'on a la chance pour soi, on en revient quelquefois pauvre et couvert de blessures comme moi, mais l'on en revient, c'est encore une faveur ça, quelquefois aussi l'on en est quitte avec des jambes et des bras de moins, mais pourtant on en revient quelquefois riche, décoré et baron comme notre vieux Jacques, et celui-là, nom d'une chique! il n'a pas volé son argent ni sa croix, ni son titre de baron.

Quant aux trois autres Fourmentin, ajouta le calfat, les deux plus jeunes, après s'être battu comme des lions, sont disparus de la scène du monde et sont allés je ne sais où ; quant à Denis, le second des Buccaille, celui-là, il a fait pendant un temps une guerre acharnée aux Anglais avec son petit navire qu'il avait si bien nommé *le Rusé.* Mais il est vrai de dire qu'il a fini comme un vrai corsaire.

C'était le 14 nivose an VII. Denis Fourmentin qui commandait, comme je le disais, *le Rusé*, fut rencontré par un autre petit bâtiment nommé *le Furet*, commandé à cette époque par le brave Audibert. Dès que les deux capitaines et leurs équipages se furent reconnus, ils furent contents comme des bien heureux. Mais tout à coup apparut un gros navire qui naviguait sans pavillon.

Les deux petits bâtiments français firent des signaux pour que le navire arbora ses couleurs. Celui-ci ne se fit pas prier et bientôt voltigèrent à ses mâts les couleurs de la Suède.

—Nous sommes en paix avec la Suède, dit le capitaine du *Furet*, c'est un ami, rien à faire pour nous.

—Nous sommes volés, dirent les marins, pas moyen de nous frotter le cuir.

—Dites donc, du bâtiment suédois, dit Fourmentin, pourriez-vous nous faire l'amitié de nous vendre quelques vivres dont nous sommes à court?

—Approchez, fut-il répondu.

Les deux corsaires s'approchèrent sans défiance, mais dès qu'ils furent à demi-portée, le soi-disant bâtiment suédois lâcha une bordée épouvantable sur les deux navires.

Denis Fourmentin, le capitaine du Rusé, fut coupé en deux et plusieurs hommes de son équipage furent blessés ou tués.

Audibert, le commandant de l'autre bâtiment, voulut venger la mort de Fourmentin et la trahison de l'Anglais, et malgré une énorme infériorité il continua le feu et força la frégate anglaise à chercher son salut dans la fuite.

Et voilà comme quoi, dit en terminant le calfat, finirent les Fourmentin. Un est mort coupé en deux sur son bord, deux sont probablement aussi au fond de l'Océan, et le quatrième, Jean-Jacques, est aujourd'hui encore vivant, honoré, respecté dans sa ville natale, et ne désespérant pas de compléter son petit cent de navires anglais.

LES LOUPS DE MER.

Chaque siècle a ses mœurs, chaque époque a ses types. Mœurs et types qui correspondent aux besoins du moment, aux événements qui s'accomplissent.

Après la Révolution, la France monarchique avec ses castes, ses usages, ses priviléges, avait disparu. De tout ce qui avait existé pendant tant de siècles, il ne restait plus rien,—plus rien que des aspirations à une vie nouvelle, plus rien que des existences détournées des voies où elles s'étaient tenues jusque-là. Le personnel de nos flottes surtout se trouva tout à coup transporté dans un monde nouveau. L'égalité proclamée pour tous semblait à nos officiers de marine ne pouvoir exister à côté de la discipline sévère qui, jusque-là, avait présidé à la règle établie sur nos vaisseaux et les chefs de notre marine presque tous nobles, et attachés de cœur ou par intérêt à un ordre de choses qui s'écroulait, ne pouvaient s'habituer aux nouveaux usages. De là naissaient une foule de contrariétés et d'impossibilités dans le service. Les matelots prenaient la licence pour la liberté, l'indiscipline pour l'égalité. Les chefs, habitués à être obéis sous peine des plus terribles châtiments, ne comprenaient plus l'autorité sans des rigueurs souvent arbitraires ou cruelles. De là des révoltes ou au moins une insubordination incompatible avec la discipline. Aussi la plupart des officiers avaient-ils abandonné leur poste et le plus grand nombre des marins s'étaient-ils habitués à une existence tout à fait en dehors des exigences du commandement, et puis nos arsenaux étaient vides, nos forces navales presque anéanties. La guerre contre nos ennemis devait donc se faire d'une tout autre manière que du temps où nous possédions des flottes nombreuses et des arsenaux bien garnis : c'est ce qu'une foule d'hommes intelligents, de marins intrépides avaient reconnu. Aussi, aux grandes luttes sur mer avaient succédé la course, la guerre de guérillas.

Aux escadres puissantes et nombreuses de nos ennemis nous n'avions plus à opposer que de frêles navires souvent mal équipés. Mais ces navires étaient montés par d'héroïques marins, et l'on peut affirmer que si pendant la lutte que la France eût à soutenir sous la république et sous l'empire, nous ne gagnâmes pas de grandes batailles navales, nous fîmes plus de mal au commerce anglais que lorsque nous avions des flottes nombreuses à leur opposer. C'est pourquoi les gens sensés ne comprirent jamais bien le décret de la Convention qui abolit la course pendant un moment.

Les débris de nos escadres restaient dans nos ports, nos vieux marins inoccupés et mécontents regardaient chaque jour du haut des jetées si enfin quelques vaisseaux n'apparaîtraient pas ramenant à leur suite les débris des navires ennemis vaincus dans le combat. Hélas ! rien ne venait, chaque jour se suivait et se ressemblait et nos marins continuaient à jurer, à boire ou se croisaient les bras d'un air morose en se demandant si ce temps de triste calme ne serait pas bientôt remplacé par des jours de lutte.

La ville de Dunkerque, qui compte dans ses annales les exploits de Jean-Bart et de tant d'autres braves marins, était surtout devenue des plus monotones.

C'était par une journée sombre et pluvieuse, le vent soufflait par raffales et la mer déferlait en grosses lames par-dessus les parapets de la jetée. Une douzaine de marins étaient assis autour d'une grande table couverte de pots et de verres remplis à moitié ; la vaste pièce où ils se trouvaient, obscure, humide et noircie par une couche grasse et gluante, était encore assombrie par l'épaisse fumée qui s'exhalait des pipes des marins qui buvaient et fumaient tour à tour.

—Ah çà, dit tout à coup un marin à l'épaisse chevelure, à l'air décidé, est-ce que nous sommes destinés à pourrir là comme de vieux cordages dans la cale du grand Saint-Nicolas ? Voyons, vous autres, n'êtes-vous pas de mon avis ? Ne vaudrait-il pas mieux risquer sa peau cent fois par jour plutôt que de rester là comme des cancrelas dans les boiseries de sapin d'une cabine ?

—Mort-diable ! dit un grand gaillard au teint jaune, à la tournure athlétique, mort-diable ! j'avoue que si ça dure encore un mois comme cela, je suis un homme fini, perdu, tourné à l'état de hareng-saur, et tout au plus bon à être encaqué.

—Pour mon compte, dit un troisième, j'en ai assez, quand je devrais me risquer tout seul dans une coquille de coco ou sur le dos d'un congre, je prendrai la mer ou j'irai vivre dans les forêts comme un loup, tant ça me navre le cœur, de penser que ces gueux d'Anglais se promènent sur l'Océan aussi tranquilles que dans un carrosse de la cité de Londres. Nom de nom! ça ne peut pas toujours durer.

—Nom d'un chien de mer! dit un quatrième, c'est fini, je tourne à l'huître si je reste encore quinze jours ici sans remuer ni pieds ni pattes, je deviens paralytique. Au diable la Convention avec ses décrets. En voilà une belle fichue idée de nous défendre d'aller en course! Comme si nous avions des flottes et des escadres pour se mesurer contre les Anglais! Je n'y tiens plus, il faut que je parte.

—Et moi, donc, dit un cinquième marin, et moi, donc, croyez-vous par hasard, vous autres, que je ne me ronge pas les poings jusqu'aux épaules, de rester là comme un homard dans son trou? Sapristi! je m'en fais de la bile.

—Eh bien! puisqu'il en est ainsi, dit un autre marin, faut nous entendre, nous associer ensemble, et nous en aller où bon nous semblera sans consulter les avocats de Paris qui parlent bien, peut-être, c'est possible, mais qui pour sûr ont perdu la boussole de l'entendement.

—Voyons, dit le premier qui avait pris la parole, nous voilà douze ici qui n'avons pas froid aux yeux, eh bien! faut filer notre câble sans tambour ni trompette, et nous en aller à la chasse aux Anglais sans la permission du commandant du port.

—Oui, oui, dit un vieux marin tout couvert de cicatrices et la peau plus noire que la couche de goudron qui recouvrait sa culotte, oui, faut faire comme les loups de mon pays, ces gaillards-là s'associent ensemble pour faire la chasse au gros gibier, faut en faire autant.

—C'est ça, dit un autre marin, c'est ça, associons-nous pour faire la chasse à l'Anglais, nous serons les loups de mer, nous autres.

—Ça y est, dirent tous ensemble les marins; puis tout à coup un matelot, qui était entré sans qu'on l'aperçut et qui avait entendu la fin de la conversation, s'écria : — Vive les loups de mer, mille sabords ! j'en suis, moi.

—Bravo! bravo! dirent tous les marins en reconnaissant le nouvel arrivé, bravo! C'est L'Hermitte qui nous commandera.

—Mille bombes! dit le jeune homme qui venait d'entrer, il y en a plus d'un ici qui mérite mieux que moi l'honneur de vous conduire contre les Anglais.

—Non, non, dirent les marins, nous te connaissons tous, et nous savons que tu n'as peur, ni du feu, ni de l'eau, ni du diable, ni des Anglais, ni des décrets de ces imbéciles de la Convention, et nous te nommons à l'unanimité notre commandant.

—C'est entendu, dit L'Hermitte, je suis le chef des loups de mer ; mais je vais vous apprendre une bonne nouvelle, c'est que la Convention est revenue sur sa décision, parce qu'elle a reconnu que sa philanthropie était de la bêtise, et qu'elle avait brassé de la monnaie pour le compte des Anglais. Ainsi, nous pourons partir demain matin si le vent est bon, et nous n'aurons pas besoin de nous cacher comme des loups dans les bois.

—C'est égal, dirent les marins, ce qui est dit est dit, nous sommes des loups de mer, et tu es notre capitaine.

—Va pour des loups de mer, dit L'Hermitte en avalant un plein verre de bière, et à la santé de mes louveteaux.

Les marins continuèrent à boire, à fumer et à s'entretenir des bonnes prises qu'ils allaient faire. Mais L'Hermitte, qui était pourtant le plus jeune de ces rudes loups de mer, comme ils s'intitulaient, dit tout à coup qu'il était temps de se retirer, parce que si la mer le permettait, au petit jour on filerait sur une petite péniche qui était amarrée au quai.

Le lendemain, avant le jour, nos douze marins arrivaient

au rendez-vous, prenaient possession du petit bâtiment qui n'avait que deux pièces pour toute artillerie.

—Diable! dit un matelot, nous n'avons pas grande chance de couler les frégates anglaises si nous en rencontrons.

—Non, dit un autre, et je ne sais pas si nous ferons amener facilement les bâtiments ennemis avec les grains de sel de nos couleuvrines.

—Allons, vous autres, dit L'Hermitte qui avait entendu la conversation, croyez-vous que c'est deux, quatre ou six canons qui feront plus ou moins peur aux Anglais? Et puis, je ne compte pas sur nos pièces, nous n'avons qu'une chance, c'est de sauter de suite à l'abordage. Le bruit de la canonnade nous attirerait des navires de guerre sur le dos, et nous n'avons pas besoin de cela.

La péniche leva l'ancre dès l'aurore, et pendant plusieurs jours les gens de Dunkerque, qui savaient le départ du petit bâtiment, vinrent sur la jetée consulter l'horizon et faire toutes sortes de conjectures sur le sort du navire où s'étaient embarqués les loups de mer.

Le maître de l'auberge du *Grand Saint-Nicolas* était l'un des flâneurs les plus assidus de la jetée.

—Ah! min-got, disait-il souvent aux autres désœuvrés qui causaient avec lui; ah! min-got, j'ai fait une grande perte, moi. Ils buvaient dur les loups de mer! Ils avaient toujours soif, et, si quelques-uns ne payaient pas toujours leur écot et cassaient mes pots et mes plats, hé bien! les autres payaient, et il restait encore un bon profit.

—Oui, mais s'il reviennent avec de bonnes prises, disait un Dunkerquois, ils répareront le temps perdu.

—Avec des prises! répondait avec un soupir l'aubergiste du *Grand Saint-Nicolas*, ça n'est pas possible, non, ça n'est pas possible ; d'abord, ils sont partis un vendredi matin, ils sont treize à bord sans compter les mousses, et ils ont pris le nom de loups, comme si les loups allaient à la mer. Non, non, plus je réfléchis, ajoutait le brave homme en branlant la tête, plus je pense qu'ils n'auront pas de chance, et s'ils reviennent jamais, ce que je ne crois pas, ils auront pour sûr essuyé bien des misères.

Dix jours, quinze jours, un mois se passèrent sans que l'on eût la moindre nouvelle du petit bâtiment où se trouvait L'Hermitte avec ses loups. Tout le monde était convaincu qu'il avait été pris ou qu'il avait péri. Pourtant, un matin où le soleil s'était levé radieux, que la mer était calme et unie comme une glace, les gens matinals qui parcouraient l'horizon du regard virent une grosse tache noire dans le lointain. Peu à peu cette grosse tache s'agrandit, puis l'on aperçut distinctement deux gros bâtiments et un petit navire qui cinglaient à toute voile vers l'entrée du port de Dunkerque, puis bientôt l'on entendit le bruit inusité de la canonnade.

Alors tous les habitants de Dunkerque se pressèrent sur le port ; les quais furent couverts de curieux qui discouraient sur la provenance de ces trois bâtiments qui arrivaient si inopinément dans le port.

—Ce sont des vaisseaux de guerre, disaient les uns.

—Hé non ! disaient les autres, les commandants des vaisseaux de guerre savent bien qu'il n'y a pas assez d'eau dans le chenal.

—Alors, disaient quelques-uns des plus malins, méfions-nous, ce sont peut-être des Anglais qui cherchent à s'approcher pour incendier la ville.

—Des Anglais, reprenait un vieux marin ! Oui, ce sont des navires anglais, mais je ne crois pas qu'ils aient l'intention de s'amuser à venir à portée de nos batteries, et puis je ne vois guère de monde à la manœuvre.

—Enfin nous allons savoir ce que c'est tout à l'heure, dit le maître du *Grand Saint-Nicolas*, qui était accouru comme les autres sur le port.

Bientôt l'on vit distinctement le pavillon de la France arboré sur les trois navires, puis de temps en temps l'on entendit la détonation d'une pièce d'artillerie. Enfin les navires avaient franchi la passe, de nombreuses barques chargées de marins étaient allés à leur rencontre, et bientôt l'on vit les hommes qui montaient ces barques faire toutes sortes de signes en poussant des cris de victoire.

—Diable! diable! dit à part lui l'aubergiste du *Grand Saint-Nicolas*, si encore il y avait quelques bonnes pratiques pour moi à bord de ces bâtiments-là?

Les trois navires abordèrent enfin, jetèrent l'ancre dans le port, et l'on vit les marins qui les montaient s'apprêter à débarquer.

—Diable! diable! dit encore l'aubergiste en comptant de loin les matelots des trois navires, ils sont bien peu pour former l'équipage de trois bâtiments. — Il vit ensuite des soldats de marine monter à bord, puis faire défiler une centaine de matelots anglais, qui avaient été jusque-là retenus à fond de cale, puis l'on entendit au milieu de la foule crier : Vive les loups de mer!

—Oh! oh! dit l'aubergiste, est-ce que par hasard ce serait?... mais non.... ça n'est pas possible.... Ils étaient treize, et je n'en ai vu débarquer que neuf, et puis.... non, ils sont partis un vendredi.... non, ça ne peut pas être les loups de mer que j'ai connus.

—Vive les loups de mer, criaient de plus fort en plus fort les marins, et la foule répétait : Vive les loups de mer. Enfin le maître du *Grand Saint-Nicolas* ne put plus douter lorsqu'il vit déboucher L'Hermitte à la tête de huit de ses loups, qui étaient suivis par plus de cent prisonniers anglais.

—Ah! sapristi, dit le maître du *Grand Saint-Nicolas*, ah! sapristi, maintenant je ne croirai plus à la mauvaise influence du vendredi ni du nombre treize.... Pourtant, voyons un peu.... — Alors il s'élança à la rencontre des marins.

— Holà! vous autres, cria-t-il dès qu'il fut près d'eux, vous étiez treize, et vous n'êtes plus que neuf.

—Tais-toi, imbécile, dit L'Hermitte, et apprends que quand les loups s'en vont en mer et qu'ils ramènent plus de cent prisonniers et deux gros navires, il se peut bien que quelques-uns soient restés en route.

— Je m'en doutais, dit l'aubergiste à part lui, et bien sûr que les quatre qui manquent à l'appel sont François, Jangarou, Lustulu et Grigncognan, qui ont oublié de solder leur compte avant de s'en aller; aussi pourquoi s'embarquer un vendredi, et au nombre de treize?

Pendant que l'aubergiste faisait ses réflexions, les marins étaient entrés dans son auberge sans qu'il s'en aperçut, et lorsqu'il tourna la tête, voyant l'affluence énorme de gens qui étaient chez lui, il courut de toutes ses forces vers sa maison en se disant : Pourtant si je regagne aujourd'hui le double de ce que me doivent les loups qui ne sont pas revenus, j'aurai fait une bonne affaire.... Définitivement, la mauvaise chance du vendredi et du nombre treize sont des bêtises....

L'Hermitte préludait aux grandes destinées qui l'attendaient plus tard.... Quelques jours après sa rentrée à Dunkerque avec ses deux prises, il ressortait, s'emparait de nouveaux bâtiments anglais.... Enfin il entrait dans la marine de l'État et finissait par devenir vice-amiral.... Il y avait loin de cette belle position à celle que L'Hermitte avait à son point de départ; pourtant le brave marin n'oublia jamais ses commencements, et il aimait surtout à se rappeler son association des loups de mer de Dunkerque.

LE LOUP DE MER, CHASSEUR D'HOMMES.

C'était en 1793, la ville de Dunkerque était assiégée par une armée sous le commandement du duc d'Yorck. La tristesse était grande dans la cité, et la famine plus grande encore; aussi voyait-on nombre de gens parcourir les rues et les carrefours d'un air sombre et inquiet; la misère était d'autant plus considérable, que la Convention, par une de ces bizarreries qui peignent bien l'anarchie des idées de ce temps-là, avait aboli la course contre les ennemis, comme si la guerre était une affaire de sentiment et une question de philanthropie.

Bon nombre d'anciens marins, d'hommes intrépides, aussi braves à la bataille que durs à la fatigue, étaient sans ressources et ne savaient comment vivre.

Un matin, deux vieux matelots parcouraient, silencieux et tristes, la jetée du port de Dunkerque lorsqu'ils rencontrèrent un de leurs anciens camarades.

— Tiens, dit l'un des deux matelots, c'est Jean Grou.

— C'est pourtant vrai, dit l'autre; eh bien! en voilà une de rencontre; et moi qui le croyait sur les pontons ou dans le fond de l'Océan. Ah! bien ma foi, je suis fameusement chagrin de n'avoir pas le sou pour lui payer quelque chose, à ce brave Jean Grou.

— Oui, c'est moi, les amis, dit à son tour Jean Grou, qui était un gaillard taillé en manière d'Hercule... Oui, c'est moi! Ah! ça, qu'est-ce que vous faites donc là? vous autres, pour avoir des mines de meurt-de-faim comme ça.

—Ah! dame! dit un des marins, c'est que depuis que les avocats de Paris ont défendu la course, nous sommes sevrés des douceurs de la cambuse, et qu'il n'y a pas même au râtelier où nous broutons le moindre petit bout de carotte à sucer.

—Oui, mon vieux, ajouta l'autre marin avec un soupir! oui, mon vieux, c'est comme ça; pas une pauvre chique à se mettre dans le bec; les Anglais tiennent la mer comme si c'était à eux, les Autrichiens nous bombardent ici; ma foi, c'est à en mourir de chagrin.

—Ah! ça, toi, Jean Grou, dit le premier marin, tu as une mine de marsouin satisfait, et tu me parais crânement calé; est-ce que tu aurais fait un héritage?

—Un héritage! dit Jean Grou en levant les épaules avec un air de dédain, ah! bien oui, des héritages dans la famille des Jean Grou! Ah! bien oui, depuis les temps du déluge, il paraît que de père en fils nous n'avons jamais été que des matelots, sans souci du lendemain, n'amassant jamais que des coups d'épissoir ou des atouts, pas nourrissant du tout.

—Pourtant, dit l'autre marin, où as-tu gagné une défroque aussi soignée que celle que tu as?

—Dame! dit Jean Grou, j'ai mon petit commerce à moi, qui est assez gentil pour le quart d'heure; et vous autres, qu'est-ce que vous faites?

—Nous autres, dit le premier marin, nous avons voulu essayer de faire la chasse aux homards et aux congres, à marée basse; mais nous n'étions pas sitôt dans les dunes, qu'il nous arrivait quelques bons coups de mitraille de la part des Anglais. Ça n'était pas sain du tout; alors nous avons été réduits à ramasser les chiens vagabonds et les chats voyageurs: jusqu'à présent nous avons vécu avec ce gibier-là ; mais c'est fini, il y a eu de la concurrence, tout le monde s'en est mêlé, et ma foi ! voilà deux jours que nous n'avons vécu qu'avec des crabes et du varech.

—Ah! ah! dit Jean Grou, il n'y a pas gras à votre cuisine, à ce que je vois. Eh! bien, vous êtes des amis, vous autres, venez avec moi, nous allons tâcher de faire un bon petit déjeûner.

Les trois marins s'en allèrent ensemble, et bientôt ils furent attablés dans une espèce d'auberge, où on leur servit à boire et à manger.

—Ah! ça, mais voyons, Jean Grou, dit un des marins après s'être bien repu, tu es donc devenu millionnaire, ou bien tu reçois du suif des Anglais ; si c'était ça, par exemple, vois-tu, Jean Grou, je voudrais que le déjeûner que tu m'as payé m'étouffe tout de suite.

—Et moi aussi, dit l'autre marin.

—Dites donc, vous autres, dit Jean Grou, qui devint tour à tour rouge comme une écrevisse, pâle, jaune, vert ; dites donc, vous autres, mille bombes, savez-vous que je vais me fâcher ; qu'est-ce vous parlez de recevoir du suif des Anglais.... mille bombes?

—Allons, allons, calme-toi, Jean Grou, nous n'avons pas dit que tu recevais du suif des Anglais, mais que ta fortune était louche. Voyons, conte-nous où tu pêches de la monnaie.

—Ah! à la bonne heure, j'aime mieux ça, parce que, pour ce qui est de servir les habits rouges, voyez-vous, les amis, Jean Grou aimerait mieux crever comme un cachalot sur les rochers, plutôt que de manger à cette gamelle-là. Enfin, c'est éclairci ; eh bien! puisque nous en sommes-là, je vais vous raconter mes petites affaires, et comme quoi je me suis fait corsaire à sec, pêcheur d'hommes et fournisseur de la commune de Dune-Libre.

Écoutez-moi bien.

Imaginez-vous que je crevais de faim comme un requin dans la soute aux vivres d'un hareng saur. Pour lors, ça ne m'allait pas du tout de me sentir des défaillances d'estomac comme ça tous les jours. Je me creusais bien l'imagination pour trouver un moyen de boucher l'écoutille de ma faim, mais rien, les idées n'arrivaient pas. Un matin où je m'étais levé plus affamé qu'à l'ordinaire, vu que depuis deux jours je n'avais pris pour toute nourriture qu'une patte de homard que j'avais rencontrée entre deux grosses pierres à marée basse, voilà que tout à coup j'entends, ran tan plan, ran tan plan, c'était le crieur public qui annonçait que les autorités de la ville de Dune-Libre promettaient douze livres de bon argent contre la remise de tout prisonnier rapporté à la maison commune en bon état.

Tiens, que je me dis, douze livres en numéraire, c'est quelque chose que ça par le temps qui court. Oui, mais pour les gagner, il faut ramener un prisonnier. Où diable les autorités veulent-elles que l'on aille en chercher des prisonniers? Si encore on permettait la course on pourrait s'entendre avec quelques amis et s'en aller à la pêche de l'Anglais; mais sur terre ferme quoi faire pour se procurer le gibier demandé?

—Eh bien! dit un des marins.

Oh! attends donc, Merlusard, tu es bien pressé, laisse-moi respirer une minute, c'est si drôle mon invention, que j'en ris tout seul. Pourtant, faudrait pas éventer la mèche car n i ni, ça serait fini, sans compter que le gibier serait effarouché et que je pourrais bien recevoir pour de vrai une prune quelque part, faut pas plaisanter avec ces choses-là.

—Voyons, voyons, dirent Merlusard et son camarade.

ne crains rien, tu sais que des matelots, c'est des frères et qu'il n'y a pas de trahison à craindre.

—Je le sais bien, dit Jean Grou, c'est pourquoi je m'en vais vous raconter la chose à cette fin que si par hasard je recevais mon compte, vous puissiez l'un ou l'autre continuer le commerce, ça n'est pas à dédaigner, dit Jean Grou en se frottant les mains. Non, ajouta-t-il, en frappant sur son gousset qui rendit un son métallique, non, douze livres comme ça tous les jours, l'on peut vivre sans crainte de la disette jusqu'au jour du jugement dernier.

—Dis-nous ton affaire et ne crains rien, dit Merlusard, tu sais que nous sommes des amis.

—Voilà, dit Jean Grou, écoutez-moi bien et faites votre profit de ma confidence si le cœur vous en dit.

—Va toujours, on y réfléchira, continue.

—Eh bien! que je me suis dit, lorsque j'ai su que la commune donnait douze livres pour un prisonnier rendu sain et sauf au domicile des magistrats, eh bien! mon ami Jean Grou, il ne s'agit plus de crever de misère comme une brute, faut gagner l'argent de la commune, faut t'établir fabricant de prisonniers, ça n'est peut-être pas très-facile ni très-agréable, pourtant il n'y a pas plus de mauvaises chances à courir dans cette besogne-là, que de monter à l'abordage d'un vaisseau ennemi, faut essayer.

Aussitôt je me creuse la cervelle pour trouver un moyen de faire mon petit commerce et au soleil couchant j'avais trouvé une idée, vous allez voir, vous autres. Ça n'était pas bien malin, pourtant fallait encore la trouver... Dès que la nuit est venue, je me glisse en rampant à quinze pas d'une sentinelle ennemie. Là j'ôte ma casaque et je la mets au bout d'un bâton, je mets mon chapeau au dessus, puis je fiche le bâton en terre, pas bien solidement; alors je me couche derrière un bloc de pierre ou dans un creux quelconque et j'attends le lever du soleil. Dès que le petit jour se fait, je tousse un peu, la sentinelle regarde de mon côté, aperçoit ma casaque, tire dessus et ma casaque tombe ; la sentinelle arrive pour s'emparer de l'ennemi, alors je saute dessus et je me sauve au pas de course, ayant soin d'opposer mon prisonnier aux dragées que les ennemis pourraient avoir l'idée de m'envoyer et je file avec mon butin. Ma première affaire me réussit à merveille, je porte mon prisonnier intact aux magistrats qui me comptent douze livres, je me restaure et je recommence la chose qui me réussit encore; alors je vois que j'ai découvert une mine et je fais mon petit négoce sans trop d'ennui ; de pêcheur d'huîtres que j'étais je suis devenu chasseur d'hommes et, ma foi, je crois que ma dernière profession vaut mieux que la première. Mes amis, si le cœur vous en dit, je connais les bonnes places; en bon camarade, si vous voulez, je vous les enseignerai.

—Diable, diable, dit Merlusard, c'est à y réfléchir.

—Hum, hum! dit l'autre matelot, j'aimerais mieux sauter à l'abordage.

—Oui, mais, imbécile, dit Jean Grou, puisqu'il n'y a pas à choisir depuis que les représentants de Paris ont décrété qu'il fallait faire la guerre aux Anglais, sans leur faire de peine, ni sans les faire crier.

—Ma foi, Jean Grou, dit Merlusard, sais-tu que ça n'est pas gai de servir de cible comme ça tous les jours?

—Je ne dis pas que c'est réjouissant, dit Jean Grou, et puisque tu as pu supposer un instant que j'étais capable de recevoir du suif des goddem, je ne serais pas fâché à mon tour de te voir travailler dans ma partie. Voici vingt-sept Anglais que je rapporte en bon état aux magistrats de Dune-Libre depuis un mois, j'irai ce soir à la chasse du vingt-huitième; si tu veux, je te cède ma place.

—Diable, diable! dit Merlusard, ça demande réflexion.

—Hum, hum! dit l'autre matelot, c'est drôle, mais le moyen de Jean Grou ne me sourit pas du tout.

—Pourtant, dit Jean Grou, en attendant que la Convention nous permette de nous frotter le cuir sur mer avec les Anglais, faut bien faire quelque chose.

—Tu as raison, dirent les deux matelots, oui, faut pas se laisser mourir de faim et nous réfléchirons à ta proposition, adieu.

—Adieu, dit Jean Grou, et surtout rappelez-vous que vous pouvez compter sur moi.

Et les trois amis se séparèrent, les deux matelots s'en allèrent du côté des bassins en disant : Ma foi, le commerce de Jean Grou est trop dangereux, faut chercher autre chose. Et Jean Grou s'en alla en disant :

—Ah! ah! mes gaillards, vous avez pu croire que Jean-Grou se nourrissait avec le suif des Anglais! ah! ah! eh bien! essayez donc d'en faire autant que lui pour vivre honnêtement.

Nous ne savons pas si Jean Grou continua longtemps sa petite chasse comme il disait, mais voilà ce que nous lisons dans un article du *Moniteur* de ce temps-là, au sujet du chasseur d'hommes :

« Il allait dans les dunes, plantait son bâton dans le
« sable et mettait dessus sa casaque bleue, le tout sur-
« monté de son chapeau rond. Un Autrichien venait tirer
« sur ce mannequin, et mon matelot qui était à l'écart
« accourait sur lui, l'empoignait et allait vendre sa vilaine
« proie. Cette anecdote est très-vraie et mérite publicité;
« tout notre regret est de n'avoir retenu le nom bien au
« juste de ce brave marin.

L'ENSEIGNE DE VAISSEAU JANCENS.

PRISE DE DEUX BATIMENTS ANGLAIS PAR UNE BARQUE MONTÉE PAR VINGT-CINQ HOMMES.

C'était le 25 pluviôse an II. La mer était assez mauvaise et de longues lames vertes déferlaient avec un bruit assourdissant sur les galets de la jetée de Dunkerque. Le port était vide de navires ou ceux qui étaient encore amarrés au quai étaient en fort mauvais état et incapables de rendre service. Pourtant nous étions en guerre avec l'Angleterre, mais la course n'était pas permise et nos armateurs laissaient pourrir sur leur lest les bâtiments légers qui n'étaient bons que pour des corsaires.

Tout à coup, il se fit un grand bruit sur le port et l'on vit courir de tous côtés une foule de gens qui se montraient les uns aux autres deux gros bâtiments qui avaient paisiblement jeté l'ancre à l'entrée de la rade et qui venaient d'arborer le pavillon de la Grande-Bretagne.

—Ah! les gueux, disait un vieux pilote en montrant les deux navires et en les menaçant de son poing fermé, ah! les gueux, non contents de nous affamer, ils viennent encore nous narguer, oh! comme j'aimerais à leur tomber dessus! et dire qu'il n'y a pas seulement dans le port un pauvre navire en état de les faire repentir de leur audace! ah! Sainte-Croix!

—Voyons, voyons, qu'est-ce que tu dis donc, Ballandar, dit un tout jeune homme qui accourait tout essoufflé, qu'est-ce que tu dis, qu'il n'y a pas moyen de tremper une soupe à ces gredins-là? est-ce que par hasard nous ne sommes pas des hommes et des Français encore?

—Je ne dis pas que nous ne sommes pas des Français, dit le vieux Ballandar, mais je dis que c'est navrant de n'avoir pas là tout prêt sous la main un petit brick, une frégate, n'importe quoi, pour aller dire deux mots à ces chiens de mer qui viennent se moquer de nous.

—Des bricks, des frégates, dit le jeune marin, il n'est pas besoin de ça : une barque et vingt-cinq hommes et je me charge d'aller piler du poivre sur le pont des Anglais.

—Pardon, excuse, mon officier, dit le vieux Ballandar, mais voyez-vous, les Anglais ont des chiens de canons sur leur bord qui vous couleraient avant que vous ne soyez arrivé.

—Bah! bah! les boulets des Anglais ne font pas de mal, quand on en a pas peur. Vingt-cinq hommes de bonne volonté, cria encore le jeune marin au milieu de la foule qui s'amassait. Vingt-cinq hommes de bonne volonté pour aller rosser les Anglais sur leur bord.

—Vive la république ! crièrent quelques vieux loups de mer qui vinrent se ranger près du jeune homme, vive la république ! et conduis-nous à l'abordage.—Aussitôt le jeune officier de marine se dirigea vers le commandant du port qui était aussi accouru sur la jetée et demanda avec instance d'aller attaquer les deux bâtiments anglais.

—Avec quoi? dit le commandant du port; il n'y a pas de navire en état de tenir la mer.

—Commandant, dit le jeune homme, laissez-moi faire, je vous en prie.

—Vous n'avez pourtant pas la prétention de vous changer en poisson et d'aller attaquer deux gros navires à la nage ?

—Non, commandant, mais il y a une grande barque, là tout près, qui me suffira.

Le commandant du port fit un mouvement des épaules, puis il dit :—Allez, puisque vous voulez vous faire tuer.

Aussitôt le jeune officier revint vers les loups de mer qui l'attendaient rangés près du bassin.

—Voulez-vous toujours venir avec moi attaquer les Anglais? cria le jeune homme.

—Oui, oui, répondirent les marins, vive Jancens, et à l'abordage. Mort-diable! il ne sera pas dit que ces gueux-là seront venus impunément nous narguer.

Le jeune homme que l'on venait de nommer Jancens s'empressa d'armer ses matelots de haches d'abordage, de lances, d'espingoles, et les fit embarquer dans une grande barque.

—Jancens! Jancens! cria le vieux pilote qui était resté sur le quai, tu es fou, mon garçon, tu es fou, la mer est mauvaise, et puis tu vas attaquer deux gros navires avec une coquille de noix; mais malheureux, si tu n'es pas noyé avant d'arriver, tu seras haché par morceaux en abordant.

—Laisse faire, vieux Ballandar, cria Jancens, tu vas voir quelque chose de drôle.

—Ah! mon Dieu! dirent les femmes et les sœurs des marins qui s'étaient embarqués; ah! mon Dieu! c'est fini, nous ne les reverrons pas, les malheureux!

—Vive la république! crièrent les marins, et une lame saisit leur frêle embarcation et la poussa bien loin de là.

—Ah! les malheureux! crièrent tous les spectateurs, ils sont perdus; — mais presque aussitôt la barque reparut sur le sommet d'une vague et redisparut dans un profond sillon.

Les habitants de Dunkerque restèrent longtemps sous le coup de la plus cruelle anxiété. Pourtant ils virent enfin la barque arriver près du plus gros des deux navires anglais. Aussitôt l'on entendit le fracas de l'artillerie, et une épaisse fumée couvrit et la barque et les navires. Cela ne dura pas longtemps, le vent dissipa le nuage de fumée;

alors il se passa un instant encore, puis l'on vit des hommes grimper aux mâts et dans les cordages, et déployer de la toile.

—Ah! mon Dieu! ah! mon Dieu! dirent les spectateurs, ils sont perdus, l'Anglais les a détruits ou fait prisonniers. Mais bientôt l'on vit le navire qui avait levé ses ancres se diriger à toute voile dans la passe du port et la franchir. Jancens était sur le pont, donnant des ordres, et les marins français dirigeaient seuls la manœuvre.

Le bâtiment entra dans le port aux acclamations d'une foule ivre de joie. Dès que ce navire fut solidement attaché, Jancens s'adressa aux marins qui l'avaient suivi et leur dit :

—Ça n'est pas tout, camarades, nous n'avons fait que la moitié de la besogne, il nous faut encore l'autre navire.

—Vive Jancens! crièrent les marins, et ils se précipitèrent de nouveau dans la barque qu'ils avaient ramenée avec eux; puis, à force de rames, ils abordèrent le second navire avant que celui-ci eût eu le temps de pouvoir se parer suffisamment pour prendre le large.

Le second navire anglais fut amariné, comme le premier, après un léger combat, et ramené en triomphe dans le port. Et voilà comment l'enseigne Jancens, à la tête de vingt-cinq hommes seulement, et avec une barque, s'empara, le 25 pluviôse an II, de deux magnifiques bâtiments anglais, richement chargés, et de plus de quatre-vingts hommes d'équipage.

La Convention cita ce fait dans un rapport; l'enseigne Jancens eut de l'avancement, et ce jeune homme, qui promettait tant de devenir un brave officier, parcourut en effet une honorable carrière, et est mort gouverneur de Batavia pour le compte de la Hollande, au service de laquelle il était passé du consentement du gouvernement français.

LES DEUX AMIS.

I

C'était vers la fin de 1793, plusieurs enfants jouaient sur la jetée du port de Honfleur. Il faisait un froid glacial, et la mer moutonnait de grosses vagues d'écume qui venaient battre les murs du quai. Au milieu de ces enfants, on pouvait distinguer un grand gaillard aux formes athlétiques qui s'amusait à faire de la gymnastique sur l'entablement du parapet de la jetée, et qui défiait les autres enfants dans l'exécution de ses exercices. Tout à coup arriva un petit garçon à l'air chétif et souffreteux qui portait cependant la tête avec fierté, et dont les yeux pétillaient de finesse et de malice.

—Grand Doanet, dit le nouvel arrivé en apercevant le grand garçon qui défiait les autres enfants, grand Doanet, tu fais tes embarras parce que tu as du nerf dans les jarrets; pourtant ça n'est pas bien difficile à exécuter ce que tu fais-là?

—Essaye tant seulement d'en faire autant, mauvais puceron, dit Doanet d'un air orgueilleux, et nous verrons après si tu as la parole?

—Ma foi non, dit l'enfant, le parapet est glissant, et je ne veux pas risquer de boire un coup.

—Cagne, peureux et bavard, dit Doanet en sautant à terre, tu mériterais une correction?—Et aussitôt il se mit à frapper l'autre enfant qui soutint son attaque avec courage malgré sa faiblesse.

—Doanet, Doanet, criait le petit garçon, tu te fies à ta force pour battre tous les autres, mais prends garde à toi, parce que vois-tu, cette fois-ci, je ne te pardonnerais pas?

—Psit! fit le grand Doanet, ça m'est bien égal que tu me pardonnes, je me moque de toi comme d'un éperlan? Et en disant cela il tapait plus fort.

—Doanet, Doanet, continuait l'enfant, je ne te pardonnerai pas celle-là, non, et si je peux…?

— Eh bien! eh bien! si tu peux, dit Doanet, qu'est-ce que tu feras, méchant criquet?

—Sois tranquille, dit le petit bonhomme, je me vengerai.

—Eh bien! venge-toi quand tu voudras? dit le grand Doanet en donnant une dernière tape à l'enfant; puis il sauta sur le rebord de la plate-forme pour continuer ses poses académiques, mais le pied lui glissa, et mon Doanet tomba dans la mer.

—Holà! là! crièrent tous les enfants qui étaient présents; holà! là! Doanet est à l'eau.— Et ils se mirent à courir tous du côté des maisons pour appeler du secours; mais par le temps qu'il faisait il n'y avait guère de promeneurs dans les environs, et puis la mer était si mauvaise, que l'on eût regardé à deux fois avant de se jeter au milieu des vagues.

Un seul enfant était resté sur le lieu de l'accident, c'était le plus frêle, le plus chétif, celui que Doanet venait de battre. Le petit bonhomme, loin de fuir comme les autres, s'était penché sur l'abîme, et cherchait des yeux son ancien ennemi. Tout à coup il le vit reparaître à la surface de l'eau, et il lui cria alors :—Tiens bon, Doanet, tiens bon, il va arriver du secours.

Doanet poussa un cri épouvantable, se débattit un instant, et disparût dans les vagues.

—Ah! le malheureux! dit l'enfant, le froid l'a saisi, il est perdu.

Alors il regarda de tous côtés et ne vit personne; puis il

se pencha de nouveau sur la mer, et aperçut Doanet qui se débattait dans les convulsions de l'agonie.

—Pourtant, dit l'enfant, il ne faut pas qu'il périsse, il a beau m'avoir frappé, c'est égal, il n'est pas mauvais au fond.—Et en un clin d'œil il se précipita dans les flots. Alors on vit le faible petit bonhomme nager comme un poisson, s'approcher de Doanet, le saisir d'une main, et lui crier :

—Courage, Doanet, me voilà !

—Jean, s'écria Doanet, dont les forces étaient à bout, Jean, pardonne-moi, je suis perdu !

—Non, non, dit Jean, si je ne suis pas fort, moi, je sais nager. Je te sauverai, du courage.

Mais Doanet n'entendit même pas ces bonnes paroles, il fut pris de convulsions, et saisissant son sauveur par un bras, il allait l'entraîner avec lui dans le fond de la mer lorsque celui-ci, par une secousse énergique, le fit lâcher prise, et le poussa devant lui en lui soutenant la tête hors de l'eau.

Le sauvetage de Doanet n'aurait pu s'accomplir par le jeune garçon, qui sans doute aurait péri avec celui qu'il voulait sauver, lorsque fort heureusement plusieurs marins accoururent et repêchèrent les deux enfants.

On eut un peu de peine à faire revenir Doanet, que le petit Jean n'avait pas voulu quitter malgré qu'il fût mouillé jusqu'aux os. Mais dès que le grand garçon fut revenu à lui, et qu'il vit son généreux sauveur, il se précipita dans ses bras en s'écriant :

—Jean Ango, je suis un lâche de t'avoir battu tantôt, pardonne-moi.

—N'en parlons plus, dit Jean, j'ai tout oublié.

—Oui, mais moi, je n'ai pas oublié, dit Doanet en pleurant, non, non, j'en ai gros sur le cœur, je n'ai pas oublié, je ne me pardonne pas, moi. Jean, tu es un brave cœur, toi. Va, je te revaudrai ça. Maintenant, vois-tu, Jean, entre nous c'est à la vie à la mort, et...

—C'est bon, dit Jean Ango avec modestie, comment te trouves-tu?

—Je serais bien mieux si je n'avais pas un poids de mille livres de remords sur la conscience.

—Eh bien! sois tranquille, allége ta conscience, je te pardonne de tout mon cœur.

—Oui, mais moi...

—Viens avec moi, dit Jean qui voulut changer la conversation; viens avec moi, il y a bon feu à la maison, la mère a fait de la bouillie de sarrasin, viens. — Et nos deux enfants, bien mouillés encore, s'en allèrent sans plus de rancune vers une petite maisonnette bâtie dans les rochers de la côte. C'était là où demeurait la mère Ango, qui fit de grands hélas en apercevant son petit Jean trempé comme un canard, mais qui l'embrassa bien pourtant, et qui accueillit son nouvel ami avec bonté, surtout lorsqu'elle connut ce qui venait de se passer.

II

On était en 1795, la misère était grande en France, et particulièrement dans les ports de mer, tous bloqués par les Anglais, et sous le coup d'alertes continuelles.

La mère Ango était assise tristement près de son foyer, sans feu, pensant en ce moment à son petit Jean qui était sorti en disant qu'il ne voulait plus voir souffrir sa mère. Tout à coup la bonne femme tressaillit, elle venait d'entendre le pas bien connu de son enfant. En effet, la porte de la pauvre cabane s'ouvrit, et Jean Ango entra l'air assez embarrassé pendant qu'une grande ombre se dissimulait derrière la porte entre-bâillée.

—Mère, dit Jean qui s'approcha honteux de sa mère, c'est fini, nous partons.

—Pourquoi partir? dit la mère Ango avec un soupir; pourquoi partir? ne sais-tu pas qu'il ne me reste plus que toi, que je suis vieille, et que ton absence va me faire mourir de chagrin?

—Non, mère, non, vous ne mourrez pas, dit Jean en s'approchant de sa mère et en l'enlaçant dans ses bras, vous serez raisonnable, et puis, voyez, nous n'avons plus ici ni pain ni feu, vous souffrez toutes sortes de privations, et moi je souffre de vous voir souffrir, ne vaut-il pas mieux que j'essaye de vous gagner de quoi vous rendre la vie plus douce?

—Mais que veux-tu faire, mon enfant? dit la mère en fondant en larmes.

— Ce que je veux faire, ma mère? Mais, je veux faire ce que faisait, il y a plusieurs siècles déjà, un homme de Dieppe dont je porte le nom, je veux me faire marin.

— Oui, dit la bonne femme en relevant la tête, oui, les Ango ont toujours été marins, ton père aussi a servi sur mer jusqu'à l'heure de sa mort, et cependant, mon cher enfant, tu es si jeune et si frêle ; comment pourras-tu affronter les fatigues et les misères du métier?

—N'ayez donc pas de souci, mère Ango, dit tout à coup une grosse voix, n'ayez pas de souci, et moi donc, est-ce que je ne serai pas là, moi? Allez, mère Ango, je ferai le plus difficile de la besogne, et puis, est-ce que je ne dois pas la vie à Jean?

—Ah! c'est toi, grand Doanet, dit la mère Ango en apercevant le nouvel arrivé. Je sais bien, mon garçon, que tu as bon cœur, mais pourtant tu ne pourras pas empêcher la mer d'être mauvaise et le capitaine de commander des travaux au-dessus des forces de Jean.

—Des forces! dit Doanet qui, comme nous l'avons dit, était taillé en Hercule, des forces! j'en aurai pour deux, soyez tranquille. Et puis, voyez-vous, ma bonne mère, faut bien prendre un parti, la misère est si grande qu'il n'y a plus moyen d'attendre, et ensuite faut pas qu'il soit dit que nous restons là, nous autres, à nous dorloter, quand tous les garçons du pays s'en vont contre l'ennemi.

—Ah! c'est ça qui me tourmente bien plus que tout le reste, dit la bonne femme en pleurant plus fort, oui, c'est ça qui me chagrine. De la mer, on en revient, mais de la guerre!... Et puis, si mon pauvre Jean est malade, s'il est blessé, s'il est fait prisonnier! Ah! mon Dieu! mon Dieu!...

—Calmez-vous, mère Ango, dit encore Doanet, calmez-vous, je vous jure que telle chose qui arrive, je n'abandonnerai pas Jean plus que mon ombre.

—Tu me le jures, au moins, Doanet, dit la bonne femme en cessant un peu de pleurer.

—Oui, mère Ango, je vous le jure. Ne savez-vous pas que c'est à la vie à la mort entre nous deux Jean depuis le jour où je l'ai battu si fort et qu'il s'est jeté à la mer pour me retirer de l'eau et pour se venger.

—C'est bon, c'est bon, dit Jean, ne parlons plus de cette affaire-là, je n'y pense plus.

—Et moi j'y pense toujours, dit Doanet, et je jure bien qu'il faudra que je sois mort avant qu'il t'arrive malheur!

—Tu me le jure, Doanet? dit encore la mère Ango.

—Allons, c'est dit, c'est convenu, c'est juré, mère, dit Jean, qui voulut profiter de cet instant pour en finir; allons, mère, embrasse-moi, donne-moi ta bénédiction et laisse-nous partir, car *l'Émouchet* est sous voiles et le capitaine Tourneux fait embarquer tout son monde.

La bonne femme bénit son fils, répandit encore d'abondantes larmes, mais Jean s'arracha de ses bras et partit.

Alors la mère Ango courut encore sur le seuil de sa porte et cria : « Doanet, grand Doanet, veille sur Jean, tu sais, tu me l'as promis, tu me l'as juré, souviens-toi de ton serment. »

III

Doanet et Jean Ango faisaient partie de l'équipage de *l'Émouchet*, sous les ordres de Tourneux, fameux corsaire qui poursuivait les Anglais à outrance. Quelques jours après avoir pris la mer, *l'Émouchet* s'emparait d'un gros bâtiment anglais, après un combat auquel avaient pris part les deux amis qui étaient bravement montés à l'abordage.

—Doanet, attention aux prunes, avait dit Jean en montant un des premiers sur le navire anglais.

—Petit, avait répondu Doanet, mets-toi derrière moi, tu sais que j'ai promis à ta bonne femme de mère de te parer des balles.

—Allons, allons, Doanet, commence par faire attention à toi et sois sans crainte pour moi, je suis trop petit, les balles me passent par dessus la tête.

Le bâtiment anglais avait été pris et envoyé à Dieppe sous la conduite de quelques marins au nombre desquels étaient les deux amis, qui avaient eu soin de faire parvenir de leurs nouvelles à leurs parents.

Le grand Doanet avait pris au sérieux son rôle de protecteur du faible Jean, mais Jean s'était, de son côté, imposé la tâche d'empêcher son ami de faire des sottises. De cette double association de bons sentiments, il résultait les meilleurs effets : Jean Ango n'était ni battu ni plaisanté par ses camarades, car le terrible poing de Doanet fût tombé lourdement sur quiconque eût chagriné son ami, et Doanet, dont le jugement n'était pas en rapport avec l'épaisse carrure de son torse, se trouvait on ne peut mieux des avis de son camarade, qui était parvenu à lui faire faire tout ce qu'il voulait.

Jean Angot et Doanet avaient regagné le bord de *l'Émouchet*, qui continuait sa croisière dans la Manche. Il y avait plusieurs jours que ce bâtiment courait des bordées, pour éviter les vaisseaux de guerre ennemis, lorsque l'on aperçut un gros trois-mâts anglais qui filait lourdement comme un bon apôtre sans avoir l'air de penser à rien.

—Dis donc, dit Doanet à Ango, vois-tu là-bas cette grosse baleine qui s'en va tout bêtement son petit bonhomme de chemin comme s'il n'y avait pas de corsaires français dans la Manche, eh bien ! avant deux heures d'ici nous vivrons aux dépens de sa cambuse.

—Hum, hum ! dit Jean Ago, l'allure du gros navire ne me convient pas. Il a l'air trop tranquille.

—Bah ! dit Doanet, les Anglais nous croient trop faibles pour les mordre. Ils vont bien voir tout à l'heure si nous avons des dents.

— Je ne sais pas trop pourquoi, dit Jean, mais j'ai mauvaise idée de ce gros sournois-là ; enfin, c'est le capitaine qui commande, ça ne nous regarde pas.

Pendant cette conversation *l'Émouchet* s'était approché du navire anglais. Celui-ci l'avait laissé s'avancer à bonne portée, puis, tout à coup changeant d'allure, il déploya de la toile et se dirigea à pleines voiles sur le corsaire français. Alors le capitaine Tourneux vit qu'il avait affaire à un navire de guerre beaucoup plus fort que le sien. Aussitôt il fit virer de bord et prit chasse devant l'ennemi ; mais le vaisseau anglais était un fin marcheur. *L'Émouchet* eut beau déployer de la toile, il fut bientôt rejoint par son adversaire qui commença une canonnade des plus nourries. Au bout d'une heure de combat, une partie de l'équipage de l'*Emouchet* était mort, les agrès du navire étaient hachés et ce qui restait d'hommes valides était insuffisant pour prolonger la résistance ; alors il fallut se rendre.

Doanet et Jean Ango avaient eu le bonheur de ne pas être blessés. Forcés par les Anglais de descendre à fond de cale, les deux amis eurent le temps de réfléchir jusqu'à leur arrivée en Angleterre.

—Eh bien, Doanet, dit Jean, dès que les deux amis purent causer ensemble, n'avais-je pas raison de me méfier du gros bâtiment ?

—C'est vrai, dit Doanet. Enfin, que veux-tu? nous voilà pincés, c'est un malheur.

—Oui, dit Jean, d'autant plus grand que la mère est capable de mourir de chagrin si elle ne reçoit pas de mes nouvelles.

—Sapristi, sapristi, quel guignon ! dit Doanet, et dire qu'il n'y a pas eu moyen de l'éviter ! Ta mère va croire qu'il y a eu de ma faute. Ah! sapristi, que j'en ai donc de chagrin !

—Allons, allons, dit Jean, il ne s'agit pas de se désespérer, il s'agit de se tirer des mains des Anglais.

—Tu as raison, Jean, mais je crains bien que nous n'y soyons pour un bon bout de temps.

—Faudra voir, dit Jean avec un air pensif, faudra voir ; j'ai mon idée.

—Ah ! dit Doanet, tu as une idée.

—Oui, et je vais te la dire en deux mots. Prête l'oreille et fais attention afin que personne ne nous entende. D'abord il faut se priver de nourriture jusqu'à notre arrivée en Angleterre.

—Nous priver de nourriture ! dit Doanet qui avait un appétit de tigre affamé, nous priver de nourriture, Jean, ah !

—Il n'y a pas de Jean ni de ah! il faut rester sans manger.

—Sans manger! dit Doanet avec un soupir, mais nous serons morts dans deux jours! C'est fini de nous, nous allons tirer la langue comme des marsouins sur la paille.

—C'est comme ça, dit Jean d'un air décidé, c'est à à prendre où à laisser, veux-tu pourrir dans les pontons ou bien veux-tu retourner en France ?

—Pardine! le choix n'est pas malin à faire, mais pour ça, il ne faut pas être mort de faim.

—Non, sans doute, il ne faut pas être mort tout à fait, mais il faut avoir l'air d'être à peu près fini.

—Allons, si c'est ton idée, dit Doanet avec un nouveau soupir, on se laissera tirailler l'estomac.

—C'est bien alors, laisse faire et dans huit jours nous serons en France.

—Que le bon Dieu t'entende ; au moins là, si on ne mange pas tout son soûl, on mange un peu du moins.

IV

Deux jours après cet entretien, le navire qui avait pris *l'Emouchet* débarquait ses prisonniers à Deal ; là, au moment de faire passer les Français sur un ponton, l'on s'aperçut que Doanet et Jean Ango ne tenaient pas debout et qu'ils paraissaient à toute extrémité. Alors on les envoya dans un hôpital, c'est ce que voulait Jean. Une fois à l'hôpital, Doanet dit à son camarade.

Jean, c'est fini, je me sens mourir.

—Bois de la tisane, dit Jean, et attends la nuit.

Doanet but de la tisane, ce qui ne calma pas beaucoup ses tiraillements d'estomac, mais il attendit la nuit sans murmurer.

La nuit venue, Jean se glissa à bas du lit, se faufila à travers les corridors, prit sans bruit connaissance des lieux et s'en revint trouver son camarade avec quelques croûtes et quelques morceaux de sucre qu'il avait pu ramasser. Doanet fut obligé de se contenter de ce modeste repas et il s'endormit là-dessus.

Il pouvait être trois heures du matin lorsque Jean Ango réveilla son camarade.

—Doanet, dit-il tout bas, alerte! vite, habille-toi et défilons la parade.

—Hein, qu'est-ce que tu dis? cria tout haut Doanet qui ne se rappelait plus qu'il était prisonnier ; qu'est-ce que tu dis. Peut-on manger enfin ?

—Tais-toi donc, dit Jean lui mettant la main sur la bouche, tais-toi où nous sommes perdus, habille-toi tout doucement et suis-moi.

Doanet fit ponctuellement ce que lui commandait son ami et ils se mirent tous deux à se faufiler sans bruit à travers les corridors.

Arrivés près d'une fenêtre assez haute, Jean se fit hisser sur les épaules de son camarade et par ce moyen parvint jusqu'à l'ouverture, alors il aida Doanet à grimper à son tour à côté de lui. Puis ils se laissèrent glisser jusqu'à l'extérieur et comme la nuit était très-noire, Jean et Doanet furent assez heureux pour ne pas être aperçus. Ils franchirent les autres obstacles sans accident et se trouvèrent enfin dans la campagne, d'où ils gagnèrent les bords de la mer. Mais là, leur position ne s'améliora pas beaucoup, car il y avait des postes de soldats de tous les côtés.

—Sapristi, sapristi, disait à chaque instant Doanet, est-ce que mon jeûne n'aurait abouti qu'à nous faire repincer par les habits rouges.

—Tais-toi, disait Jean, et laisse-moi faire!

—Tout ce que tu voudras, Jean, mais tâche de trouver un moyen de remplir la soute aux vivres, autrement c'est fini ; je sens mes jambes qui fléchissent et la terre qui tourne comme un moulin à café.

Pendant huit jours et huit nuits, Doanet et Jean furent forcés de se cacher dans les champs et de vivre de racines et de ce qu'ils purent rencontrer, enfin un matin Doanet dit à son ami :

—Jean, c'est fini, mourir pour mourir, faut tenter un coup ; voyons, toi, qui a la fabrique des idées, trouve-nous un moyen de nous sauver.

—Oui, dit Jean, la souffrance est trop forte, pourtant il ne faut pas désespérer tout à fait ; j'ai un plan dans ma tête, nous tenterons le tout pour le tout, et à la grâce de Dieu.

—Tentons tout ce que tu voudras, dit Doanet, mais allons-nous en.

—Écoute, dit Jean, tu vois bien là-bas devant nous cette grande baie remplie de navires de guerre, de soldats, de marins, etc., etc., eh bien ! faut nous en aller tout droit par là.

—Comment, dit Doanet en ouvrant des yeux démesurés, comment tu veux....?

—Laisse-moi t'expliquer, dit Jean, seulement fais attention. Tu vois ce petit cutter qui est amarré tout seul dans le coin à gauche, eh bien ! faut le prendre à l'abordage.

—Prendre un navire à l'abordage, à nous deux qui ne tenons pas debout, enfin si tu l'exiges, ça m'est égal, nous serons hachés, mais si c'est ton idée allons-y ; seulement laisse-moi aborder le premier, afin que je tienne mon serment à ta brave femme de mère jusqu'au bout.

Nos deux jeunes gens s'acheminèrent alors tout doucement, comme des flâneurs, vers le petit navire : un seul matelot paraissait sur le pont. Lorsqu'ils en furent proche,

Jean dit à son camarade Doanet : Attention, c'est le quart d'heure, une deux, et affalons-nous sur le pont de l'ennemi.

En un saut, comme des marins seuls savent en faire, nos deux jeunes gens furent sur le pont du bâtiment anglais, en un rien de temps Doanet eut saisi le matelot de garde et l'eut entraîné dans la cale ; alors Jean voyant qu'il n'y avait pas d'autre Anglais sur le navire rappela Doanet qui avait eu soin d'attacher solidement son prisonnier.

—Doanet, dit Jean, nous voilà les maîtres à bord.

—C'est vrai, dit Doanet, mais quoi faire ?

—Lever l'ancre, dit Jean.

—Lever l'ancre, c'est facile, mais tous ces vaisseaux-là vont-ils nous laisser passer comme ça en plein jour sans se mettre en travers ?

—Tous ces vaisseaux-là ne bougeront pas, dit Jean. Où diable veux-tu qu'ils aient la pensée qu'il y a deux matelots français assez osés pour prendre un navire à leur barbe et en plein soleil.

—C'est juste, dit Doanet, ils ne se doutent de rien.

—Oui, mais dit Jean, il faut nous presser, car si par malheur le patron de notre prise ou quelques-uns des matelots arrivaient, ce serait fini.

—Décampons, dit Doanet.

Aussitôt les deux Français se mirent à la manœuvre comme des gens du métier ; bientôt ils parvinrent à sortir de la baie sans que personne les inquiétât. Arrivés en mer, Doanet descendit vers le prisonnier et lui donna à opter ou d'être jeté à l'eau ou de les aider dans la manœuvre. L'Anglais qui tenait à la vie, comme tous les hommes du reste, se mit à l'ouvrage et le navire eût bientôt perdu de vue les côtes d'Angleterre; mais il y avait encore de grands dangers à courir, la Manche était sillonnée de vaisseaux anglais. Jean fit arborer le pavillon britannique et par ce moyen ne fut pas inquiété ; enfin, au bout de quarante-huit heures d'une navigation des plus pénibles, le navire pris par nos deux jeunes marins entra dans un port de la Hollande qui était en paix avec la France.

Arrivés en sécurité, les deux Français mirent en liberté leur prisonnier, firent reconnaître la validité de leur prise et s'en retournèrent à Honfleur.

Le *Moniteur* de cette époque cita l'exemple de cette courageuse évasion, et tous les hommes de mer du temps donnèrent des louanges aux deux marins.

Jean Ango devint par la suite un audacieux corsaire combattant les Anglais à outrance, et Doanet, son ancien compagnon, ne le quitta pas ; tous deux firent des prises sur nos ennemis et continuèrent à vivre dans le meilleur accord.

SÉLIS ET THIERRY.

Sélis et Thierry étaient deux marins de la Rochelle qui faisaient partie de l'équipage de la corvette *la Bonne Citoyenne*.

Cette corvette ayant été démâtée par un coup de vent, fut attaquée et prise par quatre vaisseaux anglais.

Sélis et Tierry furent alors conduits prisonniers en Angleterre et envoyés à Petersfield où on les traita fort rigoureusement ; ennuyés de rester prisonniers, ils se sauvèrent sur les côtes de Portsmouth où ils furent arrêtés et reconduits comme déserteurs à Portsmouth et mis sans autre forme de procès au dépôt des vagabonds destinés à être transportés à Botany-Bay. Ils parvinrent à s'échapper de nouveau de leur prison, mais on les reprit bientôt sur la côte au moment où ils allaient tenter de passer en France.

A la suite de cette nouvelle fuite, on les emprisonna pendant huit mois dans un vieux bâtiment avec les criminels destinés à la déportation. Enfin ils furent embarqués en compagnie de cent dix-neuf prisonniers sur un vaisseau anglais *Lady Shore*, de cinq cents tonneaux, portant vingt-deux pièces de canon et quatre-vingt-quatre marins ou soldats.

Ce bâtiment partit en germinal an VI. Sélis et Thierry virent alors qu'ils n'avaient plus qu'un moyen de revoir la France, c'était de s'emparer du navire.

S'emparer d'un navire bien armé contenant deux cents Anglais, paraissait un rêve et n'était véritablement pas chose facile; pourtant les deux braves marins français tentèrent cette entreprise. Ils communiquèrent leur projet à six autres Français, leurs anciens camarades, puis à un Espagnol et à trois Allemands : tous acceptèrent la proposition de mourir ou de s'emparer du bâtiment.

Quelques jours plus tard, ces douze hommes intrépides se rendaient maîtres du vaisseau anglais et le conduisaient à Montévidéo où le gouverneur espagnol, malgré les bonnes relations qui existaient entre la France et l'Espagne, les retint prisonniers.

Enfin, en 1799, le commandant Landolph, qui venait de détruire différents comptoirs anglais à la tête d'une petite escadre, forca le gouverneur de Montévidéo à rendre la liberté à Sélis et à Thierry, ainsi qu'à leurs compagnons, et à les laisser emmener le vaisseau qu'ils avaient pris.

Nos annales maritimes sont remplis de traits d'audace et d'intrépidité pareils à celui que nous venons de citer.

Jusqu'en 1814 nos ports restèrent vides, nos arsenaux insuffisants et notre marine impuissante.

Lors de la paix de 1815, l'Angleterre imposa aux Bour-

L'Enseigne Bisson et le Pilote Fourmentin.

bons d'indignes conditions, entre autres le droit de visite et la clause secrète que la France ne posséderait qu'un certain nombre de vaisseaux. Ces conditions, dictées par l'égoïsme et une politique injuste, ont longtemps été cause de la continuation de nos haines nationales contre l'Angleterre, mais heureusement des concessions mutuelles nous ont fait oublier les anciennes rigueurs de nos voisins d'Outre-Manche.

Le naufrage de *la Méduse*, arrivé le 2 juillet 1816, dans les mers africaines, est un des épisodes les plus douloureux des annales de notre marine moderne, et cette catastrophe due entièrement à l'inexpérience et à l'orgueil du commandant de ce beau navire, est une preuve de plus qu'il ne faut jamais confier la direction de nos vaisseaux qu'à des hommes spéciaux et d'une capacité reconnue.

En 1827, l'amiral de Rigny fit sa partie à la tête de notre flotte, lors de la destruction de la marine égyptienne et turque à Navarin.

Nous devons citer vers cette époque, l'action courageuse du jeune Bisson, qui, pour échapper aux outrages d'une bande de pirates et pour sauvegarder l'honneur du pavillon, se fit sauter avec ses féroces ennemis, plutôt que de se rendre. Par un hasard incroyable, un compagnon de Bisson, le pilote Fourmentin, échappa miraculeusement aux effets de l'explosion. Lancé à la mer par la force de la commotion, il fut recueilli par un navire. Ce fut lui qui apprit à la France la conduite courageuse de son chef.

Plus tard, notre marine s'illustrait devant Alger où elle débarquait un corps de troupe qui s'emparait de la Régence.

La révolution de 1830 avait apporté quelques modifications aux arrangements du gouvernement précédent avec l'Angleterre. Le nouveau roi ou plutôt ses ministres avaient eu un moment quelques velléités de secouer le joug arrogant que les Anglais voulaient continuer de nous imposer. Pourtant le droit de visite fut aboli.

La marine française fit l'expédition d'Ancône en 1831, et une flotte sous le commandement de l'amiral Baudin assiégea Saint-Jean d'Ulloa en 1838 et s'empara de cette forterese qui passait pour imprenable.

Souvent toutes les bonnes raisons de la France échouèrent contre l'intraitable orgueil de nos voisins d'Outre-Manche. Une rupture parut imminente en 1840, déjà même la fibre populaire s'émouvait et semblait préparer des orages, lorsque le vieux roi préféra boire l'outrageuse conduite des Anglais, plutôt que de laver nos outrages dans le sang des batailles, et la France dût rester immobile.

DUMONT D'URVILLE.

Dumont d'Urville, Jules-Sébastien-César, naquit à Condé-sur-Noireau, en 1790.

Dumont d'Urville est un navigateur célèbre : ses voyages autour du monde lui ont valu à juste titre une grande réputation ; ses travaux scientifiques l'ont placé au nombre des savants distingués dont la France s'honore.

Dumont d'Urville, après avoir parcouru les mers et bravé les tempêtes pendant tant d'années, mourut d'une manière bien malheureuse, le 8 mai 1842, dans la catastrophe du chemin de fer de Versailles où il fut brûlé vivant avec sa femme et son fils âgé de quatorze ans.

LE RETOUR DES CENDRES DE L'EMPEREUR.

C'était en 1840, la France avait redemandé à l'Angleterre les cendres de son grand Empereur qui, un moment trahi par la fortune et succombant sous des ennemis dix fois plus nombreux, s'était rendu volontairement prisonnier des Anglais, et qui avait été traîtreusement envoyé mourir sous les atteintes d'un climat inclément et des hideuses tracasseries d'un geôlier digne de la mission qu'il avait reçue.

L'Angleterre, revenue à des sentiments plus nobles qu'elle n'aurait jamais dû cesser d'avoir, avait enfin accordé l'autorisation d'aller reprendre les restes du prisonnier de Sainte-Hélène. Un fils de Louis-Philippe, le prince de Joinville, avait été chargé d'aller recueillir ce dépôt précieux.

La remise des cendres de Napoléon avait été faite par les Anglais avec toute la bonne grâce possible, et le vaisseau français chargé de ramener ces froides dépouilles avait déployé ses voiles et cinglé vers la France, lorsqu'en route le commandant de *la Belle-Poule* apprit que depuis son départ les relations de la France avec l'Angleterre avaient pris une tournure assez fâcheuse, et même que l'on craignait une rupture entre les deux pays. Le jeune commandant du vaisseau français, jaloux de conserver intact le dépôt qu'il avait reçu, fit prendre alors sur son bord toutes les dispositions pour livrer un combat au cas où l'on tenterait de l'empêcher d'accomplir sa mission. Toutes les pièces furent visitées, toutes les cloisons du navire abattues, des armes furent distribuées sur tous les points, la garde la plus vigilante fut établie ; puis, toutes ces dispositions arrêtées, le capitaine de *la Belle-Poule* fit promettre à son équipage de se battre à outrance et de s'ensevelir dans la mer avec les restes de l'Empereur, plutôt que de les rendre une seconde fois prisonniers des Anglais.

Fort heureusement ces précautions devinrent inutiles, les relations de la France et de l'Angleterre se renouèrent, et *la Belle-Poule* put enfin déposer les restes du grand Empereur sur la terre de France.

L'arrivée en France des cendres du prisonnier de Sainte-Hélène fut un des grands événements de cette époque, et l'on vit en cette circonstance ce qui peut-être ne s'était jamais vu jusque-là ou ne se verra plus jamais, ce fut un concours inouï de spectateurs suivant jour et nuit le bateau qui transportait les dépouilles mortelles de Napoléon, transbordées sur un navire qui remonta la Seine jusqu'à Paris. Le 15 décembre 1840, malgré une température glaciale, les restes mortels de Napoléon firent leur entrée dans la capitale, et la France put croire que cette tardive réparation était un acheminement vers des relations plus amicales avec nos anciens ennemis.

En 1844, le souverain du Maroc avait osé déclarer la guerre à la France. Pendant que nos braves soldats marchaient à la frontière de nos possessions d'Afrique et préludaient par divers combats à la glorieuse bataille d'Isly, nos marins, de leur côté, ne restaient pas inactifs, et les 6 et 15 août, nos forces navales s'embossaient devant Tanger et Mogador et bombardaient ces villes.

Le prince de Joinville qui commandait cette expédition, et avait sous ses ordres *le Suffren, le Jemmapes, le Triton, la Belle-Poule, le Cassard et l'Argus*, se présenta d'abord devant Tanger, et commença le bombardement de cette ville le 6 août. En moins d'une heure les fortifications de Tanger furent ruinées et une partie de la ville réduite en cendres. Après ce premier fait d'armes le jeune chef d'escadre rallia sa division et la dirigea ensuite sur Mogador. Le 15, la petite flotte se présentait devant cette ville qui était mieux pourvue de fortifications et d'artillerie que Tanger. Cependant, après trois heures d'une canonnade très-vive, le prince de Joinville ordonnait le débarquement de cinq cents marins, et se mettait lui-même à la tête de la colonne, gravissait les rochers et les murs qui entourent Mogador, et se précipitait au milieu même de la ville. Les Marocains se défendirent à outrance ; cependant, après une résistance des plus acharnées, nos marins les chassèrent de leurs positions et restèrent maîtres du terrain.

Ces succès, joints à la bataille d'Isly que gagna le maréchal Bugeaud, firent réfléchir le souverain du Maroc qui fit alors des propositions de paix qui conduisirent enfin à un arrangement défininitif en 1845.

La révolution de 1848 apporta bien des changements dans nos relations avec nos voisins. Ils comprirent enfin qu'il y avait certaines règles de justice et d'équité qui ne pouvaient être éternellement violées. Alors ils firent des concessions, et depuis ce temps la France a marché d'un pas égal et incessant dans la voie des améliorations et d'une nouvelle vie. Il est vrai qu'aujourd'hui tout est bien changé dans ce qui concerne la marine.

La découverte de la vapeur a bouleversé toutes les vieilles théories de tactique et de construction navale. Le perfectionnement des armes de précision, les terribles effets de certains engins nouvellement inventés ont rendu problématiques les résultats d'une lutte maritime. Aussi est-ce avec une grande répugnance que les peuples verraient aujourd'hui éclater des divisions et des guerres qui auraient pour premier résultat la destruction d'un nombre incalculable de victimes et l'anéantissement de l'un ou l'autre parti.

Déjà en 1854, les expéditions de nos flottes dans la mer Noire devant Sébastopol, et à Bommarsund dans la Baltique, ont pu donner une idée des puissants effets de quelques-unes de nos armes perfectionnées, adaptées à nos navires de guerre.

Cherbourg, ce magnifique arsenal de nos flottes, est devenu, par les améliorations que l'on a apportées à ses fortifications, l'une des places les plus fortes du monde entier.

Dieu nous garde de revoir jamais les mers rougies de nouveau d'un sang généreux, et qui n'a point été destiné par l'Éternel à s'épuiser pour des querelles suscitées souvent par l'amour-propre ou d'injustes prétentions. Pourtant il est des heures dans la vie des nations, comme dans celle des particuliers, où les transactions sont impossibles. Alors si ce moment fatal arrivait, nous espérons et sommes convaincus, d'après les ressources nouvelles dont nous pouvons disposer, que nous ne saurions succomber dans la lutte, et que la France retrouverait et ses grands jours de gloire et de dignes successeurs à nos vieilles célébrités historiques.

Les Corsaires français sous la République et l'Empire.

Dans l'impossibilité de citer toutes les actions héroïques de nos corsaires qui combattirent pour la France pendant la République et l'Empire, nous donnons les noms de ceux d'entre eux qui ont acquis le plus de réputation.

SAINT-MALO.

Patrie des Dugay-Trouin, des Surcouf, des Jacques Cartier, etc., Saint-Malo est l'un de nos ports de mer d'où sortirent les plus nombreux et les plus intrépides corsaires de la France.

La ville de Saint-Malo, qui, en moins d'un siècle, avait fait éprouver pour plus d'un milliard de perte aux Anglais, ne démérita pas de son ancienne réputation pendant nos guerres de la République et de l'Empire. Dans l'impossibilité de relater ici les noms des nombreux corsaires qui se sont élancés de Saint-Malo sur les ennemis, nous ne ferons que d'en nommer quelques-uns :

Cochet, qui débuta, avec trois autres marins seulement, par enlever la frégate anglaise *la Danaé;* Debon, qui commanda *la Sorcière,* etc. ; Michel Garnier, qui, à lui seul, aidé seulement d'un mousse, reprend son navire sur les Anglais, et le conduit à Cherbourg avec quatre prisonniers; Hénon, qui fit dix tentatives désespérées pour quitter les pontons, où il avait été enfermé, et qui se sauva après trois années de captivité, en s'emparant, lui huitième, d'un bâtiment anglais dans le port même d'où il s'échappait; Legonidec, qui commanda *la Zélie.*

Lememe, qui commanda *la Fortune,* et qui, après avoir fait de nombreuses prises, s'emparait d'un petit bâtiment anglais, dont le capitaine, les larmes aux yeux, lui racontait que sa famille allait bien souffrir de son absence et de la perte de son brick, qui était toute leur fortune. Lememe, touché de la peine de ce malheureux, renvoyait cet homme avec son navire.

Lenouvet, Leroux, Durochette. Mallerousse, commandant *l'Amphitrite,* qui, se voyant sur le point d'être pris, s'attacha à un navire anglais de trente-six canons, le *Trinqmale,* et se fit sauter avec tout son équipage, entraînant dans sa ruine son adversaire ; Niquet, qui commandait *la Junon,* et qui fit de nombreuse prises; Pagelet, qui commandait *le Quinola,* qui fit un mal considérable aux Anglais.

Potier, qui servit sous Surcouf, puis qui commanda un des nombreux navires armés par cet armateur; René Rosse, qui, sur divers navires, fit un nombre considérable de prises.

Surcouf, dont nous avons déjà parlé, qui, à lui seul, fit éprouver pour plus de quarante millions de perte aux Anglais; Valton, qui fut aussi un intrépide marin.

DUNKERQUE.

Les corsaires de Dunkerque firent pendant la Révolution et sous l'Empire un mal considérable aux Anglais. Nous ne citerons que quelques-uns de ces intrépides marins qui soutinrent avec tant d'héroïsme le drapeau de la France :

Lebozec, commandant d'une corvette, *la Républicaine*, qui prit quatorze vaisseaux ennemis pendant une seule croisière.

La lourde Oreille, capitaine Veel, qui ramena au port quatre navires en une seule campagne.

Le Dragon, capitaine Liard, qui s'empara de sept navires.

Le Poisson volant, commandé par Aucoing, qui fit six prises importantes en très-peu de temps, et une foule d'autres corsaires, dont la liste serait trop longue à publier, prirent, coulèrent ou mirent hors de combat, pendant nos guerres de 1793 à 1814, plus de cinq cents navires ennemis.

Les Allimes, les Blanckman, Cordon, Fourny, Frenon, Joly, L'Allemand, L'Éveillé, L'Hermitte, qui fut plus tard contre-amiral; Marancourt, Plukett, qui, fait prisonnier par les Anglais après un combat mémorable, se sauva de prison sous le costume d'un apothicaire, avec une seringue sous le bras; Louis de Tarie, Tarragno, Vandezande, et une foule d'autres braves marins faisaient partie des loups de mer dunkerquois.

De 1793 à la paix d'Amiens seulement, les chantiers de construction de Dunkerque avaient lancé à la mer cent quatre-vingt neuf navires.

CALAIS ET BOULOGNE.

Cent cinquante-quatre bâtiments armés en course sont

sortis des ports de Boulogne et Calais, du 1ᵉʳ ventôse an IV au 1ᵉʳ prairial an IX. Les corsaires de ces deux villes ont fait à l'ennemi deux cent et une prises, ayant une valeur d'environ treize millions, et ils ont ramené deux mille prisonniers.

Les corsaires les plus fameux de Boulogne et de Calais étaient Routtier, Braguant, Sauvage, Lefebvre, Jean Huret, Louis Henin, Paulet, Souville, Pouchin, Heude, Cornu de la Salle, Altazin, Audibert, Firmin Aucoing, Beauvois, Benard, Bouton, Denis Fourmentin de Bucaille et ses trois frères.

En 1847, il existait encore à Boulogne un vieillard de quatre-vingts ans, décoré de la Légion d'honneur. Ce vieillard s'appelait J.-J. Fourmentin, baron de Bucaille, ancien capitaine de corsaire. Bucaille avait pris aux ennemis quatre-vingt-dix-neuf vaisseaux pendant sa carrière de marin.

Carry, ancien officier, avait aussi fait la course, ainsi que Demoy, Lefort, Malo, Margollé, Paulet, Routtier, Thueux, et une foule d'autres héroïques marins.

Les corsaires de Boulogne et de Calais, en trois mois seulement, thermidor et fructidor an VII, et vendémiaire an VIII, avaient pris et fait entrer dans ces deux ports soixante-six navires ennemis, qui contenaient pour plus de six millions de marchandises diverses; plus ils avaient fait cinq cent cinquante-sept prisonniers.

Au reste, d'après un état publié par le *Moniteur*, il paraîtrait que les corsaires des villes de Boulogne et Calais ont pris à l'ennemi, depuis le 1ᵉʳ ventôse an IV jusqu'au 4 prairial an IX, en moins de six années, deux cent et un bâtiments de toutes grandeurs, dont la valeur a été estimée à 12,939,000 francs; plus ils ont fait mille sept cent soixante-sept prisonniers.

Pendant le même laps de temps, il était sorti des ports de Boulogne et Calais cent cinquante-quatre corsaires : seize de ces bâtiments seulement avaient été pris ou détruits par la tempête ou l'ennemi, et il y avait à bord de ces seize bâtiments sept cent cinquante-cinq hommes.

Plus tard, la ville de Boulogne fut le rendez-vous d'une immense flottille qui devait servir à transporter une armée en Angleterre. Un camp avait été formé tout près de Boulogne ; cent mille hommes n'attendaient plus qu'un instant favorable pour traverser le détroit, lorsque de nouveaux ennemis, suscités sur le continent par l'Angleterre, firent avorter l'expédition projetée.

NANTES.

Nantes aussi voulut contribuer à poursuivre nos ennemis sur mer.

Allagousse, Arnoux, Desagneaux, Desbrasses, François, Gautreau, Grassin, Pinaud firent des prodiges de valeur sur différents navires.

LA ROCHELLE.

Sélis et Thierry poursuivirent aussi les Anglais à outrance, après s'être emparés, comme nous l'avons dit, du navire anglais, *Lady Shore*, qui les conduisait prisonniers à Botany-Bay.

BORDEAUX.

Dubedat, commandant *la Citoyenne Française*, s'illustra et se rendit célèbre par divers combats qu'il livra aux Anglais.

CHERBOURG.

Cherbourg fournit aussi ses corsaires intrépides.

Black, Etasse, commandant le lougre *le Républicain*.
Instrobé, Poupeville, Quoniam, qui combattirent avec le plus grand courage.

GRANVILLE.

Granville eut aussi ses corsaires dont nous n'avons pu nous procurer les noms.

MORLAIX.

Morlaix eût aussi ses héroïques corsaires.

Le Sans-Culotte, la Mascarade et le Jupiter, firent du mal aux ennemis, mais les noms des capitaines de ces navires sont restés inconnus.

BREST.

Plusieurs corsaires sortirent également du port de Brest.

Gallois, commandant *le Brestois*, et Leguen, *l'Amélie*, et plusieurs autres marins se rendirent fameux en poursuivant nos ennemis à outrance. Mais ce port était plus spécialement consacré à la marine de guerre.

LORIENT.

Lorient eut aussi ses corsaires, entre autres, Jean Dutertre, commandant *le Malartic* qui fut sur le point de se couper la gorge avec Robert Surcouf à l'île de France, mais qui fut fort heureusement empêché de se battre et qui plus tard, au contraire, se fit l'ami du héros malouin et son émule.

DIEPPE.

Dieppe eut aussi ses marins intrépides et entre autres Balidor et Bouzard qui se distinguèrent par une grande bravoure.

FÉCAMP.

Fécamp ne resta pas en arrière et fournit Lauchon, Lemaire, etc., etc., qui ne restèrent pas en arrière de leurs émules des autres villes du littoral.

LE HAVRE.

Le Havre n'eut pas beaucoup de navires armés en course. Lantonne, capitaine du *Poisson volant*, fut un des plus intrépides corsaires de cette époque, ainsi que Lefèvre et Pinel.

HONFLEUR.

Honfleur fournit aussi son contingent. Ango et Doanet firent quelques prises sur les Anglais.

BAYONNE ET SAINT-JEAN DE LUZ.

Armèrent aussi en course :
Pillot, Bailly, Desmoland, Loxargue, Garat, Lacaze, Rauly, Laborde, Bertrand, Gonzole, Nuolas, Larreguy, Valence, Portalo, Hericard, Haguet, Doussinagne, Lamothe, Etchebaster, d'Albarade, Herigoyen, etc., etc., firent éprouver, de 1793 à 1814, des pertes considérables aux Anglais.

Les corsaires ne se montrèrent pas moins intrépides dans la Méditerranée que dans l'Océan.

Marseille, en 1793, armait trente-deux navires et l'on compte parmi les capitaines les plus fameux de ce port, Charabot, Mordeille, Augé, Roumer, Jouglas, Joseph Roux, Albran, Prêve, Zigneigo, Roffeto, Marquibiam, Jacques Martin, Escoffier, Reymond, Peron, Allègre,

Auselly, Pellabon, Honorati, Durbec, Cluzel, Patot Constant, Vidal, Rostro, Guigon, Billard, Lavernie, Michel, etc., etc., et beaucoup d'autres marins intrépides qui firent une guerre acharnée aux Anglais et firent un tort considérable à leur commerce.

La ville de *Cette* eut Itié et Durand qui firent des prises nombreuses.

La Corse eut aussi ses corsaires, parmi lesquels il faut compter Oletta, Jean Ornano, Scassi, Delucca, Mercantilli, Jave, Cavotte, Philippi, etc., etc., qui firent la course avec succès.

Nos colonies des Antilles eurent également des corsaires intrépides qui firent un mal considérable au commerce anglais.

Pillet, Ballang, Moquet, Gomez, Rival, Selligue, Murphy, Leroy, Romager, Renaudet, Cottin, Damour, Gauthier, Ruff, Gros, Fuet, Rostigues, Facio, Colas, Rudigneau, Gosset, Chauffour, Couët, Lamarque, Paimpeny, Giraud-la-Pointe, etc., etc., se montrèrent marins aussi habiles qu'audacieux et entreprenants.

L'île de France eut, elle aussi, Lebrun, Frouart, Levaillant, Courson, Durhane, Doublet, Loiseau, Bergeret, sans compter Surcouf, Dutertre, Damour et Malrousse dont nous avons déjà parlé, qui combattirent avec succès les flottes britanniques et firent éprouver des pertes considérables à nos ennemis.

Enfin pour terminer cette liste de noms d'hommes intrépides qui ne désespérèrent jamais de la fortune de la France, nous dirons qu'en moins de quatre ans, de 1793 à 1797, ils ont pris à l'Angleterre deux mille deux cent soixante-six navires, sans compter ceux qu'ils détruisirent ou mirent hors de combat, et nous ajouterons que malgré l'énorme infériorité de notre marine, pendant ce même laps de temps, nous n'avons eu que trois cent soixante-quinze navires pris par nos ennemis.

En vérité, si la France a eu à souffrir dans ses intérêts et dans son orgueil national à cause de l'anéantissement de sa puissance navale, pendant une certaine époque du moins elle a pu se consoler et s'enorgueillir même en comptant les résultats de la bravoure et de l'audace de quelques-uns de ses marins.

TABLE DES MATIÈRES.

	Pages.
AVANT-PROPOS	1

CHAPITRE Ier.

DEPUIS LES GAULOIS JUSQU'EN 1340	11

CHAPITRE II.

DE 1340 JUSQU'A FRANÇOIS Ier	21
Jean de Vienne .... 23 Prégent de Bidoulx	38

CHAPITRE III.

DEPUIS FRANÇOIS Ier JUSQU'A L'AVÉNEMENT DE LOUIS XIV	49

CHAPITRE IV.

LOUIS XIV JUSQU'EN 1683	71
Duquesne .... 74 Tourville	74

CHAPITRE V.

DEPUIS 1683 JUSQU'A LA MORT DE TOURVILLE, 1701	97
De Vivonne .... 107 Forbin	108

CHAPITRE VI.

Jean-Bart	112

CHAPITRE VII.

DE 1702 JUSQU'A 1774	139
Jean d'Estrée .... 149 Thurot	165
Le comte de Toulouse .... 150 Louis-Philippe de Rigaud	166
Ponçon de la Barbinais .... 150 Mahé de la Bourdonnais	166
Duguay-Trouin .... 151 La Galissonnière	168
Cassard 154	

CHAPITRE VIII.

DEPUIS LOUIS XVI, 1774, JUSQU'EN 1793	171
Entrecasteaux .... 176 Bougainville	183
Du Couedic Kergoualer ...... 177 D'Estaing	183
La Pérouse .... 180 Villaret de Joyeuse	186
La Motte-Piquet .... 181 Le Vengeur	188
Suffren .... 182 Robert Surcouf	190

CHAPITRE IX.

	Pages.
Sous la République et l'Empire................................	201

Dupetit-Thouars............	201	L'Hermitte..................	211
Aboukir.....................	202	Rosily.......................	212
Trafalgar....................	204	Brueys......................	212
Le Joille.....................	206	Rolland.....................	212
Brueys-D'Aigallier..........	206	Cosmao-Kerjulien...........	214
Villeneuve...................	207	Segond......................	215
Coudé.......................	208	Milius.......................	216
Vanstabel....................	208	Rigny.......................	216
Morard de Galle.............	208	Truguet.....................	216
Bourayne....................	208	Collet.......................	217
Décrès......................	208	Saizieux.....................	219
Troude......................	209	Lacrosse....................	220
Lucas.......................	209	Missiessy...................	221
Dubourdieu.................	210		

CHAPITRE X.

Depuis la République jusqu'en 1860.....			223
Les quatre Fourmentin.......	223	La Rochelle.................	278
Les loups de mer............	234	Bordeaux....................	278
Les loups de mer, chasseurs d'hommes..................	243	Cherbourg....	278
		Granville....................	279
L'enseigne de vaisseau Jencens.....................	250	Morlaix......................	279
		Brest........................	279
Les deux amis............ ...	254	Lorient......................	279
Sélis et Thierry....	267	Dieppe......................	279
Dumont d'Urville............	270	Fécamp......................	280
Le retour des cendres.......	271	Le Havre....................	280
Noms de quelques corsaires sous la République et l'Empire, et désignation des villes d'où ils sont partis......	274	Honfleur....................	280
		Bayonne et Saint-Jean de Luz.	280
		Marseille....................	280
Saint-Malo...................	274	Cette........................	281
Dunkerque..................	276	La Corse....................	281
Calais et Boulogne...........	276	L'île de France.............	281
ntes.......................	278	Les Antilles.................	281

Paris. — Imprimé chez Bonaventure et Ducessois,
55, quai des Augustins.

www.ingramcontent.com/pod-product-compliance
Lightning Source LLC
Chambersburg PA
CBHW071334150426
43191CB00007B/728